Zillgens
Responsive Webdesign

Christoph Zillgens

Responsive Webdesign

Reaktionsfähige Websites gestalten und umsetzen

HANSER

Der Autor:
Christoph Zillgens, Gangelt
Kontakt: cz@zillgensdesign.de, www.twitter.com/czillgens und www.zillgensdesign.de

Bibliografische Information der Deutschen Nationalbibliothek:

Die Deutsche Nationalbibliothek verzeichnet diese Publikation in der Deutschen Nationalbibliografie; detaillierte bibliografische Daten sind im Internet über http://dnb.d-nb.de abrufbar.

© 2013 Carl Hanser Verlag München, www.hanser-fachbuch.de
Lektorat: Brigitte Bauer-Schiewek
Fachlektorat: Christian Schäfer
Copy editing: Petra Kienle, Fürstenfeldbruck
Herstellung: Irene Weilhart
Satz: Mi43 Werbeagentur, www.mi43.de, Heinsberg
Umschlagdesign: Marc Müller-Bremer, www.rebranding.de, München
Umschlagrealisation, Titelgestaltung und Layout: Christoph Zillgens
Gesamtherstellung: Kösel, Krugzell
Ausstattung patentrechtlich geschützt. Kösel FD 351, Patent-Nr. 0748702
Printed in Germany

print-ISBN: 978-3-446-43015-0
e-book-ISBN: 978-3-446-43120-1

Inhalt

Vorwort

Diese Erzählung wuchs und wuchs, während ich sie erzählte, bis sie zu einem Buch mit dem Schwerpunkt »Responsive Webdesign« wurde.

Begonnen hatte es mit der Idee, über hochwertiges Webdesign zu schreiben und fortgeschrittenen Webworkern nützliche Eigenschaften und Werkzeuge rund um HTML5, CSS3 und Webfonts näherzubringen. Während der ersten Entwürfe kristallisierte sich heraus, dass das Thema »Responsive Webdesign« zu umfangreich war, als dass es einfach nur in einem oder zwei Kapiteln abgefrühstückt werden konnte. Zudem hatte ich gerade meine ersten Projekte in diesem Bereich umgesetzt und gemerkt, dass noch viele Fragen unbeantwortet oder nicht zufriedenstellend abgedeckt waren.

Das ist nun viele Monde her und in der Zwischenzeit habe ich gesammelt, recherchiert, geschrieben und das zusammengetragen, was Sie gerade in Form dieses Buchs in der Hand halten.

Als gelernter Mediengestalter mit Designer-Herz und Frontend-Kopf habe ich mich dabei weitestgehend auf jene Bereiche konzentriert, die mit Gestaltung, HTML und CSS zutun haben. Ganz ohne JavaScript und PHP geht es natürlich nicht, wer aber wilde Code-Stafetten und serverseitige Wunderscripte erwartet, sucht in diesem Buch vergeblich. Auf der anderen Seite sollten Sie aber Kenntnisse in Sachen CSS und HTML mitbringen, für Anfänger empfehle ich zuvor die Lektüre einschlägiger Fachliteratur zu diesem Thema.

Nichtsdestotrotz hoffe ich natürlich – unabhängig davon, ob Sie eher aus der Designer- oder der Entwicklerecke kommen –, dass Sie viele nützliche Informationen in diesem Buch finden und Spaß am Entdecken und Ausprobieren haben!

Danksagungen

Ein Buch erstellt man nicht allein, auch wenn es einem als Autor während einer nächtlichen Schreibsession mal wieder so erscheinen mag. Im Hintergrund sind einige weitere Leute zu nennen, die dazu beigetragen haben, dass dieses Werk zustande kam.

In erster Linie Christian Schäfer, meinem technischen Lektor, der spontan zugesagt hat und neben dem Lektorat an vielen Stellen weiteren Input geliefert hat, vor allem im Kapitel Performance, das zu weiten Teilen seiner Feder entspringt. Danke, Schepp!

Ebenso mein Kumpel Roman Zenner, der mich zu diesem Himmelfahrtskommando überredet hat und anschließend die Suppe auslöffeln durfte, indem er mir beim Bilder- und ebenso beim Performance-Kapitel unter die Arme gegriffen hat. Thx, Ro!

Weiterhin Michael Steinmann, der mir nicht nur Kaffee und Unterkunft bot, sondern auch beim Satz dieses Buchs fleißig mitarbeitete. Danke, Tzoschi!

Sandra Kallmeyer und Eric Eggert für die gute Zusammenarbeit bei zwei aktuellen Redesigns – natürlich responsive – sowie für wertvolle Tipps rund ums Buch. Danke euch beiden!

Und natürlich meinen Lektorinnen vom Hanser-Verlag, für die netten Gespräche, das gute Feedback und den letzten Schliff. Darüber hinaus für die Möglichkeit, einen individuellen Weg bei der Buchgestaltung einzuschlagen. Vielen Dank, Margarete Metzger, Brigitte Bauer-Schiewek und Irene Weilhart!

Den ultimativen Ehrenplatz auf der Danksagungstribüne erhält natürlich meine Frau Sarah, die über viele Monate einem himmelhochjauchzendzutodebetrübten Kerl die Kraft und die Zeit gegeben hat, dieses Buch zu schreiben – und überhaupt – und sowieso für alles. Ich liebe Dich!

So, bevor jetzt die Tränen kullern und das Mikrofon ob der sekündlich berechneten Redezeit im Boden versinkt, bleibt mir noch, mich bei Ihnen für den Kauf dieses Buchs zu danken! Ich wünsche viel Spaß bei der Lektüre!

Zeit, dass sich was bewegt

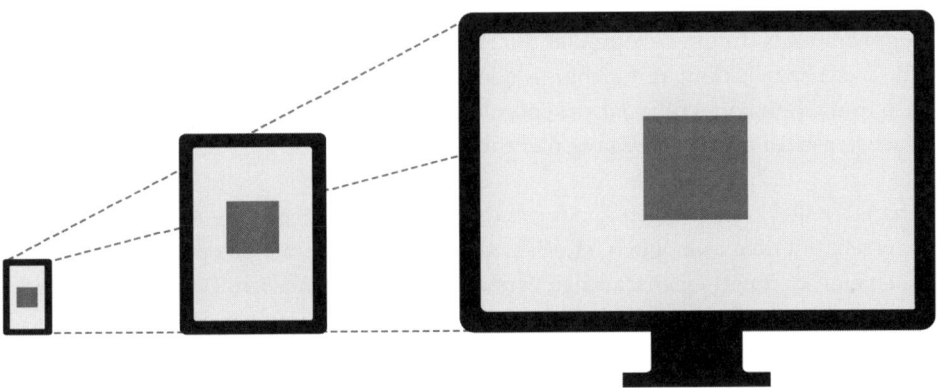

Abb. 1.1 *Eine (Website) für alle (Größen)*

Als Ethan Marcotte im Mai 2010 den Artikel *Responsive Web Design* auf A List Apart veröffentlichte[1], trat er damit eine große Lawine innerhalb der Webdesigner- und -entwicklerszene los. Nicht nur stellte er mit den sogenannten Mediaqueries eine Technik vor, die es den Webdesignern endlich ermöglichte, kontrolliert auf die Bedürfnisse verschiedener Displaygrößen zu reagieren, sondern er sorgte auch für ein Umdenken innerhalb der Szene – oder vielmehr ein Wiedererwachen des Gedankens –, dass Websites keine starren Gebilde sind, sondern sich den Gegebenheiten wie Bildschirmgrößen anpassen sollten.

----

1 http://www.alistapart.com/articles/responsive-web-design/

Bis dato hatten Websites meistens eine fixe Breite, nicht selten basierend auf einem vorgefertigten Raster wie dem *960gs*-Gridsystem.

Auch wenn es schon immer möglich war, Websites mit prozentualen Breiten-angaben flexibel zu gestalten, wurde diese Möglichkeit jedoch nur selten genutzt, entweder aus Bequemlichkeit oder aber mangelnder Kontrolle seitens der Designer über das Ergebnis. Die gängige Arbeitspraxis, Websites in einem Bildeditor »statisch« zu entwerfen und anschließend das Ergebnis in HTML und CSS genauso statisch 1:1 umzusetzen, trug ihr Übriges dazu bei. Außerdem war es bis vor ein paar Jahren so, dass man den größten Teil der verfügbaren Betrachtungsgeräte mit einer fixen Breite von ± 960 Pixeln gut abdecken konnte und somit nicht unbedingt ein großer Bedarf an flexiblen Designs bestand.

Das änderte sich 2007 mit der Präsentation des iPhones, dem ersten Gerät mit gro-ßem Touchscreen, das zudem mit einem voll funktionsfähigen Webbrowser ausge-stattet war. Es konnte also Websites wie auf einem Desktop-Browser anzeigen und sorgte erstmals für ein akzeptables Surferlebnis auf mobilen Handgeräten. Seither schritt die Entwicklung mit Sieben-Meilen-Stiefeln voran, andere Hersteller zogen nach und schon keine fünf Jahre später kann man sich ein Mobiltelefon ohne Touchscreen und Internetzugang nicht mehr vorstellen.

Ethans Artikel kam also genau zur richtigen Zeit, um Webdesignern ein Tool auf-zuzeigen, mit dem es möglich ist, Websites für mobile Geräte zu optimieren, ohne gleich eine komplett eigenständige Version erstellen zu müssen. Doch Ethan lieferte nicht nur die technischen Hilfsmittel in seinem Artikel, sondern er sorgte auch zusammen mit anderen Vordenkern für ein generelles konzeptionelles Umdenken innerhalb der Webworker-Gemeinde: Websites sollten keine statischen Gebilde (im wahrsten Sinne des Wortes) mehr sein, sondern Flexibilität und Anpassungsfähig-keit als wichtigstes Feature beinhalten.

Webdesigner Andy Clarke sagte auf Twitter:

> *»From now on, if it's not responsive, it's not web design.«* – ANDY CLARKE[2]

----

2   http://twitter.com/#!/Malarkey/status/113221032634093569

Seiner Meinung nach hat auch das Erstellen statischer Website-Entwürfe im Bildeditor ausgedient, nicht, weil er sich Photoshop nicht leisten kann, sondern natürlich aus anderen Gründen: Ein statisches Design im Bildeditor kann nicht darstellen, wie die Website auf veränderte Displaygrößen reagiert, es kann keine Interaktion wie Hover-Effekte zeigen und es weckt falsche Erwartungen beim Auftraggeber, dass das, was er gezeigt bekommt, auch 1:1 in seinem Browser umgesetzt wird. Andy Clarke verbannt den Bildeditor dabei nicht ganz aus dem Gestaltungsprozess, regt aber dazu an, so früh wie möglich in den Browser zu wechseln und dem Auftraggeber keine statischen Designs zu zeigen.

Ebenso schlägt Luke Wroblewski vor, Responsive Webdesign nicht beim Desktop zu beginnen und anschließend die kleineren Geräte zu bedienen, sondern stattdessen mit den mobilen Geräten zu beginnen. Seinen Ansatz nennt er *Mobile First* und er hat ein Buch darüber geschrieben.[3]

Ein Vorteil dieser Methode aus technischer Sicht ist, dass man so ältere und weniger fähige Geräte, die kein oder nur wenig CSS verstehen, besser bedienen kann, was wir später im Buch näher erläutern werden. Viel wichtiger als die technische ist aber hierbei die konzeptionelle Seite, denn durch den eingeschränkten Platz auf den kleinen Bildschirmen ist es umso wichtiger, sich genau zu überlegen, was die Kernfunktionen und -aussagen einer Website sind, damit diese an erster Stelle positioniert werden. Viel Platz verleitet oft dazu, viel darstellen zu wollen, was aber den User am Ende eher behindert als unterstützt. Es gibt einige Beispiele von Websites, deren mobile Version wesentlich aufgeräumter daher kommt, so dass sie von Nutzern sogar der Desktop-Version vorgezogen werden. Responsive Webdesign führt uns also auch dazu, dass wir stärker über die Inhalte und Kernbotschaften unserer Website nachdenken müssen.

Die konzeptionelle Seite beschäftigt auch den britischen Designer Mark Boulton. Statt Websites von außen nach innen zu konzipieren, also willkürlich eine feste Leinwand zu definieren, die anschließend mit Inhalt gefüllt wird, sollten wir von innen nach außen vorgehen und äußere Einflüsse wie Bildschirmgrößen hinten anstellen. Er vergleicht das bisherige Webdesign mit der Gestaltung von Büchern. Man hat eine festgelegte Seitengröße, von der aus man den Satzspiegel entwickelt und so alle Elemente in Bezug zueinander setzt. Im Web gibt es die festgelegte

----

3 http://www.abookapart.com/products/mobile-first

Seitengröße aber nicht, wir haben sie nur immer angenommen oder willkürlich festgesetzt (wie beim *960gs*-Gridsystem).[4]

Das funktioniert aber bei immer mehr Geräten mit verschiedenen Auslösungen und Dimensionen zunehmend schlechter, weshalb er den umgekehrten Weg vorschlägt, eine Website ausgehend vom Inhalt zu entwickeln. Statt einer imaginäre Leinwand oder Seite, die es im Web nicht gibt, sollte man ausgehend vom Inhalt eine Größe finden, die als Basis für ein Gridsystem dienen kann. Das kann eine Schriftgröße sein, die Dimensionen eines Logos oder die festgelegte Breite einer Werbeanzeige. Die Idee ist nicht neu, aber zusammen mit Responsive Webdesign und dem Mobile-First-Ansatz stehen Mittel und Wege zur Verfügung, dies auch endlich sinnvoll umsetzen zu können.

Simon Collison, ebenfalls bekannter Webdesigner und Autor, sieht in Responsive Webdesign nicht nur eine interessante Technologie, sondern der Begriff steht laut ihm auch für eine Emanzipation des Webdesigns und eine Abgrenzung vom Print-design. Als ein eigenständiger Ausdruck, der kein entsprechendes Pendant im Print-bereich besitzt, zeigt der Begriff seiner Meinung nach, dass das Webdesign aus den Kinderschuhen entwachsen und zu einer eigenständigen Profession geworden ist.

Wir sehen also, Responsive Webdesign hat weit über die rein technischen Möglich-keiten hinaus für große Veränderungen im Webdesign gesorgt und ein großes Umdenken eingeleitet. Als Grundlage für flexible Designs und Wegbereiter für neue Konzepte ist es deshalb ein guter Oberbegriff dieser Veränderungen und daher auch Titel dieses Buchs.

Wir werden auf den folgenden Seiten verschiedene Herangehensweisen an ein Pro-jekt erläutern und erklären, wie man mit dem Mobile-First-Ansatz und basierend auf flexiblen Grids eine Website aufbaut. Dabei beleuchten wir auch verschiedene Stolpersteine: Wie legen wir unsere Bilder für die verschieden Displaygrößen an? Wie können wir Ressourcen einsparen? Was ist bei Websites mit Werbeanzeigen zu beachten?

Rund um das Thema Responsive Design sind natürlich auch die Entwicklungen in Sachen HTML5 interessant. HTML5 liefert uns neue semantische Elemente, die uns helfen, den Inhalt besser zu beschreiben. Es gibt einige neue Attribute, die uns zum Beispiel den Aufbau von Formularen erleichtern und ebenso wie die neuen

---

4   http://www.markboulton.co.uk/journal/comments/a-richer-canvas

Elemente den Inhalt besser auszeichnen. Außerdem helfen die neuen Elemente und Attribute assistiven Technologien wie Screenreadern dabei, die Inhalte zu erkennen und für den Nutzer aufzubereiten und somit die Inhalte zugänglicher zu machen. Als Basis für reaktionsfähiges Webdesign sind das interessante Möglichkeiten, weshalb wir auch hierauf einen Blick werfen.

Aber auch zum Thema CSS gibt es interessante Entwicklungen, die im Zusammenhang mit Responsive Webdesign interessant sind. Auch darauf werden wir gelegentlich eingehen.

Ich wünsche Ihnen viel Spaß und erhellende Momente!

2

Was ist Responsive Webdesign?

»Responsive Web Design« heißt übersetzt »reaktionsfähiges Webdesign« und wurde 2010 vom amerikanischen Webdesigner Ethan Marcotte, in einem bei alistapart.com erschienenen Artikel[1] geprägt. Ethan bezog sich dabei auf einen recht neuen Bereich der Architektur namens »Responsive Architecture«, der es sich zum Ziel setzt, reaktionsfähige Gebäude bzw. Gebäudeelemente zu entwerfen, die in der Lage sind, auf äußere Einflüsse zu reagieren. So wird in diesem Bereich mit Wänden experimentiert, die sich nach außen wölben, wenn sich eine Person nähert, um so ein erweitertes Raumgefühl zu suggerieren, oder Glasscheiben, die von durchsichtig auf undurchsichtig umstellen, wenn Menschen einen Raum betreten, um so mehr Privatsphäre zu ermöglichen. Oder auch die Reaktion auf äußere Einflüsse, dass Gebäude je nach Windrichtung und -stärke ihre äußere Form anpassen können oder in der Lage sind, Schnee vom Dach zu schütteln.

Responsive Architecture beschäftigt sich mit einer neuen Denkweise, die Gebäude aus ihrer Starre lösen möchte. Die seit jeher statischen Bauwerke sollen zu flexiblen, anpassungsfähigen Gebilden werden, die auf äußere Bedingungen reagieren können. Nicht nur wir Menschen sollen uns an unsere Umgebung anpassen, eine reaktionsfähige Architektur sorgt eher für eine wechselseitige Beziehung, in der Mensch und Gebäude aufeinander reagieren.

Dieser Gedanke gefiel Ethan so gut, dass er den Begriff auf das Webdesign übertrug und damit zu einem feststehenden Begriff machte. Die Idee, von Natur aus starren Elementen eine erweiterte Funktion zu verleihen und sie anpassungsfähig

---

1   http://www.alistapart.com/articles/responsive-web-design/

zu machen, passt ja auch zur aktuellen Situation im Web: Die bisher üblichen statischen Websites sind nicht in der Lage, auf die steigende Anzahl verschiedener Display-Größen und Geräte angemessen zu reagieren. Es ist also an der Zeit, sich von alten Denkmustern zu lösen und Websites flexibel und reaktionsfähig zu gestalten.

2.1 Rückbesinnung auf Flexibilität

Dabei ist Responsive Webdesign gar kein aktueller Trend. Vielmehr ist es eher eine Rückbesinnung auf das, was HTML-Dokumente seit jeher ausmacht: ihre Flexibilität. Öffnen wir ein »nacktes« HTML-Dokument im Browser, egal welches Dokument, egal welcher Browser, dann passen sich die Inhalte automatisch an die Fenstergröße an. Webdokumente sind also schon von Natur aus reaktionsfähig.

Erst im Laufe der Jahre haben wir Webdesigner Websites mit unserem Wunsch nach mehr Gestaltung und dem damit verbundenen Bestreben nach Kontrolle jener Anpassungsfähigkeit beraubt. Statt die vorhandene Flexibilität zu nutzen und zu tolerieren, haben wir dem Web die aus der Printwelt vertrauten Gestaltungsprozesse übergestülpt, indem wir feste Breiten definiert und somit ursprünglich reaktionsfähige Webdokumente zu starren Seiten degradiert haben.

Das ist nicht vorwurfsvoll gemeint, es ist einfach ein Teil des Lernprozesses im Umgang mit einem jungen Medium. Unsere aus dem Print übernommenen Werkzeuge haben uns dabei sicherlich tatkräftig unterstützt. Öffnen wir zum Beispiel Photoshop, ist die erste Amtshandlung das Eingeben von Breiten- und Höhenangaben und somit die Festlegung auf eine fixe Größe (Abb. 2.1).

Bevor wir überhaupt richtig anfangen, werden wir gezwungen, erste Annahmen über die Dimensionen zu treffen. Wenn wir dann unsere digitale Leinwand mit Pixeln »befüllen«, erhalten wir ein starres Gemälde, das weit entfernt ist von einer dynamischen und flexiblen Website.dynamischen und flexiblen Website.

> **TIPP:** Auch in weiteren Bereichen lassen die aktuellen Grafikprogramme die nötigen Verbindungen zum Web vermissen, wie Jason Santa Maria sehr schön in einem Artikel aufführt.[2]

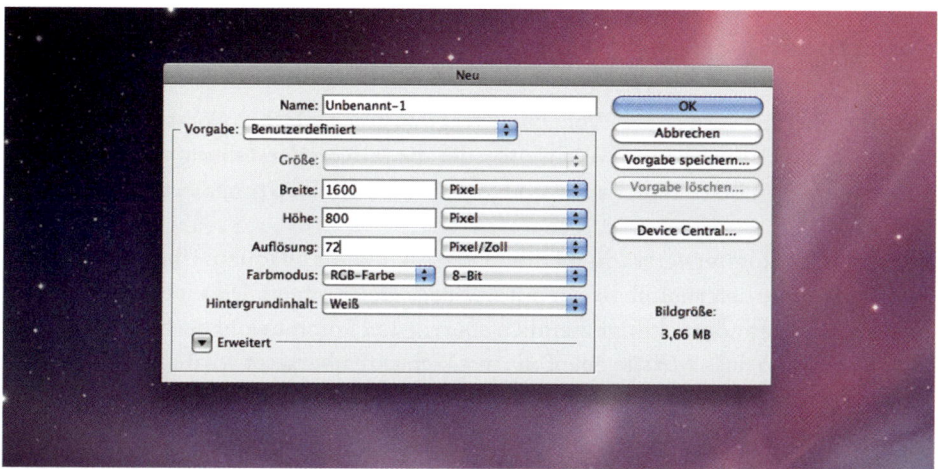

Abb. 2.1 *Eine neue Datei in Photoshop erstellen*

Im anschließenden Umsetzungsprozess wurde dann vor allem Wert darauf gelegt, das vom Kunden »abgesegnete« Layout bestmöglich in die Browser zu übertragen. Mittlerweile hat sich zwar schon sehr weit herumgesprochen, dass Websites nicht in jedem Browser gleich auszusehen brauchen. Aber es ist ebenso wichtig, sich auf die ursprüngliche Flexibilität zu besinnen. Responsive Webdesign ist also kein Trend, sondern ein evolutionärer Schritt, der das Web weiter voranbringt und unsere Inhalte leichter auf den verschiedenen Geräten erfassbar macht. Wir sollten die Zeit der fixen Dimensionen eher als eine fehlgeleitete Phase sehen, aus der wir gelernt haben, wie es auf Dauer nicht geht.

---

2 http://v4.jasonsantamaria.com/articles/a-real-web-design-application/

Ähnlich, wie wir vor Jahren das Tabellenlayout zugunsten einer flexibleren CSS-Gestaltung aufgegeben haben, ist es nun an der Zeit, die Vorstellung aufzugeben, Webdokumente seien starre Seiten. Oder, wie Andy Clarke es ausdrückte:

> *»We don't design pages, we design systems«* – ANDY CLARKE[3]

2.2   Unglückliche Begriffe

Auch das von uns verwendete Vokabular trägt zu einer falschen Vorstellung bei. Bestes Beispiel ist der Begriff »Webseite«, der die falsche Vorstellung von einem fix dimensionierten Blatt Papier auf das eigentlich flexible Web projiziert.

Im Deutschen kommt verstärkend hinzu, dass wir keine adäquate Übersetzung des Begriffs *web site* liefern und diesen mit *web page* gleichsetzen. Die eigentliche Übersetzung »Netzstandort« klingt ziemlich sperrig und kommt wohl deshalb im Alltag gar nicht vor, so dass *web site* ebenfalls mit Webseite übersetzt wird und hierzulande noch häufiger und im doppelten Sinn falsch verwendet wird.

Vielleicht hat Responsive Webdesign auch hier einen Einfluss, dass Begrifflichkeiten in Zukunft angepasst werden oder sich zumindest in ihrer Bedeutung mehr und mehr von altbekannten Medien lösen. Immerhin ist Responsive Webdesign ein eigenständiger Begriff, der sich nicht aus der Print-Welt ableitet und zur Emanzipation des Webdesigns beitragen kann.

2.3   Neue Geräte und Display-Größen

Es ist natürlich nicht so, als hätte es in all der Zeit keine flexiblen Websites gegeben. Doch aus verschiedenen Gründen konnten sie sich nie durchsetzen. Konnten Texte noch recht einfach flexibel gehandhabt werden, erwies sich das bei starren Objekten wie Bildern als weitaus schwieriger. Außerdem fehlte bisher eine geeignete Technik, um das Layout in Grenzbereichen zu kontrollieren oder einzugrenzen. So konnten die Textzeilen vor allem bei großen Monitoren so lang werden, dass die Lesbarkeit stark darunter litt, wie das Beispiel von Wikipedia zeigt (Abb. 2.2).

----

3   Vorwort »Hardboilded Web Design«, http://hardboiledwebdesign.com/

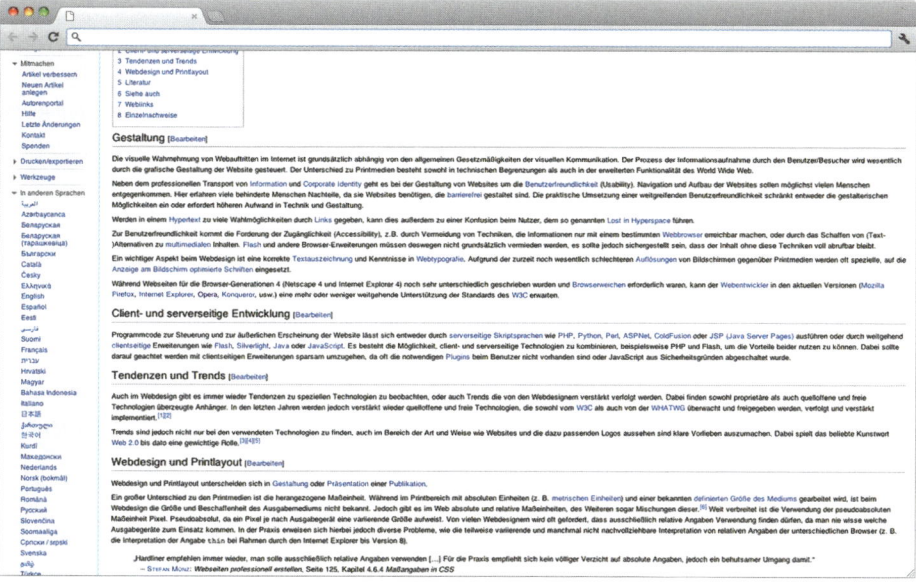

Abb. 2.2 *Lange Zeilen erschweren das Lesen.*

Weiterhin waren viele Webworker nicht bereit, viel Arbeit in ein flexibles Layout zu stecken, wo man doch auch mit einem fixen Layout die gängigen Monitorgrößen recht gut abdecken konnte. Damit hat man gleichzeitig in Kauf genommen, dass Nutzer mit kleineren Bildschirmen unschöne, abgeschnittene Inhalte präsentiert bekommen und horizontal scrollen müssen, um diese zu erreichen (Abb. 2.3).

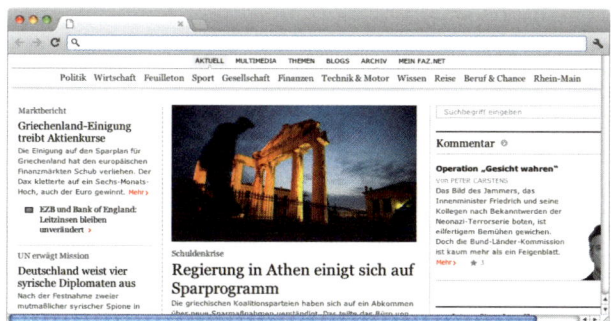

Abb. 2.3 *Operation »Gesicht wahren« ging hier leider schief. Das Gesicht ist abgeschnitten, weil der fixe Inhalt nicht auf die Fenstergröße des Browsers reagieren kann.*

In einer Zeit, als man mit einer fixen Breite den Großteil der vorhandenen Monitorauflösungen abdecken konnte, schien es ja noch vertretbar zu sein, ein paar Prozent »Horizontal-Scroller« hinzunehmen und im Gegenzug Entwicklungszeit zu sparen. Eine Standardmonitorgröße gibt es aber längst nicht mehr. Heute verfügen wir über eine immer größer werdende Zahl verschiedener Geräte und Display-Größen, die eine andere Herangehensweise erfordern. Statt wie die Bekleidungsindustrie die sich ständig wandelnden Körpermaße in immer neue Konfektionsgrößen zu pressen, sollten wir uns einer smarteren Methode zuwenden.

Wir können nicht mehr vorhersagen, mit welcher Display-Größe die Nutzer unsere Inhalte konsumieren. Dafür sind in den letzten Jahren zu viele neue internetfähige Geräte auf den Markt gekommen. Und es werden immer mehr, bei denen wir genauso wenig abschätzen können, welche Bildschirmdimensionen sie haben werden (Abb. 2.4).

Abb. 2.4 *Internetfähige Geräte werden immer vielfältiger*

Es gibt internetfähige Mobiltelefone, sogenannte Feature-Phones mit kleinen Displays von ca. 2,5 Zoll Bildschirmdiagonale, dann haben wir Smartphones mit etwas größeren Displays um ca. 3,5 Zoll herum. Es folgen Tablets, Netbooks, dann Laptops und zu guter Letzt Desktop-Computer angefangen mit kleineren 17-Zoll-Bildschirmen bis zu großen Bildschirmen mit 30 Zoll. Wir müssen also eine Bandbreite von 2 bis 30 Zoll berücksichtigen. Und auch damit ist das Ende der Fahnenstange noch nicht erreicht, wenn wir in Richtung Fernsehbildschirme denken. Hinzu kommt, dass auch die Auflösung der Bildschirme stark variiert. Eine gängige Website-Breite, die mit hoher Wahrscheinlichkeit den Großteil der Nutzer zufriedenstellt, gibt es schlicht nicht mehr.

Responsive Webdesign ist die richtige Lösung für dieses Problem, es ermöglicht allen Nutzern einen verbesserten Zugang zum Inhalt. Mehr Flexibilität ist kein Feature mehr, sondern heutzutage einfach notwendig. Es geht dabei nicht nur darum, für aktuelle Geräte gewappnet zu sein, sondern auch für die noch kommenden.

2.4 Zugriffszahlen mobiler Geräte

Nicht nur die Anzahl und Vielfalt internetfähiger Mobilgeräte wächst, sondern auch der Umfang der Internetnutzung mit diesen Geräten. Längst nicht mehr – wenn er es überhaupt je war – ist der mobile Internetnutzer nur unterwegs und in Eile. Mobile Geräte werden zunehmend zu Hause als Alternativgerät zum Desktop-Rechner verwendet. Statt unbequem vor dem Rechner am Schreibtisch zu hocken, surft es sich doch viel angenehmer auf der Couch im Wohnzimmer. Dadurch steigt der Wert reaktionsfähiger Websites ebenso an. Sie sind längst nicht mehr nur die kleine Schwester der vollausgereiften Desktop-Website, sondern eine Alternative auf Augenhöhe. Schon längst werden über Mobilgeräte große Geschäfte getätigt. eBay verkauft über seinen Mobilableger mehrere tausend Autos im Monat[4], Schmuckläden verkaufen teure Diamantringe auf demselben Weg. Website-Betreiber müssen also die Zugriffe mobiler Nutzer ernst nehmen. Wenn ich im Wohnzimmer liege und Anbieter A mir kein vernünftiges Interface auf meinem mobilen Gerät bietet, werde ich eher bei Anbieter B kaufen als an den Schreibtischrechner zu wechseln. Responsive Webdesign ist somit auch aus wirtschaftlicher Sicht nicht bloß ein aufgesetztes Feature, sondern von grundlegender Bedeutung.[5]

Machen wir uns also auf und gestalten unsere Websites reaktionsfähig! Im Gegensatz zu den Herausforderungen in der Architektur handelt es sich bei unseren Einschränkungen durch statische Websites um ein Problem, das *wir* selbst geschaffen haben. Umso eher sollte es uns gelingen, unsere Verhaltensweisen zu überdenken und über Bord zu werfen und uns wieder der ursprünglichen Flexibilität zuzuwenden.

---

4 http://www.uie.com/brainsparks/2012/03/09/luke-wroblewski-examining-mobile-user-input/
5 http://blog.nielsen.com/nielsenwire/?p=31164

2.5   **Responsive Webdesign vs. Adaptive Webdesign**

Es wird häufiger im Internet zwischen den Begriffen *responsive* (reaktionsfähig) und *adaptive* (anpassungsfähig) unterschieden. Den anpassungsfähigen Layouts fehlt dabei die Komponente eines flexiblen Grid, stattdessen werden an bestimmten Umbruchpunkten fixe Layouts ausgegeben, jeweils angepasst an eine bestimmte Bildschirmgröße. Anpassungsfähige Layouts verhalten sich aufgrund des starren Rasters demnach nicht so geschmeidig wie reaktionsfähige, die dank eines flexiblen Grid stufenlos auf jede Größenänderung des Darstellungsfensters reagieren können, statt nur an bestimmten Punkten.

Reaktionsfähige Layouts sind demnach eine spezielle Form anpassungsfähiger Layouts, sozusagen eine weiterentwickelte Untergruppe. Ich versuche, im Buch dieser kleinen, aber feinen Unterscheidung Rechnung zu tragen, wenn auch nicht immer ganz so päpstlich wie der Papst.

3

Die grundlegenden Zutaten für Responsive Webdesign

Je mehr wir über Responsive Webdesign hören und lesen, desto komplexer scheint die Thematik zu werden. An allen Ecken gibt es Dinge, die beachtet, bewertet und angepasst werden müssen, alte Denkmuster funktionieren nicht mehr, die Herangehensweise an ein Projekt muss umgekrempelt werden, neue Tools und Best Practices müssen her. Da kann einem das Thema schon mal schnell über den Kopf wachsen.

Deshalb wollen wir uns erst einmal einen Überblick verschaffen und uns den grundsätzlichen Zutaten widmen, die wir für eine einfache, reaktionsfähige Website benötigen. Laut Ethan gibt es drei zentrale Elemente, die ein reaktionsfähiges Webdesign ausmachen:

1. Ein flexibles Gestaltungsraster
2. Flexible Bilder und Medien
3. Mediaqueries, ein Modul aus der CSS3-Spezifikation

Das flexible Gestaltungsraster oder kurz Grid ist die wichtigste Eigenschaft eines reaktionsfähigen Webdesigns, sozusagen die Grundvoraussetzung. Ein flexibles Grid ist nichts Neues oder Unbekanntes, nur haben sich die meisten Webdesigner bislang wenig damit auseinander gesetzt, sei es wegen Umsetzungsschwierigkeiten oder weil es nicht als nötig erachtet wurde.

Damit das Grid wirklich flexibel ist und intakt bleibt, sollten neben Texten, die sich automatisch anpassen, auch eingebundene Medien wie Bilder oder Videos anpassungsfähig sein. Dies lässt sich grundsätzlich mit ein paar CSS-Tricks bewerkstelligen, wie wir später in diesem Kapitel sehen werden.

Das weiter oben angesprochene Problem, dass flexible Grids in Grenzbereichen (sehr kleine oder sehr große Display-Breite) nicht mehr zweckmäßig sind und zum Beispiel die Lesbarkeit der Texte verschlechtern, kann mithilfe von sogenannten Mediaqueries behoben werden. Diese in CSS3 neu eingeführte Technik ermöglicht es, bestimmte Parameter wie Viewport- oder Bildschirmgröße abzufragen und dazu ein entsprechendes CSS auszuliefern. Das gibt uns Webdesignern wieder einen Teil unserer so heiß geliebten Kontrolle zurück und ermöglicht es uns, das Layout an bestimmten Umbruchstellen nach unseren Wünschen zu beeinflussen. Mediaqueries sind also ein gutes Hilfsmittel, um flexible Grids in Grenzbereichen zu unterstützen, und tragen wesentlich dazu bei, dass das Responsive Webdesign so schnell so viele Anhänger gefunden hat.

So, jetzt erst mal genug der Theorie. Stellen wir uns nun an unseren digitalen Herd und bereiten ein schnelles »reaktionsfähiges Menü« zu. Anhand eines kleinen Beispiels werden wir die drei Grundzutaten anwenden und Sie werden sehen, wie man ein klassisches fixes Layout in eine flexible Website überführt.

3.1 Das Raster: Aus fix mach flexibel

In bester »quick'n dirty«-Manier habe ich eine simple Autoreninfoseite als Beispiel erstellt, deren grundsätzlicher Aufbau mit Header, Hauptspalte, Seitenleiste, Footer recht geläufig ist.

Wer das Live-Beispiel nachvollziehen möchte, kann das unter *http://rwd-buch.de/fix.html* tun, das fertige Beispiel ist unter *http://rwd-buch.de/flexibel.html* zu finden.

Diese Seite ist zurzeit noch versehen mit unflexiblen Pixelangaben, stellvertretend also für eine Vielzahl der im Web befindlichen Seiten, die (noch) nicht reaktionsfähig sind. Anhand dieses Beispiels gehen wir die drei Grundzutaten durch und wandeln die Seite in ein reaktionsfähiges Dokument um. Der Einfachheit halber habe ich hier auf Navigationen usw. verzichtet, es geht erst einmal um grundlegende Dinge.

Viele moderne Websites nutzen bei der Gestaltung ein Raster, an dem sich die einzelnen Elemente orientieren. Damit schaffen wir zum einen über die einzelnen Bereiche hinweg optische Achsen, an denen sich das Auge orientieren kann. Ein gutes Raster hilft uns außerdem, Elemente verschiedener Größen in ein bestimmtes Verhältnis zueinander zu setzen, das als harmonisch und angenehm empfunden wird.

Im Printdesign werden die Proportionen eines Gestaltungsrasters in der Regel auf die Größe der Gestaltungsfläche abgestimmt, sei es ein Plakat, eine Magazin- oder Buchseite (Abb. 3.1), ein Flyer oder eine Visitenkarte.

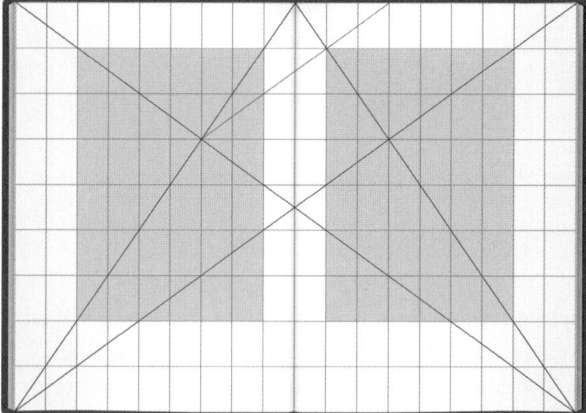

Abb. 3.1 *Rasterkonstruktion einer Buchseite*

Im Webdesign fehlt uns aber die festgelegte äußere Begrenzung eines Papierblatts oder Bogens. Unsere äußere Begrenzung, das Browserfenster, kann sich beliebig in der Breite und Höhe verändern, so dass wir uns bisher auf andere Weise beholfen haben und auf eine imaginäre Seite mit fixen Dimensionen, basierend auf gängigen Monitorbreiten, ausgewichen sind. Diese Seite oder auch Bühne diente als umschließender fixer Container des Layouts und wurde meist mittig im Browserfenster platziert. Das sieht nicht selten so aus:

```
.wrapper { /* oder auch .page / .stage und andere Varianten */
    width: 960px;
    margin: 0 auto;
}
```

Auch unser Beispielprojekt ist in dieser Form aufgebaut (Abb. 3.2).

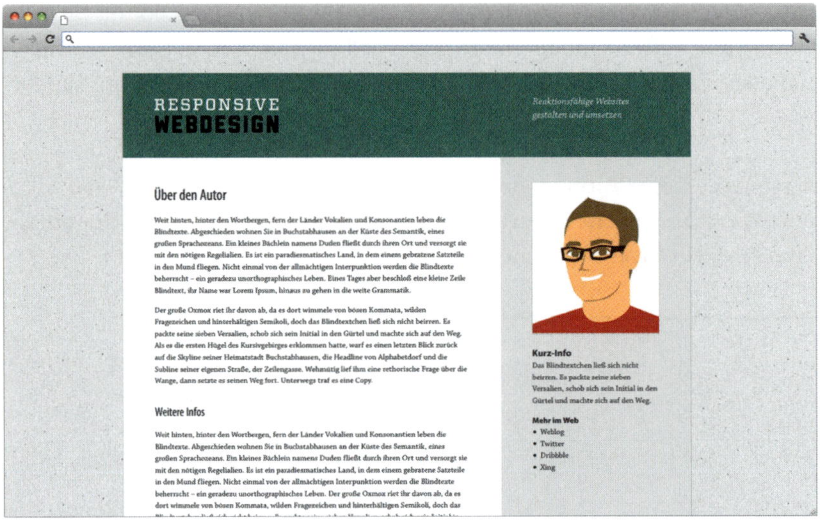

Abb. 3.2 *Das Beispielprojekt mit einem fixen Container*

Wir haben uns also mit dem umschließenden Container mit fixer Breite ein Mittel geschaffen, mit dem wir unsere aus dem Print gewohnten Gestaltungspraktiken auf das Web übertragen konnten. Von diesem fixen Rahmen ausgehend, konnten wir die einzelnen Inhalte ebenso, wie vom Print gewohnt, mit festen Breiten und Abständen versehen.

Auch unser Beispielprojekt verwendet ausschließlich fixe Pixelangaben, wie dieser Auszug zeigt:

```
body {
    …
    font-size: 15px;
    …
}
```

```
.wrapper {
    border: 1px solid #ccc;
    margin: 48px auto 0;
    width: 1080px;
}
.tagline {
    …
    font-size: 18px
    margin: 45px 60px 0 0;
    …
    width: 240px;
}
.content_main {
    padding: 48px 60px;
    width: 600px;
}
.content_sub {
    …
    padding: 48px 60px;
    width: 240px;
}
footer {
    …
    padding: 15px 60px 1px;
    …
}
```

Breitenangaben, Abstände, Schriftgrößen – alles gehorcht den Pixelwerten. Bisher war das eine praktische und simple Vorgehensweise: Wir erstellen das Design in einem Grafikprogramm, das ebenfalls mit festen Werten arbeitet, übertragen die Werte der Dimensionen einfach in unserer CSS und fertig ist unser Layout .

Wie aber lässt sich dieses statische Gebilde in ein flexibles Konstrukt umwandeln? Werfen wir dazu erst einmal einen Blick auf den grundlegenden Aufbau unseres Dokuments (Abb. 3.3).

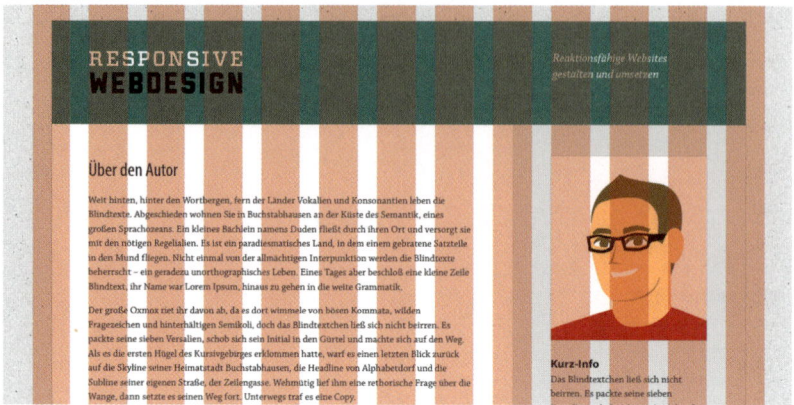

Abb. 3.3 *Das Gestaltungsraster*

Im Wesentlichen basiert unser Layout auf einem 13-spaltigen Grid mit 60 px breiten Spalten und 30 px breiten Spaltenabständen, wobei sich der eigentliche Inhalte auf elf Spalten beschränkt, die zusammen mit dem Randabstand eine Gesamtbreite von 1080 px ergeben.

Um jetzt unser Layout von den starren Dimensionen zu lösen und in ein flexibles Dokument zu verwandeln, müssen wir die einzelnen Pixelangaben in Relation zueinander setzen. Das können wir in CSS mit Prozentwerten realisieren, wir arbeiten uns dabei von außen nach innen vor.

Um zu beurteilen, was in welchem Verhältnis zueinander steht, werfen wir einen Blick auf unser HTML-Gerüst:

```
<body>
    <div class="wrapper">
            <header>
                    …
            </header>
            <article>
                    <div class="content_main">
                            …
                    </div><!-- /content_main -->
                    <aside class="content_sub">
                            …
```

```
            </aside><!-- /content_sub -->
        </article>
        <footer>
                ...
        </footer>
    </div>
</body>
```

Als äußerstes Element fungiert ein Container mit der Klasse wrapper. Diesem hatten wir im CSS eine Breite von 1080 px zugewiesen. Diesen Wert lassen wir zunächst einmal unangetastet. Auch der Header geht über die gesamte Breite des Containers und ist erst mal uninteressant. Wenden wir uns deshalb der Haupt- und Seitenspalte zu. Bisher enthalten beide feste Pixelwerte für die Breitenangaben. Um die Spalten flexibel zu machen, müssen wir ein Verhältnis ermitteln und in Prozentwerten deklarieren. Die Frage lautet: Wie viel Prozent der Gesamtbreite nimmt die Hauptspalte ein, wie viel Prozent die Seitenspalte?

Tja, um ein bisschen Mathematik kommen wir leider nicht herum, aber das Ganze lässt sich glücklicherweise in eine einfache Formel ummünzen:

```
Zielgröße ÷ Kontext x 100 = gesuchter Prozentwert
```

Bevor jetzt dem gestalterisch orientierten Webdesigner die ersten Schweißperlen auf die Stirn treten, schreiten wir schnell zur Erklärung: Die Hauptspalte ist 600 px breit, das ist die *Zielgröße*, die wir in Prozent ausdrücken möchten. Die Gesamtbreite von 1080 px des umgebenden Containers ist der *Kontext*, auf den sich die Prozentangabe bezieht. Wir teilen das eine durch das andere und multiplizieren anschließend mit 100, um einen Prozentwert zu erhalten:

```
600 ÷ 1080 x 100 = 55.55555556%;
```

Wenden wir die Formel mit unseren Werten an, erhalten wir leider eine denkbar krumme Zahl, die wir aber dennoch 1:1 in unser CSS übernehmen:

```
.content_main {
    width: 55.55555556%; /* 600 / 1080 */
}
```

Wie sieht das denn aus? Können wir den Wert nicht einfach runden? – Nein, können wir nicht, denn wir möchten möglichst vermeiden, dass Rundungsfehler unser Layout negativ beeinflussen. Deshalb übernehmen wir die Zahl unverändert aus dem Taschenrechner. Wer möchte, ergänzt in einem Kommentar die Werte, die zu dem Prozentwert geführt haben, damit das auch später nachvollzogen werden kann.

> **HINWEIS:** Auch trotz genauer Zahlen kann es in einigen Browsern zu Rundungsfehlern kommen, wenn sie zur Berechnung der Werte auf ganze Pixel runden, wie John Albin Wilkins in einem Beispiel vorführt[1]. Aber auch die Browser werden schlauer und reagieren auf das Problem, wie aktuelle Firefox- und Chrome-Versionen zeigen.

Genauso verfahren wir mit unserer Seitenspalte, deren Wert 240 px ebenfalls durch die Gesamtbreite dividiert und mit 100 multipliziert wird. Wir erhalten 22.22222222%, die wir entsprechend im CSS verewigen:

```
.content_sub {
    width: 22.22222222%; /* 240 / 1080 */
}
```

Werfen wir mal einen Blick auf unser Dokument. Wie Sie sehen, sehen Sie nichts. Oder anders ausgedrückt, es ist noch kein Unterschied zu vorher erkennbar, was zumindest darauf schließen lässt, dass unsere Formel die richtigen Prozentwerte ergeben hat. Von Flexibilität fehlt aber noch jede Spur. Das Problem liegt in unserem äußeren wrapper-Container, der ja nach wie vor eine feste Breite hat. Was machen wir damit?

Wir könnten ihm ebenfalls einen Prozentwert zuweisen und ihn damit in Relation zu unserem Browserfenster setzen. Definieren wir einfach mal

```
.wrapper {
    width:90%;
}
```

Und schon zeigen sich erste Ansätze eines flexiblen Layouts – im gleichen Atemzug allerdings auch die noch vorhandenen Schwächen (Abb. 3.4).

----

1   http://johnalbin.github.com/fluid-grid-rounding-errors/

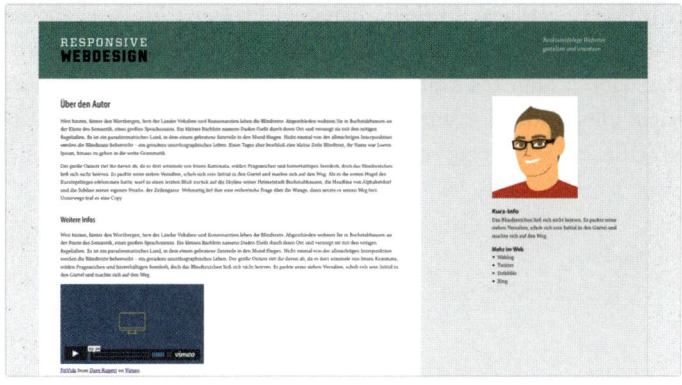

Abb. 3.4 *Erste flexible Ansätze, noch mit Problemen*

Verkleinern wir unser Browserfenster, springt die Seitenleiste unter die Hauptspalte, weil das enthaltene Bild nicht flexibel ist. Ebenso könnte der Header etwas mehr Finetuning vertragen, damit er bei kleineren Bildschirmbreiten auch noch gut aussieht. Außerdem stellen wir fest, dass die Abstände gleich bleiben und bei kleineren Bildschirmen überproportional groß wirken. In die andere Richtung gibt es ebenso Probleme: Ziehen wir das Browserfenster groß, wird die Hauptspalte ziemlich breit und es entstehen unangenehm lange Zeilen, die die Lesbarkeit verschlechtern. Die Seitenleiste wird auch nicht wirklich schöner, je breiter ich das Browserfenster ziehe. Das Bild reagiert gar nicht auf die Größenveränderung, wodurch unschöne Lücken entstehen.

Hier müssen wir also handeln. Zunächst einmal beheben wir das Problem bei vergrößertem Browserfenster. Wir haben dabei zwei Möglichkeiten: Entweder wir reagieren mit einem angepassten Layout oder schränken die Flexibilität nach oben hin ein. Um zum Beispiel das Problem der zu langen Zeilen zu beheben, könnten wir die Hauptspalte in weitere Spalten unterteilen und somit die Zeilenlänge verkürzen. Ähnlich könnten wir mit der Sidebar verfahren und den Text um das Bild fließen lassen, um den frei werdenden Platz zu füllen.

Wir lassen es hier aber pragmatisch angehen und investieren den Zeitaufwand lieber an anderer Stelle, weshalb wir uns für Möglichkeit zwei entscheiden und die Ausdehnung des Layouts nach oben hin einschränken.

Wir lassen also die ursprünglich verwendete Gesamtbreite von 1080 px bestehen, dadurch werden die Zeilen nicht zu lang und die Seitenleiste nicht zu breit. Damit das Layout aber bei kleineren Browserfenstern (oder Bildschirmen) weiterhin flexibel bleibt, können wir keine feste Breitenangabe eintragen, sondern müssen sie stattdessen als Obergrenze, also Maximalbreite, definieren. In CSS-Sprache lautet das:

```
.wrapper {
    max-width: 1080px;
}
```

Ein kleiner Test zeigt uns, dass es wie gewünscht funktioniert. Nach unten hin ist das Layout flexibel nach oben hin dehnt es sich jenseits von 1080 px nicht weiter aus. Wir können uns nun also den weiteren Anpassungen für kleinere Bildschirme widmen.

Abstände anpassen

Hier wenden wir uns zunächst den Abständen zu, die ja nach wie vor in Pixeln definiert sind. Sowohl Haupt- als auch Seitenspalte verfügen über Padding, um die Abstände zum Rand herzustellen. Bei beiden beträgt der Wert 60 px, das also ist unsere Zielgröße. Unser Kontext ist nach wie vor die Gesamtbreite von 1080 px. Nach dem CSS-Box-Modell wird das Padding zur Breite des Elements addiert. Wer bei der Berechnung der Prozentwerte der Haupt- und Seitenspalte eben aufgepasst hat, wird festgestellt haben, dass wir damit noch nicht die 100% erreicht haben. Das holen wir nun mit dem Umwandeln der Abstände nach.

Wir rechnen also 60 geteilt durch 1080, was multipliziert mit 100 einen Wert von 5,55555556% ergibt. Wir notieren im CSS:

```
.content_main {
    padding: 48px 5.555555556%;
    width: 55.55555556%;
}
.content_sub {
    padding: 48px 5.555555556%;
    width: 22.22222222%;
}
```

Die Angaben der vertikalen Abstände lassen wir erst mal so bestehen, da sie in unserem Beispiel nicht reaktionsfähig sein müssen.

Wenn wir jetzt unsere Prozentwerte addieren (Breite der Hauptspalte + Breite der Seitenleiste + jeweils rechts und links die Abstände (viermal)), erhalten wir:

```
55.55555556% + 22.22222222% + (4 x 5.555555556%) = 100%
```

Oh Wunder! Das klappt ja perfekt.

Wenn wir jetzt unser Browserfenster verkleinern, passen sich unsere Abstände sehr schön an. Bei Header und Footer müssen wir die Werte natürlich ebenso umstellen, der Abstandswert der Spalten kann hier übernommen werden, da der Kontext sich nicht geändert hat.

Bleibt uns noch der Ergänzungstext zum Buchtitel, der bisher oben rechts unmotiviert in der Gegend verweilte. Der Abstand von rechts, die 60 px, wandeln wir in den Abstandswert von 5,555555556% um, den wir bereits vom padding des Inhalts kennen. Die Breitenangabe von 240 px kennen wir ebenso schon von content_sub, also 22.222222222%. Falls Sie die Rechnung noch mal nachvollziehen möchten, der Kontext ist beide Male die Gesamtbreite von 1080 px.

3.2   Relative Einheiten für Schriftgrößen

Bei den Schriftgrößenangaben können wir die Einheit px ebenso ersetzen. Das hat mehrere Gründe. Wenn wir im unser Layout flexibler werden lassen und alle Elemente in Bezug zueinander stellen, ist es natürlich sinnvoll, genauso mit den Schriften zu verfahren. Schriftgrößen in Pixel stehen aber immer für sich und haben keinen Bezug zueinander. Wenn wir im Zuge einer Layoutanpassung für kleinere Geräte die Schriftgröße ändern möchten, müssten wir dann jeden einzelnen Wert abändern, was bei umfangreichen Projekten recht aufwendig werden könnte.

Schriftgrößen in Pixeln suggerieren außerdem eine feste Größe, die aber in Wirklichkeit nicht vorhanden ist. Diese Einheit kann in der tatsächlichen Abmessung variieren und entspricht nur dann einem wirklichen Geräte-Pixel, wenn die Darstellungsgröße genau 100% beträgt. Auch bei höher auflösenden Displays von

Tablets und Smartphones hat die Größe nichts mehr mit den eigentlichen Geräte-Pixeln zu tun.

Zeit also, sich von ihnen zu verabschieden und die Schriftgröße ebenfalls in em umzurechnen. Wie gehen wir dabei vor?

Als Erstes ändern wir die Schriftgröße des body ab. Hier geben wir einen Prozentwert an, weil dieser für ältere Internet-Explorer einen Skalierungs-Bug behebt. Der Prozentwert bezieht sich dabei auf die voreingestellte Standardschriftgröße des Browsers, die in der Regel 16 px beträgt.

Wir hatten aber hier bisher eine Schriftgröße von 15 px, weshalb wir das mit unserer bewährten Formel von oben umrechnen:

```
15 ÷ 16 x 100 = 93.75%
```

Wir geben also für den body eine Schriftgröße von 93,75% an. Die weiteren Schriftangaben in unserem Dokument beziehen sich nun auf diesen Wert, wenn wir sie mit em als Einheit angeben. 1 em entspricht dabei in unserem Fall jenen 15 px aus dem body. Wenn wir nun wissen möchten, wie viel em das nun für die Überschrift h2 von 30 px ergeben, müssen wir entsprechend unserer Formel das eine durch das andere teilen, im Fall von em allerdings ohne den Faktor 100.

```
30 ÷ 15 = 2
```

Die Überschrift h2 erhält also den Wert 2 em. Entsprechend verfahren wir für die übrigen Schriftangaben im Dokument und erhalten folgende Angaben:

```
body {font-size: 93.75%:} /* 15px */
h2 {font-size: 2em;} /* 30px, 30/15 = 2 */
h3 {font-size: 1.6em;} /* 24px, 24/15 = 1.6 */

.content_sub h2 {font-size: 1.2em;} /* 18px, 18/15 = 1.2 */
.content_sub h3 {font-size: 1em;} /* 15px */
```

So stehen jetzt alle Schriftgrößen in Bezug zur body-Schriftgröße. Muss die Schriftgröße zum Beispiel für kleinere Geräte angepasst werden, können wir das einfach und schnell über den Prozentwert im body erledigen.

> **TIPP:** Mittlerweile gibt es modernere Einheiten für Schriften als em, zum Beispiel die Einheit rem, die sich auf die Schriftgröße des Root-Elements bezieht. Mehr dazu finden Sie im Webtypografie-Kapitel auf Seite 188.

3.3 Flexible Bilder

Wir haben die wesentliche Umstellung des zuvor fixen Rasters in ein nun flexibles gemeistert. Aber wir erinnern uns, dass Ethan noch mehr Zutaten auf seiner Liste hatte. Punkt 2 seiner Zutaten bezieht sich auf flexible Bilder und Medien und wir haben bereits in unserem Beispiel gesehen, dass das Autorenbild – auch wenn's ein hübscher Kerl ist – noch nicht mitspielt, wenn das Raster verkleinert wird. Sehen wir uns nun an, wie wir es dazu überreden können, sich ebenfalls anzupassen.

Bilder werden in modernen Browsern standardmäßig in ihrer vollen Größe dargestellt. Dazu benötigen sie keinerlei Größenangaben in HTML oder CSS, sondern die Browser lesen die Bildeigenschaften selbstständig aus. Seit einigen Jahren ist es auch möglich, Bildgrößen mit CSS zu manipulieren. Wir können hier Breite und Höhe definieren, wie bei jedem anderen Element auch. Auf der Suche nach einer geeigneten Angabe zum Flexibilisieren der Bilder (was für ein Wort), liegt es also nahe, sich nach etwas Bekanntem umzusehen – richtig! Wir haben vorhin die CSS-Eigenschaft `max-width` verwendet, um den umschließenden Container flexibel zu machen, warum sollte es hier also nicht auch funktionieren? Gesagt, getan:

```
.portrait {
    max-width: 100%;
}
```

Und siehe da, unser Bild fügt sich wunderbar in den flexiblen Reigen ein und wird proportional verkleinert, wenn die Breite der Seitenleiste kleiner wird (Abb. 3.5).

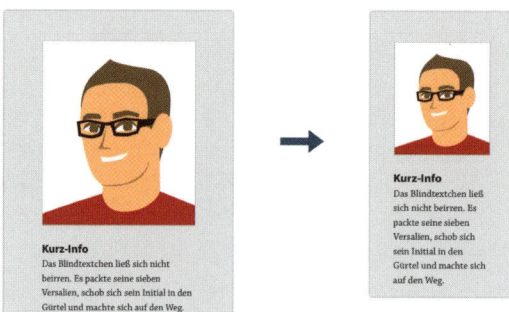

Abb. 3.5 *Das Bild verkleinert sich wie gewünscht*

Oftmals ist es aber so, dass Bilder im HTML noch Angaben zu Breite und Höhe enthalten:

```
<img src="bild.jpg" alt="Süßes Kätzchen" width="240" height="300">
```

Das führt dann dazu, dass nur die Breite angepasst wird, die Höhe aus dem HTML erhalten bleibt und das Bild verzerrt wird. In solchen Fällen müssen wir unsere CSS-Angaben um einen Wert für die Höhe ergänzen:

```
.portrait {
    height: auto;
    max-width: 100%;
}
```

Damit haben wir eine sichere Methode für die Anpassung der Bilder, die in allen gängigen Browsern funktioniert.

Veränderter Kontext

Nehmen wir an, wir möchten unser Autorenbild statt in die Seitenleiste lieber doch in die Hauptspalte integrieren. Wir ändern entsprechend die Position im Quelltext und positionieren unser Bild mit float und margin:

```
.portrait {
    border: 1px solid #ccc;
    float: left;
    margin: 0 30px 15px 0;
    width: 240px;
}
```

Das Zwischenergebnis zeigt Abb. 3.6.

Abb. 3.6 *Das Bild im neuen Kontext der Hauptspalte*

Abb. 3.7 *Unschöner Textumbruch, weil das Bild nicht reagiert*

Wenn wir das Bild jetzt reaktionsfähig machen möchten, hilft uns ein `max-width: 100%` nicht weiter, das Bild würde erst reagieren, wenn die Hauptspalte kleiner als die Bildbreite wird. Dabei käme es allerdings zwischendurch zu unschönem Textumbruch (Abb. 3.7).

Wir müssen die Breite des Bilds also in Bezug zur Breite der Hauptspalte setzen. Mathematisch ausgedrückt:

```
Bildbreite ÷ Hauptspalte x 100 = Prozentwert
```

Das entspricht unserer oben erwähnten Formel, die Bildbreite ist unsere Zielgröße und die Hauptspalte unser Kontext. Wir rechnen:

```
240 ÷ 600 x 100 = 40
```

Unsere maximale Bildbreite beträgt also 40%, was wir im CSS notieren. Auf die gleiche Weise passen wir auch den Außenabstand `margin` an, den wir genau wie das Bild auf den Kontext der Hauptspalte beziehen, damit das Verhältnis von Bildgröße und Abstand gewahrt bleibt. Somit erhalten wir

```
.portrait {
    border: 1px solid #ccc;
    float: left;
    margin: 0 5% 2.5% 0;
    max-width: 40%;
}
```

Damit fügt sich das Bild nun besser in ein verkleinertes Fenster ein (Abb. 3.8).

Abb. 3.8 *Das Bild verkleinert sich dank angepasster Größe relativ zur Hauptspalte.*

Hintergrundbilder anpassen

Hintergrundbilder kommen im Webdesign auf vielfältige Weise zum Einsatz, sei es als Textur, Muster, als großflächige Fotomotive oder sonstige Schmuckelemente. Bei Texturen oder Mustern, die gekachelt werden, ist der Einsatz im reaktionsfähigen Kontext meist kein Problem, weil die Bilder ja endlos wiederholt werden. Auch großflächige Texturen können in der Regel bei kleineren Darstellungsfenstern problemlos abgeschnitten werden. Manchmal hat man aber auch Hintergrundbilder, zum Beispiel Logos, die nicht abgeschnitten werden sollten, weil deren Inhalte nicht unwichtig sind oder im abgeschnittenen Zustand nicht gut aussehen.

Einen solchen Fall haben wir auch in unserem Layout und zwar im unteren Bereich der Seitenleiste (Abb. 3.9).

Abb. 3.9 *Seitenleiste mit*
Hintergrundgrafik

Die Grafik greift bildlich das Thema »Responsive Webdesign« auf und sollte nicht
abgeschnitten werden. Nicht nur, weil es optisch falsch aussehen würde, sondern
auch, weil sie dann Aussagekraft einbüßen würde. Wir brauchen also einen Weg,
wie wir dem Hintergrund mitteilen, dass er bei verkleinertem Darstellungsfenster
auch mit skaliert wird.

Dazu bietet CSS3 eine Eigenschaft namens `background-size` an, die im Zusammenhang mit Responsive Design recht nützlich ist und in allen modernen Browsern gut
funktioniert. Einzige Ausnahme unter den noch verbreiteten Browsern sind die
Internet Explorer 7 und 8. Warum das aber nicht so schlimm ist, werden wir weiter
unten noch besprechen. Für den Moment nehmen wir das so hin und konzentrieren
uns auf die moderneren Browser.

Eingebunden ist die Hintergrundgrafik in dem `article`-Element, das unsere beiden
Spalten umschließt:

```
article {
    background: transparent url(img/grafik.png) 750px bottom no-repeat;
}
```

Zunächst einmal sehen wir hier bei der Positionierung noch einen Pixelwert, der
ebenfalls in Prozent umgewandelt werden muss, damit die Grafik bei verkleinerter
Gesamtbreite nicht aus dem sichtbaren Bereich rutscht.

Wie aber funktioniert prozentuale Hintergrundpositionierung? Sehen wir uns dazu
Abb. 3.10 an.

Abb. 3.10 *Prozentuale Hintergrundpositionierung*

Wenn wir ein Bild oder Element mittig platzieren möchten, definieren wir einen Abstand links und rechts von 50%, wie wir es zum Beispiel bei der Positionierung einer Website in der Mitte des Bildschirms häufig machen. Interessant dabei ist, worauf sich der Prozentwert der Abstandsangabe bezieht, nämlich nicht etwa auf die Gesamtbreite des umgebenden Containers. Denn dann wäre kein Platz mehr für das Bild. Relevant für die Prozentangabe ist die Breite der hellgrauen Fläche, die wir erhalten, wenn wir die Bildbreite von der Breite des umgebenden Containers abziehen. Die hellgraue Fläche ist also der Kontext, auf den sich der Prozentwert bezieht, auch dann, wenn wie in unserer Fall das Bild nicht in der Mitte stehen soll.

In unserem Fall ist das Hintergrundbild 750 px vom linken Rand entfernt. Diesen Wert wandeln wir mit unserer bekannten Formel in einen Prozentwert um:

```
Zielgröße ÷ Kontext x 100 = Prozentwert
```

Die Zielgröße sind die 750 px, die wir umwandeln möchten. Um den Kontext zu ermitteln, müssen wir, wie gerade erklärt, die Bildbreite von 300 px von der Gesamtbreite des umgebenden Containers (1080 px) abziehen und erhalten 780 px. Dieser Wert, übertragen in unsere Formel, ergibt einen Prozentwert von 96,15384615%. In jeder Mathearbeit würde uns solch ein Ergebnis das Gefühl vermitteln, falsch gerechnet zu haben. Hier aber tragen wir furchtlos den Wert in unser CSS ein und stellen nach einem Blick auf die aktualisierte Seite zufrieden fest, dass wir richtig liegen: Die Hintergrundgrafik sitzt noch immer an der richtigen Stelle.

```
article {
    background: transparent url(img/grafik.png) 96.15384615% bottom no-repeat;
}
```

Jetzt müssen wir noch die Größe anpassen, wenn die Seitenleiste kleiner wird. Dabei kommt die zuvor erwähnte Eigenschaft background-size zum Einsatz. Um die Grafikbreite in Prozent zu ermitteln, gehen wir ganz einfach nach unserer Formel vor. Diesmal ist der Kontext wieder die Gesamtbreite, also die Breite des Elements, in dem der Hintergrund platziert ist.

Die Zielgröße ist die Breite unserer Grafik (300 px). Dividiert durch 1080 ergibt sich ein Wert von 27,77777778%. Diesen Wert geben wir jetzt als Größe für unseren Hintergrund an, die Eigenschaft ist robust und kann somit ohne Präfixe verwendet werden:

```
article {
    background: transparent url(img/grafik.png) 96.15384615% bottom no-repeat;
    background-size: 27.77777778% auto;
}
```

Die Eigenschaft background-size kann zwei Werte enthalten, als Erstes wird die Breitenangabe, anschließend die Höhenangabe notiert. In unserem Fall soll sich die Höhe automatisch proportional anpassen, was durch den Wert auto ausgedrückt wird. Wenn nur ein Wert angegeben ist, wird der Wert für die Höhe automatisch als auto betrachtet, so dass man ihn hier auch hätte weglassen können.

Wir testen das Ergebnis im Browser und stellen fest, dass es reibungslos funktioniert.

Kleiner Ausflug zum Thema background-size

background-size bietet noch weitere nützliche Einstellungsmöglichkeiten, die wir in folgender Tabelle vorstellen. Dabei steht ein Testbild in einem rot umrandeten Container, jeweils mittig ausgerichtet:

```
header {
    background: url(img/hintergrundbild.png) 50% 50% no-repeat;
}
```

Tab. 3.1 *Nützliche Einstellungsmöglichkeiten von background-size*

background-size:
auto 100%;

Breite auto und Höhe 100%:
Das Hintergrundbild füllt
die Höhe des Containers
immer voll aus, die Breite
passt sich proportional an.

background-size:
100% 100%;

Breite 100% und Höhe
100%: Das Hintergrundbild
füllt sowohl die Höhe als
auch die Breite komplett
aus, wird dabei allerdings
verzerrt.

background-size:
cover;

Das Seitenverhältnis bleibt
intakt, das Bild wird so weit
skaliert, bis es den Rahmen
komplett ausfüllt.

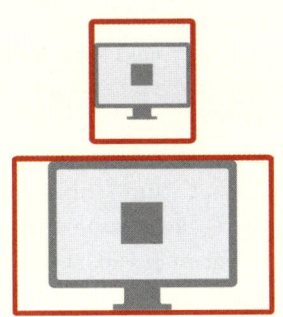

background-size:
contain;

Das Seitenverhältnis bleibt intakt, das Bild wird so weit skaliert, bis eine der beiden Seiten den Rand des Containers erreicht hat, so dass das Bild immer komplett sichtbar bleibt.

Wir haben also mit background-size ein mächtiges Werkzeug an der Hand, um Hintergründe im reaktionsfähigen Kontext zu kontrollieren.

HINWEIS: Bei iOS vor Version 5 kann es beim Einsatz von background-size mit JPEGs zu falscher Darstellung kommen. Alle anderen Bildformate funktionieren hingegen gut.

3.4 Flexible Videos

Die gute Nachricht vorweg: Der Trick mit max-width: 100%, der Standardbilder gefügig macht, funktioniert auch bei anderen Medientypen und extern eingebundenen Objekten.

Wir können diese Regel also auch auf folgende Elemente anwenden:

```
embed,
object,
video {
    max-width: 100%;
}
```

Werden Videos aber nicht nativ mit HTML5 eingebunden, sondern über einen Anbieter wie YouTube oder Vimeo, funktioniert dieser Trick nicht. Diese Videos werden mit einem iframe eingebunden, was die Sache etwas komplizierter macht.

Am besten arbeiten wir hier mit einem Happen JavaScript. Schlaue Leute wie Chris Coyier[2] und Dave Rupert[3] haben sich dieser Sache angenommen und als Ergebnis ein kleines *jQuery*-Plug-in namens *FitVids.js* entwickelt. Auf der Projektseite[4] kann das Plug-in heruntergeladen werden. *jQuery* wird dazu natürlich auch benötigt.

Was müssen wir nun konkret unternehmen? Zunächst binden wir, falls nicht eh schon geschehen, *jQuery* ein, anschließend das Plug-in *FitVids.Js*. Zum Schluss müssen wir noch in einer Scriptzeile angeben, woran sich die Größe des iFrame orientieren soll, welcher Container sozusagen der Kontext ist. In unserem Fall ist das die Hauptspalte .content_main. In Codeschreibweise sieht das dann so aus:

```
<script src="pfad/zum/jquery.min.js"></script>
<script src="pfad/zum/jquery.fitvids.js"></script>
<script>
  $(document).ready(function(){
    // Angabe des Kontextes: .container, .wrapper, .post, etc.
    $(".content_main").fitVids();
  });
</script>
```

Dieses Codeschnipsel packen wir ans Ende unseres Dokuments vor das schließende body-Element. Wenn alle Scripte nun richtig verlinkt sind, sollte es funktionieren (Abb. 3.11).

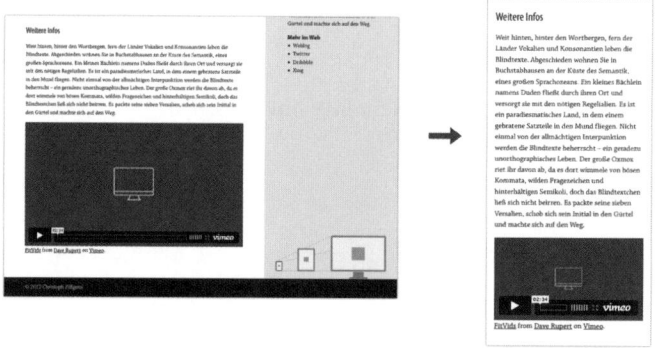

Abb. 3.11 *Reaktionsfähige Videos externer Anbieter dank fitvids.js*

- - - - - - - - - - - - - - - - - -

2   http://css-tricks.com/
3   http://daverupert.com/
4   http://fitvidsjs.com/

Und wie wir sehen, passt sich das Video nicht nur nach unten an, sondern füllt immer die gesamte Breite der Hauptspalte aus. So kann das Vimeo-Video schön im reaktionsfähigen Kontext glänzen. *FitVids.Js* funktioniert auch mit YouTube, *Blip.tv*, *Viddler* und *Kickstarter*, womit eine große Palette an Videoanbietern abgedeckt ist.

Damit hätten wir die Bilder und Videos in unserem kleinen Beispielprojekt abgedeckt. Wir können uns nun dem letzten Punkt von Ethans Zutatenliste widmen, den Mediaqueries.

3.5 CSS3-Mediaqueries

Wir haben bisher ziemlich viel erreicht und unser Layout von der starren Seite in ein flexibles Dokument verwandelt. Über die gesamte Bandbreite an Bildschirmgrößen funktioniert es aber noch nicht einwandfrei.

Wie bereits erwähnt, sollen uns Mediaqueries dort unterstützen, wo das flexible Grid an seine Grenzen stößt. Bei den extremen Größenunterschieden heutiger Displays kann man die Inhalte einer Website nicht beliebig dehnen oder stauchen, sondern ist gezwungen, an bestimmten Punkten das Layout neu zu umbrechen oder anders anzuordnen. Diese Umbruchpunkte werden mit Mediaqueries definiert. Wie setzen wir das um?

Gehen wir zunächst mal einen Schritt zurück. Mit CSS2 wurden seinerzeit Media-Typen eingeführt, die es ermöglichen, unterschiedliche CSS-Stile an verschiedene Geräte zu übermitteln. So können mithilfe des media-Attributs innerhalb des link-Elements CSS-Dateien gezielt für den Bildschirm oder den Drucker ausgeliefert werden:

```
<link rel="stylesheet" media="screen" href="screen.css" />
<link rel="stylesheet" media="print" href="print.css" />
```

Alternativ kann man diese Anweisungen auch innerhalb einer CSS-Datei deklarieren:

```
@media screen {
    /* CSS für Bildschirm */
}
```

```
@media print {
    /* CSS für Drucker */
}
```

Es gibt noch weitere Media-Typen wie `projection`, `tv` und `handheld`, aber nennens-
wert verbreitet haben sich nur `screen` und `print`. Gerade `handheld` wurde im Zusammenhang mit mobilen Geräten so wenig genutzt, dass Hersteller dieser Geräte
ebenfalls auf den Media-Typ `screen` umgeschwenkt sind. Aufgrund der heutigen
Vielfalt in diesem Segment ist der Typ `screen` aber nicht mehr ausreichend, die verschiedenen Gerätekategorien anzusprechen, da er sich einfach auf alles bezieht, was
einen Bildschirm besitzt.

An dieser Stelle kommen die Mediaqueries ins Spiel, die sich dieses Problems
annehmen. Sie wurden mit CSS3 eingeführt und bieten die Möglichkeit, die einzelnen Media-Typen stärker einzugrenzen. So lässt sich zum Beispiel ein Stylesheet
mittels `min-width` und `max-width` auf einen bestimmten Bereich – bezogen auf die
Breite des Browserfensters –beschränken. Bei `min-width` betrifft das Fensterbreiten
oberhalb des Zielwerts, bei `max-width` Fensterbreiten unterhalb des Zielwerts.

Im HTML wird diese Anweisung an den Media-Typ angehängt:

```
<link rel="stylesheet" media="screen and (min-width: 800px)" href="screen.css"
/>
```

Dieses Stylesheet ist also für Bildschirme mit einer Mindestfensterbreite von
800 px vorgesehen. Statt im HTML kann diese Anweisung auch im CSS erfolgen:

```
@media screen and (min-width: 800px){
    /* CSS für Bildschirm und Fensterbreite > 800px */
}
```

Es kann passieren, dass ältere Browser die CSS3-Mediaqueries nicht kennen und
den hinteren Teil der Anweisung übergehen und dann ein Stylesheet laden, das
nicht für sie gedacht ist. Wenn wir dem Media-Typ `screen` ein `only` voranstellen,
verhindern wir das:

```
@media only screen and (min-width: 800px){
}
```

Damit haben wir also das passende Werkzeug, um unsere eingangs erwähnten Umbruchpunkte zu definieren. Sehen wir uns nun in unserem Layout genauer an, wo diese Punkte liegen.

> **TIPP:** Mediaqueries sollten nicht dazu verwendet werden, gezielt einzelne Geräte anzusprechen, denn dabei können wir nur das berücksichtigen, was heute schon da ist. Ein gutes reaktionsfähiges Design zeichnet sich aber dadurch aus, dass es ebenso für zukünftige Geräte und Display-Größen gewappnet ist. Der Markt der Smartphones und Tablets ist momentan stark in Bewegung und keiner kann vorhersagen, welche neuen Bildschirmauflösungen und -größen in nächster Zeit auf uns warten. Von daher ist es sinnvoller, sich beim Festlegen der Umbruchpunkte an den Bedürfnissen des Designs zu orientieren und nicht an aktuellen Geräten.

Unser Projekt haben wir ja bereits nach oben hin in der Breite begrenzt, dort warten also keine bösen Überraschungen auf uns. Insofern müssen wir uns hier nur auf das konzentrieren, was passiert, wenn wir den Bildschirm, respektive das Browserfenster, immer mehr verkleinern.

Wir nutzen dazu eine praktische Website namens *responsivepx.com*. Hier kann man mit einem Schieberegler die Breite beeinflussen oder genaue Werte für Breite und Höhe der Seite eingeben, um so sein Layout zu testen und auch mögliche Umbruchstellen ausfindig zu machen.

Wir geben hier unsere URL ein und testen. Den ersten kleinen Umbruchpunkt machen wir aus, wenn die Fensterbreite die Breite des äußeren Containers erreicht, bei 1080 px (Abb. 3.12).

Zum einen brauchen wir ab hier den oberen Rand mit dem Pappkartonhintergrund nicht mehr, weil auch an den Seitenbereichen dieser Hintergrund weggefallen ist. Ebenso können wir uns den 1-px-Rahmen um den Container sparen, weil dieser ab jetzt das Browserfenster voll ausfüllt.

Wir verkleinern unser Fenster weiter. Weil wir hier eine recht einfache Anordnung haben, funktioniert es länger sehr gut, bevor etwas Nennenswertes passiert. Bei ca. 600–700 px Breite wird die Seitenleiste sehr schmal, so dass wir hier reagieren sollten (Abb. 3.13).

Ab diesem Punkt stimmt auch das Verhältnis des Logos zum Beschreibungstext nicht mehr, der immer schmaler, dafür aber länger wird und so den Header recht hoch werden lässt. Bei ca. 390 px rutscht dann der Beschreibungstext komplett unter das Logo und das Layout wirkt nun ziemlich hilfsbedürftig (Abb. 3.14)

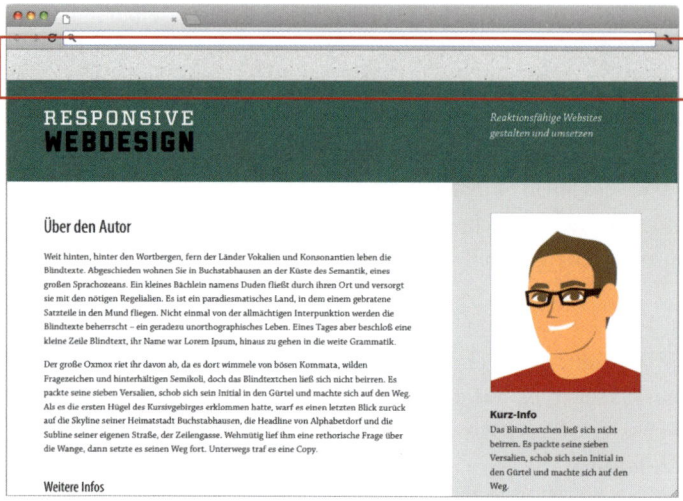

Abb. 3.12 *Der obere Rand kann ab < 1080 px in der Breite entfallen.*

Abb. 3.13 *Die Seitenleiste wird bei ~600 px zu schmal*

Abb. 3.14 *Ziemlich zerstörtes Layout bei 390 px*

Wir hätten hiermit also vorläufig drei mögliche Umbruchpunkte ausgemacht, an denen Änderungsbedarf besteht. Das teilen wir jetzt dem Browser durch Mediaqueries mit.

Wir setzen also den ersten Umbruch bei 1080 px und möchten das CSS anpassen für alle Fensterbreiten, die kleiner als dieser Wert sind. 1080 px ist unsere Maximalbreite, weshalb wir am Ende unserer CSS-Datei folgende Anweisung notieren:

```
@media only sreen and (max-width: 1080px) {
}
```

Innerhalb dieser Anweisung deklarieren wir, dass der obere Abstand des Containers aufgelöst werden soll und mit ihm der 1-px-Rahmen:

```
@media only screen and (max-width:1080px) {
    .wrapper {
        border: none;
        margin: 0;
    }
}
```

Den nächsten Umbruchpunkt definieren wir bei 660 px. Weil uns die Seitenspalte ab hier zu schmal erscheint, geben wir an, dass sich Haupt- und Seitenspalte auflösen und die volle Breite annehmen sollen:

```
@media sreen and (max-width: 660px) {
    .content_main,
    .content_sub {
        float: none;
        width: 100%;
    }
}
```

Somit löst sich unser Spaltensystem unterhalb der 660 px auf und der Inhalt der Seitenspalte rutscht wie gewünscht unter den Hauptinhalt. Mehrere Dinge fallen uns allerdings auf: Zum einen wird im rechten Bereich der Inhalt abgeschnitten und ein unschöner horizontaler Scrollbalken erscheint. Zum anderen braucht die ehemalige Seitenleiste noch etwas Tuning, weil sich jetzt aufgrund der größeren

Breite mehr Freiraum ergeben hat. Außerdem können wir im Kopfbereich ein paar Dinge zurechtrücken.

Zu Punkt 1: Der horizontale Scrollbalken entsteht, weil wir zusätzlich zur Breiten-angabe von 100% jeweils ein `padding` für Haupt- und Nebeninhalt definiert haben, das zur Breite hinzugerechnet wird. Wenn wir uns das Box-Modell von CSS vor Augen führen, erinnern wir uns, dass zur Ermittlung der Breite eines Containers der Innenabstand `padding` stets hinzuaddiert wird (Abb. 3.15)

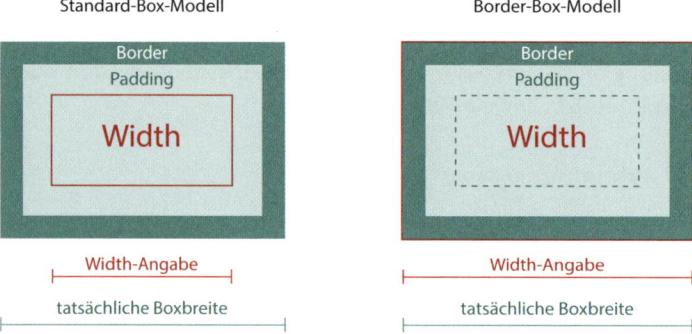

Abb. 3.15 *CSS-Box-Modell*

Diese Vorgehensweise ist gerade für CSS-Anfänger oft schwer nachvollziehbar und führt im Zusammenhang mit Mehrspaltigkeit und flexiblen Grids, wie hier gesehen, schon mal zu Problemen. Glücklicherweise gibt es in CSS3 eine Eigen-schaft namens `box-sizing`, die das Box-Modell verändert. Durch die Anweisung `box-sizing: border-box;` wird der Innenabstand nicht mehr zur Breite hinzu-addiert (siehe Abb. 3.15). Die Browserunterstützung für diese Eigenschaft ist sehr gut. Ab IE8 und aufwärts kommen alle modernen Browser damit klar, bis auf Firefox, ältere iOS- und Android-Webkits zudem ohne Präfix. Wir tragen diese Eigenschaft also wie folgt nach und sehen, dass der horizontale Scrollbalken wieder verschwindet:

```
.content_main,
.content_sub {
    -webkit-box-sizing: border-box;
    -moz-box-sizing: border-box;
    box-sizing: border-box;
```

```
    float: none;
    width: 100%;
}
```

Damit wäre Problem 1 gelöst und wir wenden uns dem zweiten Punkt zu. Der sekundäre Inhalt, ehemals in der Seitenleiste, hat nun mehr Platz in der Breite zur Verfügung. Insofern ist es angebracht, diesen Platz auch zu nutzen, indem wir den Inhalt auf zwei Spalten aufteilen. Doch zunächst noch etwas anderes. Wir haben durch die im Mediaquery definierte Maximalbreite von 660 px einen neuen Kontext geschaffen. Alle Prozentwerte, die wir bisher angegeben haben, stehen aber in Bezug zu den 1080 px der ursprünglichen Maximalbreite. Um unsere Inhalte der neuen Situation anzupassen, werden wir unser Grid etwas umstellen und die Prozentwerte daran anpassen. Wir wählen jetzt ein Raster mit jeweils 285 px Spaltenbreite, womit jeweils 30 px für den Spaltenabstand und den Außenabstand übrig bleiben (Abb. 3.16).

Abb. 3.16 *Angepasstes Raster und wie sich die Elemente daran ausrichten sollen*

Nun rechnen wir das wieder in Prozentwerte um. Für die Ränder des Headers und der Inhaltsblöcke ergeben sich mit unserer Formel 4,4545454545%, was wir im CSS notieren. Ebenso reduzieren wir die vertikalen Abstände, die im Verhältnis zum horizontalen Abstand sonst zu breit wirken würden.

```
h1 {
    margin: 21px 0 24px 4.54545454545%;
}
```

```
.tagline {
    margin: 24px 4.54545454545% 24px 0;
}

.content_main,
.content_sub {
    padding: 36px 4.54545454545%;
}
```

Jetzt berechnen wir die Bildgröße des Porträts in Prozent. Das Porträt soll nach rechts gestellt werden und eine Spaltenbreite ausfüllen. Der Kontext beträgt hier 600 px (660 abzüglich der Randabstände), womit wir bei einer Bildbreite von 47,5% landen. Die Mittelspalte bilden wir durch einen linken Außenabstand des Porträts. Es ergibt sich eine Breite von 5% (30 px Zielgröße, 600 px Kontext, ausgehend vom Porträt), die wir als linker Abstand des Porträts deklarieren. Nach unten definieren wir ebenfalls einen Abstand, um Platz für die Hintergrundgrafik zu lassen. Die hier angesetzten 30% habe ich über Ausprobieren ermittelt.

```
.portrait {
    float: right;
    margin: 0 0 30% 5%;
    width: 47.5%;
}
```

Der Text, der nun links steht, hat durch die Überschrift noch einen zu großen Abstand nach oben, was wir durch folgende Zeile verhindern:

```
.content_sub h2:first-of-type {
    margin-top: 0;
}
```

:first-of-type ist eine CSS-Pseudoklasse, die in diesem Fall auf die erste Überschrift des Typs H2 reagiert, welches Kindelement von .content_sub ist.

Was jetzt noch fehlt, ist die Ausrichtung der Hintergrundgrafik. Zunächst ermitteln wir die Breite der Grafik, die hier der Breite des Porträts entsprechen soll. Der Kontext für die Hintergrundgrafik ist aber nun die gesamte Breite des Containers, weshalb wir einen Prozentwert von 43,18181818% erhalten, der sich leicht von dem des Porträts unterscheidet.

Fehlt noch die Positionsangabe. Vom linken Rand ist die Grafik eine Spalte plus zwei Spaltenbreiten entfernt, also insgesamt 345 px. Wir erinnern uns, dass wir für die Ermittlung der Positionsangabe die Breite des Bilds von der Gesamtbreite abziehen müssen. Also ziehen wir 285 von 660 ab und erhalten 375. Wenn wir jetzt den Abstand von links durch diesen Wert teilen und mit 100 multiplizieren (entsprechend unserer Standardformel), erhalten wir einen Wert von 92%, den wir als Abstand eintragen.

```
article {
    background-position: 92% bottom;
    background-size: 43.18181818%;
}
```

Damit hätten wir den unteren Bereich des Dokuments optisch aufgewertet.

Jetzt kommt der Kopfbereich an die Reihe. Die Header-Elemente richten wir ebenfalls am neuen zweispaltigen Raster aus und starten beim Logo. Die Abstände haben wir ja bereits definiert. Nun passen wir noch die Breite des Logos an das Spaltenmaß an, was in einer Breite von 43,18181818% resultiert. Wir definieren diese Breite jetzt aber nicht als `width`, sondern als `max-width`. Das hat folgenden Grund: Das Spaltenmaß ist mit 285 px breiter als das Logo. Weil wir dieses aber nicht größer als 100% skalieren und damit eine schlechtere Qualität hinnehmen möchten, lassen wir die ursprüngliche Breitenangabe bestehen. Mit der nachträglichen Angabe von `max-width: 43.18181818%` erreichen wir nun, dass das Logo entsprechend dem Spaltenmaß kleiner skaliert wird, sobald die 240 px unterschritten werden.

Wenden wir uns dem Infotext zu. Damit er sich besser integriert, weisen wir ihm ebenso die Breite des Spaltenmaßes von 43,18181818% zu.

Für den Header ergibt sich also insgesamt folgender Code:

```
h1 {
    margin: 24px 0 24px 4.54545454545%;
    max-width: 43.18181818%;
}
```

```
.tagline {
    font-size: 15px;
    line-height: 1.3;
    margin: 21px 4.54545454545% 24px 0;
    width: 43.18181818%;
}
```

Zu Beginn hatten wir noch einen weiteren Umbruchpunkt bei ca. 390 px ausgemacht. Da wir allerdings den Kopfbereich bereits bearbeitet haben, ist dieser Punkt nun hinfällig. Dennoch können wir bei ca. 420 px einen weiteren Umbruchpunkt festlegen. Ab hier wirkt das Logo zu klein im Vergleich zum Infotext (Abb. 3.17).

Abb. 3.17 *Die Schrift umbricht und lässt das Logo zu klein wirken.*

Hier lösen wir die Zweispaltigkeit auf und geben dem Logo eine neue Maximalbreite von 90,90909091%, resultierend aus der Gesamtbreite (100%) abzüglich der Außenabstände (2 x 4,54545454545%). Den Abstand nach oben definieren wir geringfügig größer als die Seitenabstände, weil das ausgewogener aussieht. Für den Infotext machen wir entsprechende Angaben und erhalten insgesamt folgenden Code:

```
@media only screen and (max-width:420px) {

    h1 {
            float: none;
            margin-top: 7%;
            margin-bottom: 0;
            max-width: 90.90909091%;
    }
```

```
.tagline {
        font-size: 15px;
        float: none;
        margin: 4.54545454545%;
        width: 90.90909091%;
    }

}
```

Im Fußbereich funktioniert die Zweispaltigkeit noch recht gut, weshalb wir hier auf eine weitere Bearbeitung verzichten.

3.6   Zusätzliche Anpassungen für mobile Geräte

Damit wären wir fast am Ende. Allerdings haben wir es bisher sträflich versäumt, unsere Website auf einem mobilen Gerät zu testen, sonst hätten wir festgestellt, dass unsere vorgenommenen Angaben für kleinere Bildschirmgrößen gar nicht zum Tragen kommen (Abb. 3.18).

Warum ist das so? Als seinerzeit das iPhone als erstes Smartphone auf den Markt kam, gab es dafür kaum optimierte Websites. Also wurden normale Websites auf einer imaginären Desktop-ähnlichen Breite gerendert, beim iPhone zum Beispiel 980 px (bei Opera 850px, auf Android-Geräten 800 px) und anschließend auf die zur Verfügung stehende Breite von 320px verkleinert. So wird das auch heute noch gelöst. Wir müssen dem Gerät also mitteilen, dass Websites nicht größer als die zur Verfügung stehende Bildschirmbreite gerendert werden sollen, damit der Wert der Media-Anfrage greift.

Dazu hat Apple eine neue Meta-Eigenschaft namens viewport geschaffen, mit der wir die zuvor genannte imaginäre Breite auf die Abmessungen des Geräts einstellen können:

```
<meta name="viewport" content="width=device-width">
```

Damit ist also die Breite des Gerätebildschirms maßgeblich für die Darstellungsfläche, auf der die Website gerendert wird.

Die von Apple eingeführte `viewport`-Zusatzinformation wurde von anderen Herstellern übernommen, so dass es sich dabei mittlerweile um einen Quasi-Standard handelt.

Wenn wir die oben angegebene Zeile nun im `head`-Bereich unseres HTML-Dokuments ergänzen, werden auch unsere Einstellungen in den Mediaqueries erkannt und auf die Darstellung übertragen, womit das Problem gelöst wäre.

Beim iPhone zum Beispiel wird die Breite jetzt richtigerweise auf 320 px gerendert, was unterhalb unserer Mediaquery von maximal 440 px liegt (Abb. 3.19).

Abb. 3.18 *Auf einem Mobiltelefon wirken die Mediaqueries nicht.*   **Abb. 3.19** *Erst mit Viewport-Angabe sieht das Ergebnis wie gewünscht aus.*

HINWEIS: Der Wert 320 px stammt vom alten iPhone ≤ 3S, aber auch höher auflösende Smartphones nehmen diesen Wert an. Dabei machen diese Geräte einen Unterschied zwischen den Pixelwerten im CSS und den tatsächlichen Pixeln des Bildschirms. Das ist nötig, damit die physikalische Größe der Elemente gleich bleibt. Der Umrechnungsfaktor richtet sich nach der Auflösung. Das iPhone 3 ist sozusagen der ursprüngliche Standard, hier entspricht ein CSS-Pixel einem Bildschirmpixel. Das iPhone 4 hat aber eine doppelt so hohe Auflösung wie das iPhone 3. Daraus ergibt sich der Umrechnungsfaktor 2, also einem CSS-Pixel entsprechen horizontal und vertikal je 2 Bildschirmpixel (Abb. 3.20).

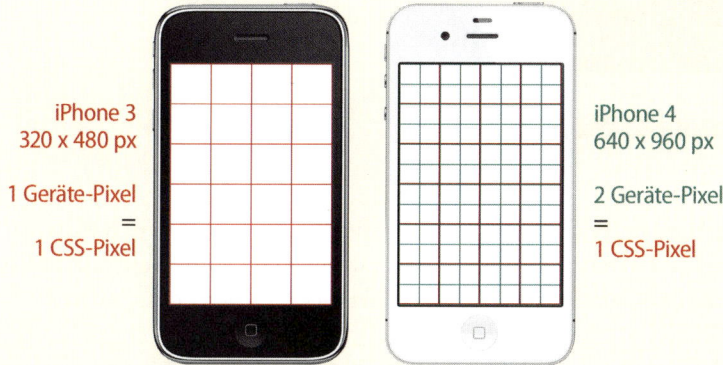

iPhone 3
320 x 480 px

1 Geräte-Pixel
=
1 CSS-Pixel

iPhone 4
640 x 960 px

2 Geräte-Pixel
=
1 CSS-Pixel

Abb. 3.20 *Pixeldichte iPhone 3 und iPhone 4*

Trotz unterschiedlicher Auflösungen können wir uns so darauf verlassen, dass ein Element von 100 px auf beiden Geräten physikalisch die gleiche Breite einnimmt. Oder, wie im Fall der Mediaqueries, dass beide Geräte auf die gleichen Mediaqueries reagieren. Die interne Umrechnung übernimmt dabei der Browser bzw. das Betriebssystem, darum müssen wir uns nicht kümmern. Das HTC Desire hat beispielsweise 480 px in der Breite. Hier ist der Umrechnungsfaktor 1,5 (480 ÷ 320).

Nähere Erläuterungen dieser Thematik rund um Geräte- und CSS-Pixel liefert ein Artikel von Peter Paul Koch.[5]

Auf Wikipedia findet sich ein Beitrag, der eine Liste der verschiedenen Auflösungen von Smartphones und Co. pflegt.[6]

---

5 http://www.quirksmode.org/blog/archives/2010/04/a_pixel_is_not.html
6 http://en.wikipedia.org/wiki/List_of_displays_by_pixel_density

Was passiert, wenn das Gerät in den Landscape-Modus gedreht wird?

Hier geschieht genau das, was auch bei einer nicht mobil optimierten Website geschehen würde: Sie wird einfach vergrößert dargestellt, weil horizontal mehr Platz zur Verfügung steht (Abb. 3.21).

Abb. 3.21 *iPhone-Darstellung im Landscape-Modus*

Wir können diese Defaulteinstellung durchaus tolerieren und bieten den Nutzern so eine Möglichkeit, die Website unkompliziert zu vergrößern und den Text besser lesen zu können. In unserem Beispiel funktioniert das auch ganz gut.

Es kann aber auch sein, dass wir die vergrößerte Pixelanzahl in der Breite für einen Layoutwechsel nutzen und im CSS einen entsprechenden Umbruchpunkt definieren möchten. Das erreichen wir durch eine erweiterte Angabe im viewport-Meta-Element:

```
<meta name="viewport" content="width=device-width, initial-scale=1.0">
```

So teilen wir dem Browser mit, dass er die Seite beim Aufrufen nicht mehr als 100% (Faktor 1,0) skalieren soll. Leider hält sich iOS aufgrund eines Bugs nicht an diese Anweisung und vergrößert die Darstellung dennoch (Abb. 3.22).

Abb. 3.22 *iPhone-Darstellung im Landscape-Modus mit Scaling-Bug*

HINWEIS: Vorsicht mit maximum-scale! Um den Scaling-Bug zu beheben, schlagen viele Websites im Netz eine zusätzliche Angabe vor, die die Skalierung auch nach oben begrenzt:

```
<meta name="viewport" content="width=device-width, initial-scale=1.0,
maximum-scale=1.0"> /* So bitte nicht verwenden! */
```

Von der Verwendung von maximum-scale rate ich aber ausdrücklich ab, weil hiermit den Nutzern jegliche Möglichkeit genommen wird, die Ansicht zu vergrößern.

Bis Apple dieses Problem behebt, müssen wir auf JavaScript ausweichen. Hier hat Scott Jehl von der Filament Group ein kleines Script erstellt, das sich dieser Sache erfolgreich annimmt.[7]

Damit werden unsere CSS-Einstelllungen für größere Breiten übernommen, aber gleichzeitig wird beim Drehen des Geräts die Darstellung nicht automatisch skaliert (Abb. 3.23).

Abb. 3.23 *iPhone-Darstellung mit JavaScript-Fix*

Wir haben also zwei Möglichkeiten, die Ansicht bei mobilen Geräten auf Mediaqueries reagieren zu lassen. Entweder wir geben im Meta-Tag nur `width=device-width` an und erhalten beim Drehen ins Querformat die gleiche Darstellung vergrößert. Oder wir ergänzen zusätzlich noch die Angabe `initial-scale=1.0` sowie das JavaScript, um den gewonnenen Platz in der Breite für eine Layoutanpassung zu nutzen.

---

7 https://github.com/scottjehl/iOS-Orientationchange-Fix

Der Umgang mit Internet Explorer 8 und kleiner

Wir haben bereits angesprochen, dass ältere Internet Explorer an der einen oder anderen Stelle ihre Problemchen haben, was zum Beispiel Bild- oder Hintergrundskalierung angeht. Mediaqueries bilden hier keine Ausnahme. Erst ab IE 9 werden sie verstanden und ausgelesen.

Wir haben zwei Möglichkeiten, wie wir mit diesem Problem umgehen:

1. Wir können es beheben. Zur Lösung hat wiederum Scott Jehl ein sogenanntes JavaScript-Polyfill namens respond.js erstellt, das die fehlende Funktionalität für min-width und max-width in Mediaqueries nachrüstet.[8]
2. Wir können tolerieren, dass ältere IE keine Mediaqueries verstehen können, und auf den Einsatz von resond.js verzichten.

Warum könnte die zweite Variante sinnvoll sein? Nun, zu den bereits angesprochenen Schwächen der älteren Internet Explorer kommt hinzu, dass sie auch bei weiteren CSS3-Eigenschaften wie Verläufe, Schatten und abgerundete Ecken, die zum Ersetzen von Pixelgrafiken recht nützlich sind, nicht mithalten können. Zwar ließen sich auch diese Dinge zum Teil durch waghalsige Manöver (sprich proprietären Microsoft-Code) nachrüsten. Es stellt sich aber die Frage, ob es sinnvoll ist, Browsern fehlende Funktionen, die sie nicht beherrschen, hinten anzuheften. Nicht nur ist es mit mehr Aufwand verbunden, diese Funktionen nachrüsten zu müssen, es geht auch immer auf Kosten der Performance. Mehr Funktionalität wird also mit längeren Ladezeiten erkauft.

Und der Nutzen – hier kommen wir zum entscheidenden Punkt – ist durchaus fraglich. Windows-Nutzer surfen, im Gegensatz zu Mac-Nutzern, fast ausschließlich bei voller Fensterbreite. Die älteren IEs in der Version 8 und kleiner kommen in keinem mobilen Gerät zum Einsatz. Das heißt also, der gemeine IE-Nutzer merkt in der Regel gar nicht, ob eine Website fix oder flexibel ist.

Wir können also guten Gewissens, sofern andere Gründe nicht dagegen sprechen, ältere IE aus dem Responsive-Kontext ausschließen. So können sie die Dinge darstellen, die ihren Fähigkeiten entsprechen, und alles andere bleibt modernen Browsern vorbehalten. Das ist ein altbekannter Grundsatz moderner Webentwicklung

---

8   https://github.com/scottjehl/Respond

und hört auf den Namen »Progressive Enhancement«, eine Idee, die wunderbar mit den Gedanken des Responsive Webdesign zusammenpasst.

In unserem Fall brauchen wir dazu auch nicht viel zu unternehmen, denn alle Einstellungen, die innerhalb der Mediaqueries stattfinden, werden von älteren Browsern erst gar nicht erkannt. Nur eine kleine Sache müssen wir in unserem Code umstellen, denn wir haben ganz zu Beginn die Containerbreite von width auf max-width umgestellt, um ihn für kleinere Fensterbreiten flexibel zu machen. Diese Einstellung machen wir wieder rückgängig, wir schreiben also wieder die ursprüngliche Breitenangabe

```
.wrapper {
    width: 1080px;
}
```

und ergänzen im Mediaquery die Breitenangabe, die ab hier das volle Browserfenster ausfüllen kann:

```
@media only screen and (max-width:1082px) {

    .wrapper {
            border: none;
            margin: 0;
            width: 100%;
    }
}
```

So erhalten die älteren IE das Standardlayout, ohne dass wir uns um die Probleme im Zusammenhang mit Responsive Design kümmern müssen.

3.7   Einmal kurz durchatmen

Damit hätten wir ein kleines Projekt von einem statischen Layout in ein flexibles verwandelt und sind nun mitten drin im Thema Responsive Webdesign. Wir haben die grundlegenden Zutaten besprochen und sind damit in der Lage, bestehende Seiten flexibler und vor allem reaktionsfähig zu gestalten.

Zum Schluss noch ein paar Screenshots unserer fertigen Website bei verschiedenen Größen (Abb. 3.24).

Die ersten Erfolge sind verbucht, aber es gibt noch einige Baustellen, die wir betrachten und abarbeiten müssen. Diese werden wir uns in den nächsten Kapiteln ansehen.

Abb. 3.24 *Die Website in verschiedenen Bildschirmgrößen*

4

Noch mehr Zutaten

Auch wenn wir schon einiges erreicht haben, braucht unser Grundlagenkapitel eine ausgedehnte Fortsetzung. Ethans Zutaten sind erst der Anfang und seit der ursprünglichen Idee des Responsive Webdesigns ist viel Wasser den Rhein runtergeflossen. In dieser Zeit haben sich um die Grundtechniken herum weitere Dinge entwickelt, die in diesem Zusammenhang ebenfalls eine wichtige Rolle spielen. Gehen wir diese Bereiche einmal durch.

4.1 Was müssen wir noch berücksichtigen?

Einen passenden Workflow entwickeln

Wir haben im Kapitel zuvor eine bestehende Website nachträglich reaktionsfähig gemacht und die Grundtechniken darauf angewendet. Die große Frage steht aber noch aus, wie wir beim Start eines neuen Projekts vorgehen. Die Arbeit mit flexiblen Webdokumenten, die sich je nach Gerät und Bildschirmgröße anpassen, hat einen großen Einfluss darauf, wie wir Websites konzipieren, gestalten und unseren Auftraggebern präsentieren. Wir müssen also schauen, wie wir unseren Workflow optimal auf die Bedürfnisse des Responsive Webdesigns einstellen.

Flexibler Umgang mit den Inhalten

Responsive Webdesign hat auch Einfluss auf unsere Inhalte. Hier stellt sich die Frage, wie wir unsere Inhaltsstruktur und -anordnung auf die verschiedenen Geräte und Display-Größen reagieren lassen. Neben der unvermeidlichen Linearisierung der Inhalte müssen wir auch schauen, ob und wie es möglich ist, Inhalte auf kleinen Geräten auszublenden oder in der Abfolge hinten anzustellen. Wir müssen uns also eine vernünftige und durchdachte Inhaltsstrategie zurechtlegen.

Eine solide HTML-Basis

Ebenso ist es wichtig, die Inhalte entsprechend auszuzeichnen und ihnen maschinenlesbare Bedeutung zu verleihen. Denn längst nicht mehr liegt die Darstellung der Website ausschließlich in unserer Hand. Zusätzlich zu den persönlichen Einstellungen der Nutzer gibt es Dienste wie *Readability* oder *Instapaper*, die unsere Inhalte neu interpretieren und ihnen eine reduzierte Darstellung verleihen, um sie so leichter erfassbar und lesbar zu machen. Unsere Inhaltsstruktur und -bedeutung sollten sich demnach in unserem Quelltext widerspiegeln. Unsere HTML-Basis ist also von großer Bedeutung.

Die Gestaltungsphase

Die geläufige Methode, Websites im Grafikprogramm fertig auszugestalten und dann umzusetzen, funktioniert so nicht mehr. Hier brauchen wir neue Ansätze und Werkzeuge. Neben zeitsparender Methoden in der Gestaltungsphase sind auch verschiedene Layoutmuster interessant, die im Responsive Webdesign eingesetzt werden können.

Reaktionsfähige Typografie und Webfonts

Dank Webfonts haben wir eine große Palette verschiedener Schriften zur Verfügung. Diese sollten auf die verschiedenen Displaygrößen und Geräte reagieren können. Neben Anpassungen für Schriftgröße und Zeilenhöhe ist es auch wichtig, vernünftige Fallback-Schriften zur Verfügung zu stellen. Denn viele Smartphones können noch keine Webfonts darstellen.

Anpassungsfähige Bilder, Grafiken und Icons

Wir haben im Grundlagenkapitel besprochen, wie Bilder flexibel dargestellt werden können. Ausgeklammert wurde dabei die Frage nach der Performance. Bilder, die auf mobilen Geräten lediglich per CSS verkleinert werden, besitzen dennoch ihre ursprüngliche Dateigröße und verursachen somit lange Ladezeiten. Hier gilt es, für jeden Kontext entsprechende Bilddaten zu liefern. Außerdem müssen wir für höher auflösende Bildschirme passende Grafiken liefern. Hier kommen Methoden wie SVG oder Icons als Webfont ins Spiel.

Mobile Navigation und Bedienmethoden

In unserem vorherigen Beispielprojekt hatten wir diesen Bereich erst einmal außen vor gelassen. Mit gutem Grund, denn es handelt sich um ein Thema, das viele Möglichkeiten bietet, aber auch viele Überlegungen erfordert, vor allem, wenn die Website sehr komplex ist und mehrere Navigationsebenen enthält. Hier stellt sich die Frage, wie wir diese sinnvoll auf wenig Platz unterbringen können und trotzdem die Inhalte schnell und einfach erreichbar machen.

Auch ein anderer Punkt ist in diesem Zusammenhang interessant. Nicht nur die Bildschirmgröße ändert sich bei mobilen Geräten, sondern auch die Bedienmethode. Durch die Bedienung mit dem Finger statt der Maus müssen Klickflächen und auch Textlinks deshalb großzügig für Fingergrößen konzipiert sein. Ebenso gibt es bei Touch-Displays keinen Hover-Status, was vor allem im Zusammenhang mit Flyout-Menüs oder sogenannten Tooltips berücksichtigt werden muss.

Weitere Möglichkeiten mit Mediaqueries

Wie gesagt, gibt es neben der Bildschirmbreite noch andere Eigenschaften, die wir mit Mediaqueries abfragen können, zum Beispiel die Höhe, die Auflösung der Geräte oder zukünftig die Genauigkeit der Bedienmethoden. Darüber hinaus gibt es verschiedene Möglichkeiten, Mediaqueries zu strukturieren.

Layouts umsetzen

Jenseits der einfachen Umsetzung eines flexiblen Rasters wie im Grundlagenkapitel gibt es einiges mehr, was wir uns ansehen können, beispielsweise verschiedene reaktionsfähige Grid-Systeme und Designmodule. Ebenso gilt es, die Hierarchie der Inhalte über verschiedene Plattformen hinweg zu wahren. Darüber hinaus lohnt sich auch jenseits von Floats ein Blick auf alternative aktuelle und zukünftige CSS-Methoden, um Layouts zu steuern.

Auch Problemfälle wie sperrige Bannerwerbung oder Datentabellen sollten wir uns näher ansehen.

Performance

Ein weiterer wichtiger Bereich betrifft die Performance. Mobile Geräte verfügen über weit weniger Rechenleistung und können Websites unabhängig von der zur Verfügung stehenden Bandbreite, die im mobilen Kontext ebenso eine Rolle spielt, nicht so schnell anzeigen wie wir es von Desktop-Geräten gewohnt sind. Je komplexer eine Website also aufgebaut ist, desto mehr Zeit wird für das Darstellen der einzelnen Bereiche benötigt.

Hier gibt es einige Stellschrauben, an denen wir drehen können, um die Ladezeit zu verbessern.

4.2 Die erweiterte Zutatenliste

Wir sehen, es gibt einiges, was wir im Zusammenhang mit reaktionsfähigen Websites noch unter die Lupe nehmen können.

Fassen wir die erweiterten Zutaten zusammen:

1. Einen passenden Workflow entwickeln
2. Flexibel mit Inhalten umgehen
3. Eine solide HTML-Basis
4. Gestaltungsmethoden im Responsive Design

5. Reaktionsfähige Typografie und Webfonts
6. Anpassungsfähige Bilder, Grafiken und Icons
7. Mobile Navigationskonzepte und Bedienmethoden
8. Weitere Möglichkeiten mit Mediaqueries
9. Layouts umsetzen
10. Performance-Optimierung

Responsive Webdesign beeinflusst nicht nur einen spezifischen Bereich einer Website, sondern alle beteiligten Disziplinen müssen während des Erstellungsprozesses berücksichtigt werden. Damit kommen zu den ursprünglichen Zutaten auch einige hinzu, die eventuell nicht in Ihren Kernkompetenzbereich fallen.

Im reaktionsfähigen Kontext ist es aber wichtig, die weiteren Bereiche zumindest zu kennen, weil die Disziplinen stärker ineinander greifen und nicht so klar trennbar sind, wie es vielleicht früher der Fall war. Wer im Team mit Inhaltsstrategen, Designern und Entwicklern arbeitet, muss die übrigen Bereiche stets bei seinen Überlegungen und Planungen einbeziehen.

Auch wer allein arbeitet und somit für alle Belange zuständig ist, muss sich während eines Projekts abwechselnd in die verschiedenen Rollen hineinversetzen, um bestmögliche Entscheidungen treffen zu können.

Wir werden nun anhand einiger Beispiele die Punkte unserer erweiterten Zutatenliste näher erläutern und auf die wesentlichen Problemstellungen und Lösungsmöglichkeiten eingehen.

5

Ein verbesserter Workflow

Basierend auf Erfahrungswerten, Kapazitäten und Klientel haben jeder Freelancer und jede Agentur eigene Arbeitsabläufe erarbeitet, die eine schnelle Entwicklung des Projekts im Rahmen der veranschlagten Kosten gewährleisten sollen.

Diese Arbeitsabläufe und Vorgehensweisen müssen wir, wenn es um reaktionsfähiges Webdesign geht, in mehrfacher Hinsicht auf den Prüfstand stellen. Schon bei unseren ersten Überlegungen zu Inhalt, Design und Entwicklung haben wir nicht mehr nur eine einzelne Ansicht zu berücksichtigen. Wir müssen entscheiden, ob wir nach wie vor bei der Desktop-Ansicht starten und anschließend in Richtung kleinere (und eventuell größere) Bildschirme und Geräte weiterentwickeln oder ob wir nicht besser bei den kleinen Geräten anfangen und uns langsam nach oben arbeiten. Außerdem gilt es zu klären, wie sich die Zusammenarbeit zwischen Designern und Entwicklern verbessern lässt, um den Anforderungen an Responsive Webdesign gerecht zu werden. Und es stellt sich die Frage, wie wir unsere Auftraggeber bestmöglich in den Prozess integrieren.

5.1 Der richtige Ausgangspunkt – »Mobile First« oder »Desktop First«?

Im vorangegangenen Kapitel haben wir ein Beispielprojekt ausgehend von der bereits bestehenden Desktop-Variante in eine reaktionsfähige Website umgewandelt. In einem solchen Fall ist es natürlich naheliegend, die bestehende Website als Ausgangspunkt zu nehmen und sich von da in Richtung kleinere und größere Bildschirme und Geräte weiterzubewegen. Bei einem neuen Projekt haben wir aber freie Wahl, von wo aus wir beginnen.

Wir haben dabei mehrere Möglichkeiten:

- Wir betrachten die kleinsten Mobilgeräte zuerst.
- Wir starten wie bisher mit einer klassischen Desktop-Ansicht (ca. 960 px).
- Wir betrachten die größtmöglichen Geräte zuerst.

Diese Möglichkeiten können wir auf verschiedenen Ebenen betrachten, die den verschiedenen Phasen eines Projekts entsprechen.

Planungsphase

Wenn wir aus inhaltlicher Sicht an die Aufgabe herangehen, ist es sinnvoll, mit der mobilen Version der Website zu starten. Diese Vorgehensweise ist als »Mobile First«-Ansatz bekannt und wird seit einigen Jahren vom amerikanischen Webdesigner Luke Wroblewski[1] verbreitet (siehe Infobox). Die Einschränkungen durch die kleineren Bildschirme sollen dabei helfen, die wichtigsten Inhalte und Funktionen einer Website zu definieren. Durch das Fokussieren auf das Wesentliche wird unsere Website insgesamt schlanker, wovon auch die Desktop-Variante profitiert. Geht man dagegen bei der Inhaltsplanung von großen Bildschirmen aus, wird man unter Umständen dazu verleitet, mehr Inhalte als nötig zu platzieren und zu großzügig mit dem zur Verfügung stehenden Platz umzugehen. Das kann nachher auf kleineren Bildschirmen zu Problemen führen.

Mobile First

Der amerikanische Webdesigner Luke Wroblewski hat im November 2009 einen Ansatz namens »Mobile First« vorgestellt, in dem er drei gute Gründe nennt, warum es sinnvoll ist, bei neuen Projekten mit der mobilen Version zu starten:[2]

---

1   http://www.lukew.com/ff/entry.asp?933
2   http://www.abookapart.com/products/mobile-first

Mobil expandiert rasant. Mobile Geräte, vor allem Smartphones, werden immer beliebter und verbreiten sich so stark, dass sie in Zukunft die PCs als Hauptzugangsgerät zum Internet ablösen werden. Gespräche mit Auftraggebern und Kollegen schätzen die Bedeutung mobiler Internetgeräte teilweise noch nicht sehr hoch ein, die Zahlen sprechen allerdings eine eindeutige Sprache, was die absoluten Verkäufe und Wachstumsraten angeht. Zum ersten Mal wurden 2011 weltweit mehr Smartphones, als PCs verkauft, und zwar 488 Millionen Smartphones, ca. 63% mehr als im Jahr davor. Im Vergleich dazu waren es 415 Millionen PCs, nur ca. 15% mehr als im Jahr davor[3]. Es gibt noch weitere Indikatoren: Bereits 30% aller Mobiltelefone in Deutschland sind Smartphones. Mehr als die Hälfte (55%) des Datenverkehrs auf der Twitter-Website kommt von Smartphones, bei Facebook sind es auch schon ein Drittel (33%). Interessant auch folgende eCommerce-Zahlen: Das Bezahlsystem Paypal verzeichnete mobile Zahlungen in Höhe von 4 Milliarden US-Dollar. Nicht nur die schiere Zahl ist beeindruckend, auch die Entwicklung der letzten Jahre: 2010 waren es noch 750 Millionen, 2009 lediglich 141 Millionen US-Dollar[4]. Grund genug also, eine Website (und Shops) als Erstes für diese Gerätegruppe zu optimieren.

Mobil hilft zu fokussieren. Durch den Verlust eines großen Teils der herkömmlichen Schreibtisch-Bildschirmfläche werden die beteiligten Personen bei der Konzeption einer Website regelrecht dazu gezwungen, sich auf die wichtigsten Business-Ziele und Inhalte einer Website zu fokussieren. Es ist einfach kein Platz da, um fragliche Inhalte oder Gestaltungselemente nicht doch noch irgendwo unterzubringen. Den Nutzen dieses Ansatzes werden wir später noch ausführlicher behandeln.

Mobil bietet erweiterte Fähigkeiten. Funktionen wie Ortsbestimmung, Kompass, Bewegungssensor und Videokamera können auf mobilen Geräten genutzt werden, was in der Form im Desktopbereich nicht möglich ist. Das eröffnet uns den Weg für neuartige und eigenständige Anwendungen.

Ein weiterer Vorteil von Mobile First ist es, dass sich das Prinzip stark mit der Philosophie des Progressive Enhancement deckt, einer Vorgehensweise aus der Webentwicklung, bei der man schrittweise die Funktionalität einer Website für fähigere Browser verbessert, ohne weniger fähige grundsätzlich vom Zugang auszuschließen.

----

3 http://www.canalys.com/newsroom/smart-phones-overtake-client-pcs-2011
4 http://venturebeat.com/2012/01/10/paypals-mobile-payments-4b-2011/

Mobile First steht ebenfalls dafür, dass sogenannte Featurephones, die im Gegensatz zu Smartphones meist kleinere Bildschirme und weniger fähige Browser besitzen, die Inhalte einer Website darstellen können, wenn auch nur rudimentär. Ebenso kann abgesehen von der Bildschirmgröße mit einem Mobile-First-Ansatz auf weitere Einschränkungen wie geringe Datenrate in mobilen Netzen, schwache Rechenleistung sowie Bedienung unter widrigen Umständen wie Zeitdruck oder starker Lichteinfall, eingegangen werden.

Letztendlich profitieren auch die Varianten für größere Geräte bis hin zur Desktop-Version von Mobile First. Eine klare Struktur, übersichtliche Inhalte und ein Fokus auf die wichtigsten Ziele, die mit der Website erreicht werden sollen, lassen sich auch auf größere Bildschirme übertragen. Die Vorteile durch schnelle Ladezeiten und der Fokus auf die wichtigsten Elemente werden auch von Desktop-Nutzern geschätzt. Weil man sich im mobilen Kontext bereits auf die wesentlichen Elemente konzentriert, ist auch die Darstellung auf größeren Bildschirmen von mehr Klarheit und Übersichtlichkeit geprägt. Man ist eher geschützt davor, vorhandene Freiräume mit nicht so wichtigen Inhalten oder Funktionen füllen zu wollen, nur weil man viel Platz zur Verfügung hat.

Designphase

Wenn es um das Design einer Website geht, ist Mobile First nicht unbedingt das Mittel der Wahl. Ich beginne nach wie vor mit Entwürfen für eine klassische Desktop-Ansicht, weil man dank der größeren Zeichenfläche mehrere Elemente einer Website gleichzeitig im Blick haben und sie so gestalterisch besser aufeinander abstimmen kann. Ich starte also bei einer üblichen Desktop-Größe von 900 px bis 1000 px in der Breite, je nach Inhalt auch mal mehr oder weniger. Dabei geht es nicht darum, eine komplette Seite bis ins Detail im Grafikprogramm abzubilden. Viel wichtiger sind zunächst die großen Fragen: Wo platziere ich welche Inhalte? Wie soll der Gesamteindruck der Website wirken? Die Ausfertigung der Details erfolgt dann später, nachdem die groben Ideen erst mal getestet wurden.

Von den Desktop-Entwürfen lassen sich im nächsten Schritt gut die Gestaltungs-elemente sowohl für kleinere als auch für größere Bildschirmansichten ableiten. Diese Vorgehensweise stößt bei einigen Designern auf Zustimmung, so auch bei *upstatement*, die verantwortliche Agentur des reaktionsfähigen Boston-Globe-Webdesigns:

> »Our designs began at 960px, arguably the most complicated breakpoint, with several columns of content. Maybe this just came naturally after years of designing for that width. But I think it's more than that. It's easier to design with more screen real-estate — you see more at one time, you have a more nuanced hierarchy. And it wasn't just for this project; we've designed subsequent responsive sites the same way.« – UPSTATEMENT[5]

Ein Mobile-First-Ansatz beim Design ist dann die richtige Wahl, wenn sich die mobile Variante stark von der stationären unterscheidet. Das kann zum Beispiel der Fall sein, wenn spezielle Funktionen mobiler Geräte, wie Touch-Steuerung, Lokali-sierung oder Ausrichtung des Geräts die Gestaltung des Interface stark beeinflussen oder das mobile Interface eher in Richtung Webapp gehen soll.

Aber Vorsicht: Ein Mobile-First-Design kann dazu verleiten, dem Layout zu wenig Beachtung zu schenken. Wenn die mobile Variante dann als Vorbild für die Desktop-Gestaltung dient, kann unter Umständen unterm Strich eine zu stark reduzierte und womöglich emotionslose Website entstehen. Das ist auch eine der Gefahren, die im Web im Zusammenhang mit Responsive Webdesign diskutiert werden.[6,7]

Bei einer Mobile-First-Gestaltung sollten Sie deshalb darauf achten, das Design nicht zu weit zurückzunehmen. Bilder, Grafiken, Texturen, Layout sind auch im mobilen Kontext wichtig, um den Inhalt emotional zu unterstützen und aufzuwer-ten. Die Website der *Forefathers* ist ein gelungenes Beispiel, wie sich das Look & Feel auch im mobilen Kontext widerspiegeln kann (Abb. 5.1).

---

5 http://upstatement.com/blog/2012/01/how-to-approach-a-responsive-design/
6 http://www.netmagazine.com/opinions/responsive-web-design-boring
7 http://www.cennydd.co.uk/2011/what-bugs-me-about-content-out/

Abb. 5.1 *Gelungenes Design über alle Plattformen hinweg*

> **TIPP:** Dabei sollten Sie auch darauf achten, die Hierarchie der einzelnen Elemente zu wahren. Weitere Informationen dazu finden Sie im Kapitel 14 (Seite 265).

Muss eine Website viele Inhalte unterbringen, kann es auch sinnvoll sein, bei der Gestaltung die gesamte Breite eines Bildschirms auszunutzen und mit dieser Variante zu beginnen (Möglichkeit 3). Denn auch das ist eine Herausforderung, genau wie die Gestaltung für kleine Bildschirme. So kann man die Vorteile des Responsive Webdesigns auch auf größere Bildschirme ansprechend übertragen. Ein gelungenes Beispiel für das Ausnutzen von mehr Bildschirmfläche ist die Website des *Smashing Magazine*[8] (Abb. 5.2).

Unterm Strich ist wichtig, dass man flexibel bleibt und sich nicht zu früh in Details verrennt. Denn ganz egal, ob man bei der Gestaltung oben oder unten ansetzt, es wird im Laufe des Prozesses sehr wahrscheinlich sein, dass Dinge angepasst werden müssen, die eigentlich schon als abgeschlossen galten. Mal bedingt ein Problem bei kleinen Bildschirmen eine nachträgliche Anpassung des Designs für größere. Dann hat man für große Bildschirme eine Gestaltungsidee, die rückwirkend auch für die kleineren Bildschirme interessant ist und übernommen werden soll. Es wird im Verlauf der Gestaltung häufig so sein, dass man zwischen den einzelnen Versionen für verschiedene Größen hin und her springt und kleinere Änderungen vornimmt.

---

8 smashingmagazine.com

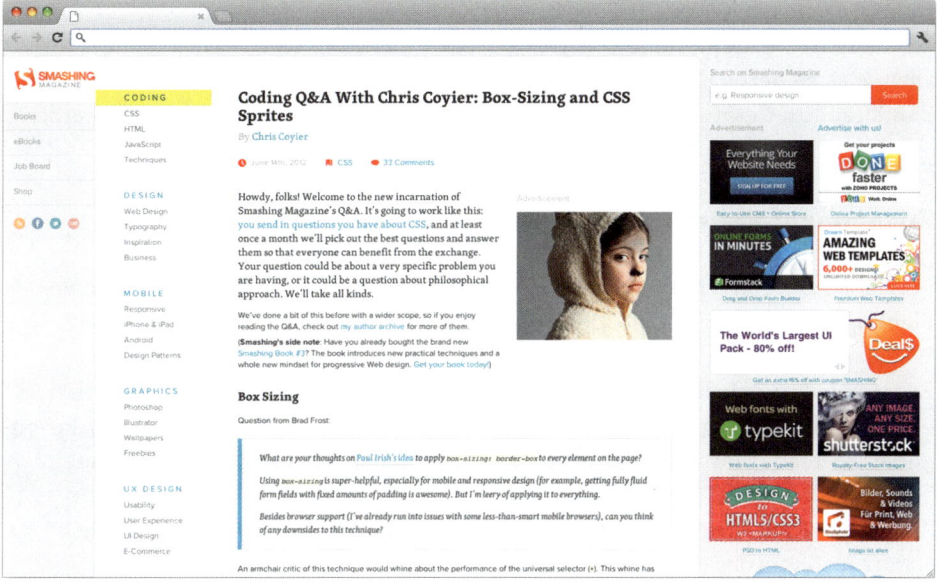

Abb. 5.2 *Das Smashing Magazine > 1680 px*

Entwicklungsphase

In der Entwicklungsphase ist es wiederum sinnvoll, Mobile First zu denken und sich zuerst den kleineren Bildschirmen zu widmen, auch wenn man bei der Gestaltung einen anderen Ansatz gewählt hat. Hier funktioniert Mobile First im Sinne von Progressive Enhancement: Die weniger fähigen Geräte werden zuerst mit den grundlegenden Informationen versorgt. Die linearisierten Inhalte erhalten nur die grundsätzlichen CSS-Stile für Typografie und Farben. Darauf aufbauend werden dann Stück für die Stück die fähigeren Geräte und größeren Bildschirme bedient.

> »The absence of support for @media queries is in fact the first @media query …«
> – BRIAN RIEGER[9]

Der Vorteil dieser Methode ist, dass auch solche Handys davon profitieren, die keine Mediaqueries interpretieren können.

---

9 http://www.slideshare.net/bryanrieger/rethinking-the-mobile-web-by-yiibu

Denn jenseits von iPhone & Co. gibt es noch sogenannte Feature-Phones mit kleineren Bildschirmen unterhalb von 320px Breite und einem Webbrowser, der möglicherweise moderne CSS-Angaben nicht versteht. Auf diese Weise kann eine große Bandbreite an Geräten bedient und eine umso größere Nutzerzahl erreicht werden.

Zusammenfassung

Wir sehen also, dass Mobile First eine sinnvolle Methode ist, um vor allem in der Planungsphase einer Website den Fokus auf die wesentlichen Inhalte zu lenken. Weil das Prinzip stark mit den Inhalten verknüpft ist, spricht man in diesem Zusammenhang auch oft von »Content First«. Damit soll ausgedrückt werden, dass es wichtig ist, sich zu Beginn eines Projekts mit den wichtigen Inhaltsfragen auseinanderzusetzen. Diesen Punkt behandeln wir ausführlicher im nächsten Kapitel.

Auch bei der Entwicklung sollte mit Mobile First begonnen werden, um ältere Geräte im Sinne des Progressive Enhancement zu unterstützen.

In der Gestaltungsphase muss man Mobile First differenzierter betrachten, hier kommt es stark auf Inhalt und Funktion der Website an und darauf, welche Eigenschaften des Bediengeräts genutzt werden. Nicht zuletzt spielen die persönlichen Vorlieben eine Rolle, womit man sich wohler fühlt.

5.2 Abläufe in der Zusammenarbeit

Der bisherige Prozess läuft in vielen Fällen so, dass die Entwicklungsphase auf die Designphase folgt und beide mehr oder weniger unabhängig voneinander ablaufen. Gerade in der Teamarbeit ist das recht geläufig: Der Designer gestaltet eine komplette Website und übergibt die Grafiken anschließend dem Entwickler (Abb. 5.3).

Abb. 5.3 *Der übliche Workflow: Aufeinanderfolgende Phasen*

Der gesamte Ablauf gestaltet sich also wie folgt:

1. Planungsphase, in der Ideen entwickelt, Skizzen erstellt, Sitemaps und Wireframes angefertigt werden
2. Erstellung von Entwürfen im Grafikprogramm basierend auf diesen Ideen
3. Umwandlung der grafischen Entwürfe in HTML/CSS-Templates
4. Übergabe oder Online-Stellen des fertigen Projekts

In der Regel werden die einzelnen Entwicklungsschritte vom Auftraggeber freigegeben, nicht selten verbunden mit der Zahlung einer Teilrechnung. Je nach Agentur oder Team überschneiden sich die Schritte mal mehr, mal weniger, laufen aber eher separat ab. Wenn diese Vorgehensweise auch nicht ideal ist, bietet sie doch einige Vorteile. Es ergibt sich eine klare Struktur und Aufgabenverteilung, was die Planung erleichtert und den Auftraggeber die einzelnen Schritte gut nachvollziehen lässt.

Der konventionelle Entwicklungsprozess wird maßgeblich von dem Ziel geleitet, die grafische Vorlage so gut es geht auf das Web zu übertragen. Bisher war die finale Website genauso statisch wie die grafische Vorlage, von Interaktionsmöglichkeiten einmal abgesehen. Im Zusammenhang mit Responsive Webdesign funktioniert diese lineare Vorgehensweise nicht mehr. Waren bisher schon die statischen Abbildungen eines Webentwurfs im Grafikprogramm nur ein mäßiger Ersatz für eine interaktive Website, so kommt jetzt noch erschwerend hinzu, dass die unterschiedliche Darstellung auf den verschiedenen Geräten anhand eines Entwurfs nicht visualisiert werden kann.

Ein Designer müsste also für jeden Umbruchpunkt, an dem das Design größere Anpassungen benötigt, einen separaten Entwurf liefern. Das können dann schnell drei bis vier Entwürfe pro Template werden, auf deren Basis die Entwicklungsabteilung die Website grob aufbauen und anhand derer der Auftraggeber das Design freigeben kann. Das kostet sehr viel Zeit und kann trotzdem die Flexibilität einer reaktionsfähigen Website nicht vermitteln. Außerdem ist es schwer, ohne entsprechende Tests die richtigen Umbruchpunkte herauszufinden. Und das, was zwischen den einzelnen Umbruchpunkten passiert, bleibt weiterhin verborgen und wird erst anhand der späteren Umsetzung offensichtlich. Die fixen Dimensionen einer grafischen Vorlage sind weiter denn je entfernt von dem späteren flexiblen Endprodukt.

Im Responsive Webdesign verlagern sich viele Designentscheidungen in den Entwicklungsprozess, weil sie erst dort offensichtlich werden, durch Tests auf mobilen

Geräten zum Beispiel. Wir können also nicht länger mit der Entwicklung erst nach der Designphase beginnen. Um mögliche Problemstellen rechtzeitig aufzudecken, sollten wir die Entwicklungsphase weiter nach vorne ziehen. Je eher wir mit richtigen HTML-Prototypen starten, desto eher können Schwachstellen auf verschiedenen Geräten und Bildschirmgrößen entdeckt und berücksichtigt werden.

Josh Emerson von der britischen Webdesignschmiede *Clearleft* empfiehlt, gleich vom ersten Tag an mit dem Codieren zu beginnen[10], um möglichst schnell einen – wenn auch nur groben – HTML-Prototypen zur Verfügung zu haben. Damit können erste Ideen direkt getestet und entsprechendes Feedback früh an den Designer weitergeleitet werden.

Statt die Design- und Entwicklungsphase getrennt voneinander zu betrachten, müssen wir diese beiden Schritte viel stärker verzahnen und als zwei Elemente einer Phase betrachten, die sich in kurzen Entwicklungszyklen wechselseitig beeinflussen (Abb. 5.4).

Abb. 5.4 *Entwicklung und Design müssen stärker verzahnt werden*

Designer und Entwickler sollten im ständigen Dialog miteinander stehen und sich gegenseitig Verbesserungen und Anregungen zuspielen, auf denen der jeweils andere dann aufbauen kann. Dieser Prozess wiederholt sich so lange, bis die Website fertig ist.

> **TIPP:** Dieses iterative Vorgehen funktioniert natürlich ebenso, wenn Sie als Einzelperson sowohl Design als auch Entwicklung abdecken. Wichtig ist, dass Sie häufig zwischen Design- und Entwicklungsprozess wechseln und beides parallel vorantreiben, um so mögliche Problemstellen herauszufinden, die im jeweils anderen Bereich nicht offensichtlich werden.

----

10 http://joshemerson.co.uk/blog/responsive-process/

Wie weiter oben bereits angesprochen, ist es ratsam, kein komplettes pixelperfektes Abbild einer Website im Grafikprogramm zu erstellen, sondern sich zunächst um die groben Bereiche und Gestaltungselemente zu kümmern. So kann man zunächst Header, Footer, Navigation usw. gestalten und ihre Umsetzbarkeit prüfen, bevor man sich der Ausarbeitung von Details widmet.

> »The design process [...] is very much about designing and prototyping and making. When you separate those, I think the final result suffers« – JONY IVE, SENIOR VICE PRESIDENT OF INDUSTRIAL DESIGN BEI APPLE[11]

Es hilft im Responsive Webdesign sehr, wenn sowohl Designer als auch Entwickler disziplinübergreifend denken und handeln. Designer sollten sich mit Webentwicklung auskennen, Entwickler sollten in einem gewissen Rahmen auch gestalten können. Das erleichtert nicht nur die Kommunikation, sondern spart auch Arbeitszeit. Trotz bester Vorbereitung kann es schon mal vorkommen, dass ein Designer eine Fehlermeldung, einen Buttonstil oder Hover-Effekt nicht berücksichtigt hat. Statt umgehend eine Nachbesserung zu fordern, sollte ein Entwickler selbst einen Vorschlag dazu unterbreiten können und somit die Diskussion voranbringen. Anders herum kann ein Designer, der sich mit Webentwicklung auskennt, von vornherein Designs vermeiden, die sich nur mit übermäßigem Aufwand oder gar nicht umsetzen lassen. Eine strikte Rollentrennung ist im reaktionsfähigen Kontext zu langwierig.

Ein auf das Responsive Webdesign abgestimmter Ablauf

So kann ein verbesserter Ablauf konkret aussehen:

1. Planen. Zu Beginn eines Projekts wird die grundlegende Inhaltsstruktur und Funktionalität der Website geplant und skizziert. Je komplexer eine Website aufgebaut ist, desto wichtiger ist es, die zentralen Inhalte herauszuarbeiten, die im reaktionsfähigen Kontext vorangestellt werden sollen.

2a. Prototyp entwickeln. Basierend auf geplanter Inhaltsstruktur und Funktionalität erstellt der Entwickler einen ersten HTML-Dummy. Ausgangsbasis ist die linearisierte Form der Inhalte.

---

11 http://www.thisislondon.co.uk/lifestyle/london-life/sir-jonathan-ive-the-iman-cometh-7562170.html

2b. Gestalten. Parallel arbeitet der Designer erste Gestaltungsansätze aus, in dieser Phase noch bezogen auf die grundlegenden Elemente (flexibles Gestaltungsraster, Farbschema, Schriftwahl). Die Punkte 2 und 3 können in der Reihenfolge je nach Vorliebe oder Projektanforderung auch getauscht werden.

3. Wiederholen und Testen. Entwickler und Designer spielen sich gegenseitig den Ball zu und verbessern in wiederholenden Zyklen schrittweise die einzelnen Bereiche. Hierbei ist es wichtig, auf eine gewisse Flexibilität zu achten und Dinge nicht zu früh als fertig anzusehen. Änderungen und Anpassungen durch neue Erkenntnisse müssen einfließen können.
Während dieser Phase sollte viel mit verschiedenen Geräten (siehe unten) und Bildschirmgrößen getestet werden. Nur das, was fehlerhaft aussieht, wird korrigiert. Grafische Feinheiten kommen erst, wenn das Grundgerüst steht.

4. Ausliefern. Sind alle Forderungen erfüllt und der Auftraggeber ist zufrieden, wird das Projekt übergeben und online gestellt.

Mit dieser Vorgehensweise sind wir viel besser für die Erfordernisse des Responsive Webdesigns gewappnet.

Beispiel einer wechselseitigen Zusammenarbeit

Nehmen wir an, ein Designer entwickelt folgenden Vorschlag für den Kopfbereich einer Website im Grafikprogramm (Abb. 5.5).

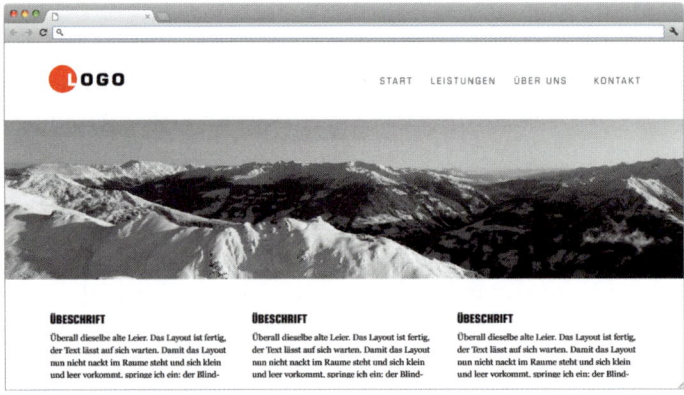

Abb. 5.5 *Desktop-Ansicht*

Im Prinzip ist die Sache recht klar: Wir haben ein Logo, das Hauptmenü, ein Schmuckbild und anschließend die Inhalte der Seite. Bevor der Designer das Layout verfeinert und weitere Unterseiten oder Details gestaltet, übergibt er das Design zunächst an den Entwickler. Der setzt den Vorschlag um und testet das Ergebnis auf verschiedenen Geräten und Bildschirmgrößen. Dabei stellt er ein Problem bei der Darstellung auf Smartphones fest, das sonst in der Designphase möglicherweise nicht erkannt worden wäre (Abb. 5.6).

Das Schmuckbild verdeckt auf Smartphones fast den gesamten Bildschirm, die eigentlichen Inhalte sind erst durch Scrollen zu erreichen. Weil das nicht optimal ist, entscheidet er sich, das Schmuckbild einfach wegzulassen und den Header stattdessen durch eine Linie vom Hauptinhalt abzugrenzen. Er schlüpft in diesem Fall in die Rolle des Designers und macht basierend auf seinen Erkenntnissen einen Gestaltungsvorschlag, um den Prozess weiter voranzutreiben. Genau genommen schlüpft er auch in die Rolle des Inhaltsstrategen, indem er entscheidet, das Bild ersatzlos zu streichen. Mit dem Ergebnis geht es in die nächste Besprechung (Abb. 5.7).

Hier werden Fragen geklärt und Dinge besprochen, die beim Testen auf diversen Geräten aufgefallen sind. Beispielsweise stellt sich heraus, dass die Klick-Flächen für Touch-Displays zu klein konzipiert sind oder bestimmte grafische Elemente und Effekte wie Verläufe auf Smartphones nicht so flüssig gerendert werden wie auf Desktop-Geräten. Es fällt auf, dass beim Surfen in heller Umgebung der Text mehr Kontrast braucht usw.

In dieser Besprechung wird auch beschlossen, dass das Weglassen des Header-Bilds vertretbar ist, weil es als Schmuckelement nicht unmittelbar für das Verständnis der Inhalte von Bedeutung ist. Allerdings bemängelt der Designer, dass durch das fehlende Bild auch die kontrastreiche Wirkung der Gestaltung verloren gegangen ist und der Header sich nicht mehr deutlich genug vom Inhaltsbereich abhebt, die Gestaltung somit etwas langweiliger geworden ist. Er erarbeitet einen neuen Vorschlag, den der Entwickler dann wieder entsprechend umsetzt (Abb. 5.8).

Jetzt ist der Header stärker vom Inhaltsbereich abgesetzt. Der Bruch zum vorherigen Design erscheint jetzt ziemlich hart, aber dem Designer ist an dieser Stelle eine kontrastreiche Darstellung auf dem Smartphone wichtiger als eine durchgängige Gestaltung über die verschiedenen Bildschirmgrößen hinweg.

Abb. 5.6 *Das Bild nimmt zu viel Platz ein*

Abb. 5.7 *Kontrastarme Gestaltung*

Abb. 5.8 *Mehr Kontrast durch Designanpassung*

Wichtig bei solchen Anpassungen ist auch, dass sie im Rahmen möglicher Corporate-Design-Richtlinien stattfinden. In unserem Beispiel ist die invertierte Darstellung auf schwarzem Hintergrund erlaubt, insofern hat der Designer noch mal Glück gehabt.

Entsprechend diesem Beispiel werden auch andere Bereiche der Website unter die Lupe genommen und in ähnlicher Weise abwechselnd überarbeitet, bis eine zufriedenstellende Lösung gefunden ist.

Wenn Sie als Designer und Entwickler in Personalunion arbeiten, sind die Übergänge natürlich fließender (oder sollten es zumindest sein!). Sie können Ihre Gestaltungsidee jederzeit schnell auf Umsetzbarkeit testen und Unzulänglichkeiten, die beim Entwicklungsprozess auffallen, umgehend anpassen. Doch auch bei größeren Teams sollte es Ihr Ziel sein, eine ähnliche Flexibilität zu erreichen und kurze Wege zwischen Inhaltsstrategen, Designern und Entwicklern zu schaffen, damit Probleme im Wechselspiel schnell beseitigt werden können.

Insgesamt sollten wir unseren Prozess früher und stärker als bisher in den Browser verlagern, weg von statischen Grafikprogrammen, die unseren Anforderungen nicht gerecht werden können. Das heißt aber nicht, dass die Gestaltung einer Website im Browser abläuft. Wenn es darum geht, Layouts zu konzipieren, Elemente anzuordnen, eine visuelle Sprache zu entwickeln usw., ist ein Grafikprogramm das wesentlich bessere Werkzeug. Auch grafische Elemente wie Texturen und Muster können schlecht im Browser erstellt werden. Aber alle Dinge, die in Zusammenhang mit der flexiblen Natur des Internets stehen, sollten frühzeitig im Browser getestet werden. Statt also erst einmal zehn Templates in Photoshop oder Fireworks zu gestalten und erst dann an den Entwickler zu übergeben, sollte die Verzahnung mit dem Entwickler so früh wie möglich beginnen, um zu testen, ob die gewünschte Gestaltung im reaktionsfähigen Kontext umsetzbar ist.

5.3 Tests auf mobilen Geräten

Es ist im Laufe des Prozesses ungemein wichtig, die Website auch auf mobilen Geräten zu testen. Dabei sollte nicht nur das eigene Smartphone herhalten. Ein paar wertvolle und ausführliche Ratschläge zur Auswahl von Testgeräten bietet Stephanie Rieger in ihrem Blog[12]. Es kommt dabei nicht nur darauf an, Geräte verschiedener Hersteller zu wählen, sondern auch verschiedene Betriebssystemversionen zu berücksichtigen. Als Beispielszenario schlägt Stephanie folgende Geräte vor:

- iPhone 3GS, iOS 4.3.n, 320 x 480 px (kein Retina-Display)
- iPhone 4, iOS 5, 320 x 480 px (Retina-Display)
- 2. iPad, iOS 5, 1024 x 768 px (10"-Tablet, kein Retina-Display)
- Android 2.1 – Motorola, 480 x 600 px (sehr verbreitet)
- Android 2.3 – HTC, 480 x 320 px (QWERTZ-Tastatur)
- Android 2.3 – Huawei, 320 x 480 px (geringe CPU)
- Android 3.0 – Samsung, 320 x 480 (geringe CPU, geringe Auflsösung)
- Android 2.3.4 – Kindle Fire, 1024 x 600 px (7"-Tablet, via Proxy-Browser)

Brad Frost liefert einige Tipps, wie man ohne große Kosten eine Test-Suite zusammenstellen kann.[13]

----

12 http://stephanierieger.com/strategies-for-choosing-test-devices/
13 http://bradfrostweb.com/blog/mobile/test-on-real-mobile-devices-without-breaking-the-bank/

Emulatoren

Längst nicht jeder Webworker wird sich eine Armada unterschiedlicher Geräte zulegen können, um seine Websites zu testen. Als Alternative für fehlende Testgeräte können Emulatoren herhalten, die zwar keinen vollwertigen Ersatz bieten, aber immerhin genauere Rückmeldungen liefern, als lediglich das Browserfenster zu verkleinern.

- **iOS SDK** für iPhone und iPad
  https://developer.apple.com/devcenter/ios/
- **Android SDK** und Anleitung zur Einrichtung verschiedener Geräte
  http://developer.android.com/sdk/
  http://sangatpedas.com/android-device-emulator-testing-your-mobile-site-on-any-android-device/
- **Opera Mini Simulator** (nutzt Proxyserver; auch für iPhone verfügbar)
  http://www.opera.com/developer/tools/mini/
- **Opera Mobile** (vollwertiger mobiler Browser) **Emulator**
  http://de.opera.com/developer/tools/mobile/
- **Firefox Mobile** (Fennec) für Desktop
  http://www.mozilla.org/de/mobile/

Damit haben wir die wichtigsten Browser abgedeckt. Laut Statcounter haben in Deutschland allein Android- und iOS-Browser mehr als 80% Marktanteil, zusammen mit Opera sind es dann schon insgesamt 90%[14]. Wie sich Firefox in Zukunft schlägt, bleibt abzuwarten.

Eine ausführlichere Liste weiterer Emulatoren finden Sie bei *Mobilexweb*[15], Hinweise zur Installation, wie etwa von Blackberry-Emulatoren, bietet *Mobiforge*[16]. Für jene Emulatoren braucht man allerdings Windows (mit Java-Development-Kit 1.5.0). Blackberry-Geräte sind in Deutschland nicht so verbreitet wie etwa in den USA, könnten aber je nach Geschäftsumfeld nicht unwichtig sein.

Um auf dem Laufenden zu bleiben, empfiehlt sich ab und zu ein Blick auf die Website *Testing for Dummies*.[17]

----

14 http://gs.statcounter.com/#mobile_browser-DE-monthly-201201-201206
15 http://www.mobilexweb.com/emulators
16 http://mobiforge.com/testing/story/a-guide-mobile-emulators
17 http://mobiletestingfordummies.tumblr.com/

TIPP: Um Websites auf mobilen Geräten näher unter die Lupe zu nehmen, stellt Adobe die Software *Shadow*[18] bereit. Diese besteht aus drei Teilen: Erstens wird ein kleines Programm auf dem eigenen System installiert, außerdem wird der Chrome-Browser um eine neue App erweitert. Zum Schluss wird die entsprechende App auf das eigene Smartphone geladen, es gibt sowohl eine iOS- als auch eine Android-Version. Hat man alle Komponenten installiert und damit seinen Rechner mit seinem Smartphone verbunden, kann man eine beliebige Website auf seinem Smartphone anzeigen lassen und mit dem *Chrome Inspector* deren Bestandteile direkt vom Rechner aus anzeigen lassen.

5.4 Wie wird der Auftraggeber in den Prozess integriert?

Der konventionelle Ablauf erlaubte uns klare Einschnitte, an denen der Auftraggeber eingebunden werden konnte, um seine Freigabe für die weiteren Schritte zu erteilen. Das war in der Regel am Ende jeder Phase der Fall, sei es nach der Erstellung von Wireframes, nach der Designphase oder am Ende der Entwicklungsphase kurz vor der Übergabe. Dadurch waren Auftraggeber weniger in den Prozess involviert, sondern beurteilten lediglich das Teilergebnis oder Endergebnis einer Phase. Diese Vorgehensweise war unter anderem deshalb möglich, weil die spätere Website – abgesehen von der Interaktivität – weitestgehend so entwickelt wurde, dass sie dem finalen Designentwurf entsprach, ohne größere Überraschungen für den Auftraggeber.

Längst haben wir ja verinnerlicht – und auch unseren Auftraggebern vermittelt –, dass Websites nicht in jedem Browser gleich aussehen müssen (und auch gar nicht können). Jetzt kommt aber noch hinzu, dass Websites auf dem gleichen Browser bei unterschiedlichen Fenstergrößen unterschiedlich aussehen können, von den verschiedenen Geräten und Bildschirmen einmal abgesehen. Wenn wir unseren Auftraggebern also statische Abbilder einer Website zur Freigabe vorlegen, ist die Gefahr einer Verwirrung recht groß, wenn die spätere Website plötzlich ganz anders aussieht.

----

18 http://labs.adobe.com/technologies/shadow/

Ganz davon abgesehen haben wir in unserem flexiblen Arbeitsablauf auch keine Einschnitte mit klaren Teilergebnissen mehr, an denen eine Freigabe anhand eines vollständigen Designs möglich wäre. Wie also binden wir die Auftraggeber bestmöglich in das Projekt ein und vermitteln ihnen die Herausforderungen des Responsive Webdesigns?

Es empfiehlt sich, den Auftraggeber von Beginn an als Teammitglied zu integrieren und auch zu akzeptieren. Bei der Planung der Inhaltsstruktur kann er zum Beispiel gebeten werden, die Inhalte und Elemente einer Seite hierarchisch in einer Liste zu ordnen, die wichtigsten dabei zuerst. Daraus können Sie direkt eine HTML-Struktur entwickeln, die die Basis für den ersten HTML-Prototypen darstellt. Damit hat man gleich schon die gestalterische Grundlage für kleinere Bildschirme parat, die üblicherweise auf eine linearisierte Darstellung zurückgreifen. Die hierarchische Liste des Inhalts liefert auch gute Hinweise für spätere Designentscheidungen. Wichtige Inhalte werden optisch hervorgehoben und oben platziert, unwichtigere sind grafisch unauffälliger und weiter unten platziert. Bei der Aufteilung für größere Bildschirme weichen die weniger wichtigen Inhalte dann zum Beispiel in Seitenspalten aus.

In den weiteren Schritten wird ein Auftraggeber immer wieder eingebunden, zum Beispiel zum Testen der HTML-Prototypen oder immer dann, wenn einzelne Module und Funktionen besprochen und entschieden werden müssen. Das können verschiede Navigationskonzepte sein oder die Funktionsweise eines Bilderkarussells auf verschiedenen Geräten oder die Gestaltung der Sidebar, das »Look and Feel« von Buttons und anderen Interaktionselementen.

Hier entsteht sicher viel Gesprächsbedarf mit dem Auftraggeber. Wenn Sie ihn aber konsequent in den Prozess einbinden, reduzieren Sie das Risiko, sich in etwas zu verrennen, was nicht in seinem Sinne ist.

Ebenso muss dem Auftraggeber vermittelt werden, was die Idee des Responsive Webdesigns ist. Es geht dabei nicht darum, ihm die genauen Schritte und Konzepte zu erklären, die ja auch für uns Designer und Entwickler manchmal noch schwer einzuordnen sind. Vielmehr sollten Sie ihm die grundsätzlichen Vorteile klar machen. Dabei ist vor allem das Stichwort Nachhaltigkeit hilfreich, ein Begriff, der in den vielen familiengeführten Klein- und mittelständischen Unternehmen zur Unternehmenskultur gehört. Für Nachhaltigkeit sorgt das Responsive Webdesign durch die flexible Ausrichtung der Website, die auf die Vielzahl aktueller und noch kommender Geräte, Bildschirme und Nutzerszenarien ausgerichtet ist. Wichtig ist in diesem Zusammenhang auch hervorzuheben, dass Smartphone, Tablet & Co. nicht mehr nur Zweitgerät sind, sondern schon heute für eine stetig wachsende Zahl von Nutzern die erste Wahl für die Internetnutzung sind.

5.5 Fazit

Bei der Planung, Gestaltung und Entwicklung einer reaktionsfähigen Website müssen wir uns entscheiden, ob wir Mobile First oder Desktop First starten. Mobile First ist in vielen Fällen sinnvoll, aber vor allem bei der Gestaltung kann auch der Start mit der Desktop-Variante durchaus angebracht sein.

Weiterhin muss der lineare, starre Prozess der Website-Erstellung aufgebrochen werden und einem agilen Workflow weichen, der ähnlich einer reaktionsfähigen Website flexibel auf die verschiedenen Anforderungen reagieren kann. Durch die frühzeitige Einbindung des Auftraggebers in den Prozess wird das Risiko reduziert, in die falsche Richtung zu steuern, und sichergestellt, dass der Auftraggeber nicht überrascht wird vom späteren Ergebnis auf den verschiedenen Geräten.

Wichtig ist natürlich auch, nicht dogmatisch einem vorgeschlagenen Workflow zu folgen, sondern die Abläufe an die persönlichen Stärken und Bedürfnisse anzupassen. Gegebenenfalls können auch bestimmte Projektanforderungen einen anderen Workflow notwendig machen, auch Auftraggeber haben unterschiedliche Vorlieben und Auffassungen, auf die man unter Umständen eingehen muss.

Unser Workflow muss also vor allem eines sein: *reaktionsfähig*.

6

Anpassungsfähige Inhalte

Die Idee des Responsive Webdesigns, flexibel auf verschiedene Geräte zu reagieren, braucht nicht auf die Gestaltung beschränkt zu sein. Wir können auch für unsere Inhalte überlegen, wie sie sich an verschiedene Anforderungen und Geräte anpassen lassen. Dabei müssen wir zum einen die verschiedenen Bildschirmgrößen und die längeren Ladezeiten in Betracht ziehen. Zum anderen spielt es eine Rolle, in welcher Situation sich die Nutzer gerade befinden, also in welchem Kontext eine Website aufgerufen wird.

6.1 Mobile First = Content First

Weil sich die Überlegungen rund um Mobile First hauptsächlich um die Inhalte einer Website drehen, spricht man in dem Zusammenhang auch von Content First, dass man also mit den Planungen zum Inhalt in ein Projekt startet. Dadurch werden auch die Nutzer wieder mehr in den Mittelpunkt gestellt, denn alle Fragen, die sich mit dem Inhalt beschäftigen, können damit beantwortet werden, ob ein bestimmter Text oder eine Funktion dem Nutzer helfen oder nicht.

Eigentlich sollte es ja selbstverständlich sein, dass Inhalte den Mittelpunkt einer Website darstellen, denn sie liefern (hoffentlich) einen guten Grund für Besucher, eine Website aufzurufen.

Doch leider gibt es viele Websites, die den Fokus diesbezüglich aus den Augen verloren haben. Konkrete Inhalte spielen oft nur eine Nebenrolle im Gemenge aus SEO-Content, Linklisten verwandter Artikel, Werbung und Navigationselementen.

Die Website motorsport-total.com liefert hierfür ein trauriges Beispiel (Abb. 6.1).

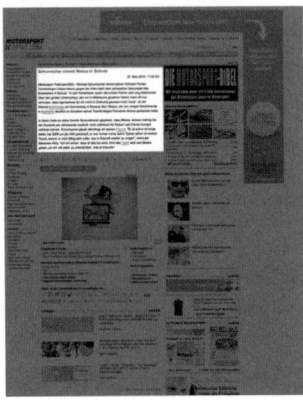

Abb. 6.1 *Motorsport-total.com liefert mehr Werbung als Inhalt.*

Der relevante Inhalt (heller Bereich) macht nur einen erschreckend kleinen Teil der genutzten Fläche aus. Nicht gerade das, was die Nutzer wirklich wollen. Brad Frost, Mobile-Web-Stratege und Designer, findet dafür deutliche Worte:

»People's capacity for bullshit is rapidly diminishing« – BRAD FROST[1]

Die Leute sind immer weniger bereit, überfüllte Websites einfach so hinzunehmen. Wenn wir als Webdesigner ihnen das nicht bieten können, werden sie Mittel und Wege finden, sich die Inhalte selbst anwenderfreundlich aufzubereiten. Es gibt Services wie Instapaper und Readability, die Website-Inhalte auf das Wesentliche beschränken und lesefreundlich an die Nutzer übermitteln, wann und wo sie möchten. Safari stellt eine Reader-Funktion bereit, mit der Inhalte im Browser per Klick lesefreundlich umgestellt werden und die alles Unwichtige ausblenden. Damit lässt sich zum Beispiel die Darstellung von Deutschlands bekanntester Boulevard-Zeitung bändigen (Abb. 6.2).

----

1   http://bradfrostweb.com/blog/web/for-a-future-friendly-web/

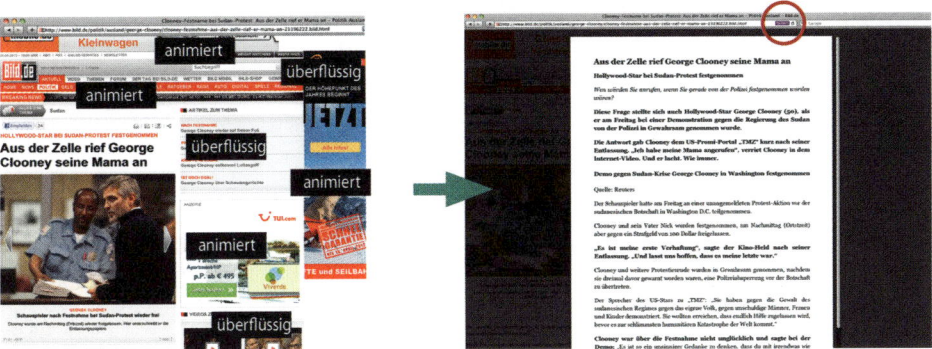

Abb. 6.2 *Leser umgehen nervige Werbung durch Hilfsprogramme wie die Safari-Reader-Funktion.*

Die Nutzer übernehmen die Kontrolle über die Darstellung der Inhalte, wenn die ursprüngliche Gestaltung dazu nicht in der Lage ist. Ob man auf diese Weise zufriedene Besucher hinterlässt, die gerne wiederkommen, ist leicht zu beantworten. Im Sinne einer erfolgreichen Website, die auch ihren Geschäftszielen gerecht wird, sollten wir es unseren Nutzern so leicht und angenehm wie möglich machen, unsere Inhalte zu erfassen. Es ist unsere Aufgabe als Webdesigner, die Inhalte nutzerfreundlich zu präsentieren, ein frühzeitiger Fokus auf die wesentlichen Inhalte zu Beginn eines Webprojekts hilft dabei.

Ein ähnliches Bild liefert die Website von *Airberlin* ab (Abb. 6.3). Die Startseite mit ihren tabellarisch anmutenden Inhaltsblöcken vermittelt den Charme eines Geschäftsberichts. Die auffälligsten Bereiche sind ein paar Werbeblöcke und die Logos der Premiumpartner. Der zentrale Inhaltsblock oben braucht mehr als 10 Sekunden, um einen Inhalt anzuzeigen, nur um dann gleich wieder von einer überdimensionalen Newsletter-Abo-Aufforderung überlagert zu werden. Ist es wirklich das, was die Besucher erwarten, wenn sie die Website ansteuern?

Um diese Frage zu beantworten, brauchen wir nur die mobile Variante (Abb. 6.3, rechts) zu betrachten und stellen fest, dass man hier auf eine Menge der so scheinbar wichtigen Inhalte der Startseite verzichten kann und mit einer Handvoll Links für die wichtigsten Nutzerbedürfnisse auskommt. Die Beschränkung der Bildschirmfläche scheint dazu geführt zu haben, sich intensiv darüber Gedanken zu machen, was die Kunden wirklich wollen. Genau das muss natürlich im Vorfeld in Erfahrung gebracht werden. Nur wer seine Zielgruppe kennt und genau weiß, was die eigene Website erreichen soll, kann im mobilen Kontext die richtigen Entscheidungen treffen.

Abb. 6.3 *Die überfüllte Desktop-Version und die aufgeräumte mobile Variante*

6.2   Ziele und Bedürfnisse definieren

> »Every product feature, every line of copy, every included script needs to have purpose
> and needs to be relevant to a growing number of contexts« – BRAD FROST[2]

Zu Beginn eines neuen Projekts müssen Sie die Wünsche und Bedürfnisse des
Auftraggebers für das Webprojekt besprechen. Diese konkret zu benennen und
festzuhalten, ist nicht nur der erste Schritt zu einer erfolgreichen Website, sondern wird auch später noch entscheidend sein, wenn Sie die Hierarchie der Inhalte
beurteilen.

Als Beispiel dient uns die Begleit-Website zu diesem Buch, auf die wir an einigen
Stellen in diesem Buch zurückgreifen werden. Die Website wird vom Umfang her
überschaubar bleiben, so dass Sie die Beispiele leicht verständlich auf der Live-Website nachvollziehen können. Sie ist zu erreichen unter *http://rwd-buch.de*. Ergänzende Beispiele, die in diesem Buch aufgeführt werden, sind über die Unterseite
»Material« erreichbar.

Für die Begleit-Website habe ich nun folgende Ziele definiert:

1. Potenzielle Leser zum Kauf des Buchs anregen
2. Bestehenden Lesern weiteren Service anbieten (Errata, Downloads, Links)

----

2   http://www.alistapart.com/articles/for-a-future-friendly-web/

Darüber hinaus sollten wir überlegen, was Nutzer erwarten, wenn sie die Website aufrufen. Die Besucher können hierbei in zwei grobe Zielgruppen eingeteilt werden, die die Website aus unterschiedlichen Motiven ansteuern: potenzielle Leser und bestehende Leser.

Potenzielle Leser erwarten wahrscheinlich:

1. Informationen über das Buch (Inhalt, Umfang, Qualität, Preis)
2. Informationen zum Autor
3. Kontaktmöglichkeit für Fragen zum Buch

Bestehende Leser erwarten wahrscheinlich

1. Weiterführende Informationen wie Downloads von Beispieldateien, Korrektur möglicher Fehler, interessante Links zur Vertiefung eines Themas usw.
2. Weitere Informationen zum Autor
3. Kontaktmöglichkeit für Fragen zu einem Problem oder um Lob/Kritik zu äußern

Als wichtigste Einstiegsseite betrachten wir als Erstes die Startseite. Sie soll vor allem auf die potenziellen Leser ausgerichtet werden. Dadurch können wir viel Fläche zur Platzierung von Kaufargumenten einplanen. Bei bestehenden Lesern kann man eher davon ausgehen, dass sie zielgerichtet einen bestimmten Bereich der Website ansteuern möchten, ihre Bedürfnisse können also weitestgehend über das Hauptmenü abgedeckt werden.

Aus diesen Überlegungen können wir nun für die Startseite folgende Bereiche ableiten:Website-Titel (entsprechend dem Buchtitel)

- Untertitel (entsprechend dem Buchuntertitel)
- Titelgrafik (eventuell)
- Hauptnavigation
- Fotos vom Buch (visuelle Anreize)
- Infobox mit knappen Fakten/Zahlen
- Link zum Buchkauf
- Inhaltsbeschreibung
- Testimonials (Stimmen zum Buch)

Die Bereiche habe ich bereits in der Reihenfolge sortiert, wie sie mir wichtig erscheinen. Im realen Projektablauf wäre es jetzt sehr sinnvoll, dies mit dem Auftraggeber abzustimmen oder es ihm (oder einem Texter) zu überlassen, die Inhalte zu sortieren. Im angloamerikanischen Raum hat sich für Aufgaben rund um Inhaltsplanung und -erstellung ein eigener Berufszweig des sogenannten »Content Strategist« entwickelt. Hierzulande führt der Begriff »Inhaltsstrategie« noch ein Schattendasein. Gerade im Zusammenhang mit den gestiegenen Herausforderungen rund um reaktionsfähige Inhalte wird diese Aufgabe aber zunehmend wichtiger, Sie sollten ihr im Prozess also genügend Beachtung schenken.

6.3 Wireframes: Inhalte auf Bildschirmgrößen abstimmen

Auf Basis der Inhaltsplanungen können wir uns nun eine Raumaufteilung für die verschiedenen Bildschirmgrößen überlegen und erste Wireframes erstellen. Dadurch bekommt man einen guten Eindruck, wie die Inhalte vom Umfang und von der Platzierung her auf den verschiedenen Geräten wirken.

Dabei stellt sich die Frage, wie wir mit den Inhalten verfahren, wenn der zur Verfügung stehende Platz knapp wird. Das Nadelöhr sind ganz klar die kleinen Bildschirme der Smartphones, denn im Vergleich zu großen Desktop-Monitoren verlieren sie ca. 80% der Layoutfläche. Deshalb ist es sinnvoll, zuerst für diese Ansicht ein Wireframe zu erstellen. Mobile First also, um direkt zu sehen, wie die Inhalte hier wirken.

Unsere nach Priorität geordnete Inhaltsliste gibt uns einen guten Hinweis auf eine sinnvolle Reihenfolge der Elemente im Layout. Aufgrund der weitgehend linearisierten Darstellung auf Smartphones bleibt auch nicht viel Spielraum für Layoutexperimente, so dass wir recht schnell ein Wireframe zur Hand haben (Abb. 6.4).

Der geplante Inhalt füllt etwa zwei bis drei Bildschirmlängen eines Smartphones und kann recht gut überblickt werden, weshalb hier erst mal kein weiterer Bedarf für Anpassungen besteht. Sollte sich aber herausstellen, dass weiter unten platzierte Inhalte nur mit viel Scrollen erreicht werden können, sollte die Darstellung der Inhalte für mobile Geräte angepasst werden. Mehr dazu weiter hinten in diesem Kapitel.

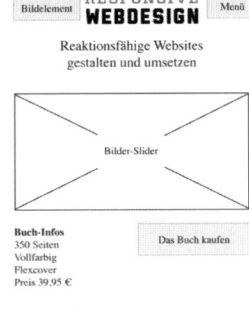

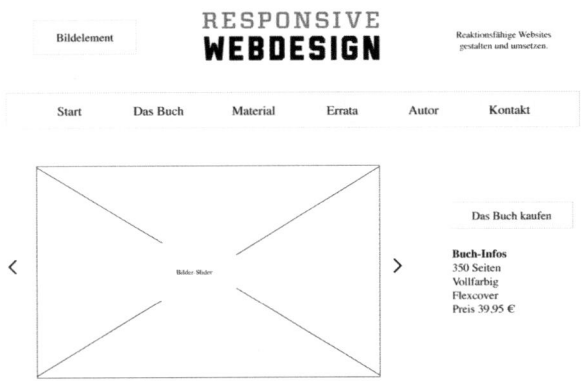

Abb. 6.4 *Wireframe für Smartphones*

Abb. 6.5 *Wireframe der Desktop-Ansicht*

Als Nächstes erstellen wir ein Gittermodell für die Desktop-Ansicht mit ca. 1000 px Breite. Nach einigen Überlegungen und Skizzen bin ich bei einer übersichtlichen, dreispaltigen Anordnung gelandet (Abb. 6.5)

Eventuelle Zwischenschritte von der mobilen Ansicht bis dorthin ergeben sich dann aus Tests mit einem flexiblen Prototypen, den wir im Anschluss an die Wireframes erstellen. Ebenso kann zu einem späteren Zeitpunkt entschieden werden, ob vielleicht noch eine größere Desktop-Version jenseits der 1000 px sinnvoll ist. Diese Entscheidung fällt leichter, wenn das Layout etwas ausgereifter ist.

Wireframe-Prozess

Den Wireframe-Prozess gestaltet wohl jeder Web-Designer nach seinen Vorstellungen. Jeder muss für sich selbst herausfinden, welche Herangehensweise und Hilfsmittel man wählt. Man kann verschiedene Methoden anwenden und Genauigkeitsstufen wählen, die den Fokus auf unterschiedliche Dinge legen. Mir ist zum Beispiel wichtig, mit Texten zu arbeiten statt nur mit grauen Kästen, um so ein Gefühl für den Platzbedarf zu erhalten.

Es gibt unzählige Tools für das Erstellen von Wireframes. Eine entsprechende Suche bei Google liefert viele Beispiele. Manche sind perfekt auf das Wireframing zugeschnitten und bieten umfangreiche Funktionen und vorgefertigte Grafiken. Aber auch Programme

wie Illustrator oder InDesign oder jedes andere Vektorprogramm eignen sich für die Wireframe-Erstellung. Mir genügt es beispielsweise, einfache grafische Formen erstellen zu können, die ich an einem Grid ausrichten kann. Das Grid sollte sich leicht anpassen lassen.

Wer mehr über den zugrunde liegenden Prozess erfahren möchte, findet bei Marco Hillebrecht einen lesenswerten Artikel[3]. Ressourcen wie UI-Elemente usw. finden sich beim Smashing Magazine unter den Suchergebnissen für »Wireframes«.[4]

---

3 http://www.einfach-bessere-websites.de/designentwurf/webseiten-entwurf-mit-wireframes
4 http://www.smashingmagazine.com/

6.4 Der Nutzerkontext

Nachdem wir uns mit Hilfe der Wireframes die flexible Reaktion der Inhalte auf die Bildschirmgrößen angesehen haben, wollen wir uns nun mit den Anforderungen auseinandersetzen, die sich aus dem Kontext der Nutzung einer Website ergeben.

Mit Kontext sind die Umstände gemeint, unter denen Nutzer eine Website aufrufen. Grob lässt sich das unterscheiden in stationäre Nutzung und mobile Nutzung. Das kann zu Hause am PC sein, bei der Arbeit, unterwegs in der Straßenbahn, auf der Liegewiese im Freibad, gemütlich auf dem Sofa, hektisch in der Einkaufspassage, mit W-LAN im Lieblingscafé oder mit labilem Edge-Netz im Wald. Für mobile Nutzer ergeben sich natürlich mehr verschiedene Kontexte als für einen stationären, weil man ein mobiles Gerät immer und überall einsetzen kann.

Egal ob stationäre oder mobile Nutzung, Folgendes sollte immer bei der Betrachtung der verschiedenen Möglichkeiten berücksichtigt werden:

1. Ein kleiner Bildschirm bedeutet nicht automatisch mobiler Kontext.
2. Ein größerer Bildschirm bedeutet nicht automatisch stationärer Kontext.
3. Ein anderer Kontext bedeutet nicht automatisch unterschiedliche Bedürfnisse.

Mit anderen Worten, wir dürfen es uns hier nicht zu leicht machen. Häufig wird leider nur ein bestimmter Kontext berücksichtigt, wenn es um reaktionsfähige Inhalte geht, nicht selten geknüpft an die Bildschirmgröße des verwendeten Geräts. So wird ein kleiner Bildschirm gerne gleichgesetzt mit einem mobilen Nutzer, der in Eile ist und schnell bestimmte Informationen abrufen möchte, wohingegen hinter einem größeren Bildschirm ein Desktop-Nutzer vermutet wird, der bequem am Schreibtisch sitzt und alle Zeit der Welt hat, um gemächlich im Web zu surfen.

Solche Annahmen sind aber mit größter Vorsicht zu genießen. Sie führen zum Beispiel dazu, dass eine Restaurant-Website für große Bildschirme großformatige Bilder der Inneneinrichtung und Speisen präsentiert, weil der dahinter vermutete stationäre Nutzer ja ein schnelles Netz und viel Zeit zur Verfügung hat. Nutzer mit kleinen Geräten erhalten hingegen als Erstes Information wie Öffnungszeiten und Kontaktdaten, weil sie ja wenig Zeit haben und über eine labile Datenverbindung verfügen.

Aber wer sagt denn, dass ich als Desktop-Nutzer nicht auch einfach nur schnell die Kontaktinfos abrufen möchte, statt erst mal große Bilder herunterladen zu müssen? Vielleicht sitze ich mit meinem leistungsfähigen Laptop, aber schlechter Datenverbindung gerade im Zug und möchte vor dem Aussteigen unter Zeitdruck noch schnell einen Blick auf die Öffnungszeiten werfen? Anders herum kann es genauso gut sein, dass der Nutzer eines Smartphones auf dem Sofa liegt und in aller Ruhe mit leistungsfähigem WiFi die Restaurant-Bilder betrachten möchte.

In der Tat haben Befragungen ergeben, dass ein Großteil der Smartphone-Nutzer ihre Geräte vor allem zu Hause einsetzen. Eine amerikanische Studie ermittelte 2010 folgende Zahlen für verschiedene Nutzungsfälle[5]:

Wo und wie nutzen Leute ihr Smartphone?

* 84% zu Hause
* 80% während verschiedener Auszeiten über den Tag verteilt
* 76% in Warteschlangen
* 69% während des Einkaufens
* 64% auf der Arbeit
* 62% während des Fernsehens
* 47% beim Pendeln zur Arbeit

Wer bisher dachte, der typische Smartphone-Nutzer sei vor allem unterwegs, wird hiermit eines Besseren belehrt. Statt eines typischen Hauptanwendungsfalls sind viele verschiedene möglich. *Den* typischen Mobil-Nutzer scheint es demnach nicht zu geben, gerade weil man das Gerät immer und überall nutzen kann. Deshalb sollten wir vorsichtig sein, zu konkrete Annahmen über die Nutzungssituation mobiler Website-Nutzer zu machen und daraus Schlussfolgerungen für die Website zu ziehen. Nur weil ein Nutzer ein mobiles Gerät verwendet, heißt es nicht, dass er gerade unterwegs ist.

Ein paar Dinge lassen sich aus der Studie allerdings schon herauslesen, die wichtige Rückschlüsse für Inhalte auf mobilen Geräten zulassen. Die Ergebnisse zeigen, dass mobile Geräte häufig dann genutzt werden, während man zeitgleich einer anderen Tätigkeit nachgeht. Luke Wroblewski nennt das in seinem Buch »Mobile First« die »*one eyeball and one thumb*«-Situation, womit er zum Ausdruck bringen möchte, dass man sich nur der halben Aufmerksamkeit der Besucher sicher sein darf. Sie schauen

----

5 http://blog.compete.com/2010/03/12/smartphone-owners-a-ready-and-willing-audience/

nur mit einem Auge auf das Handy, mit dem anderen auf den Fernseher, sitzen oder stehen in einer überfüllten U-Bahn und sind abgelenkt durch umstehende Mitreisende. Sie navigieren durch die Website mit nur einem Daumen, in der anderen Hand halten sie ein Eis, die vollen Einkaufstaschen oder das ungeduldige Baby.

In solchen Situationen kann man davon ausgehen, dass Nutzer sich nicht lange mit der Suche nach interessanten Inhalten aufhalten werden. Die Konzentrations- und Geduldsspannen sind dann besonders kurz. Eine gute Inhaltsstruktur und eine übersichtliche und kompakte Darstellung können den Nutzer dabei unterstützen, in solchen Situationen die gewünschten Inhalte zu finden.

Halten wir fest: Der Kontext ist insofern wichtig, als dass wir uns darüber Gedanken machen sollten, in welcher Situation sich unsere Nutzer befinden können, um dann entsprechend mit einer durchdachten Inhaltsstruktur zu reagieren, zum Beispiel indem wir die Gewichtung unserer Inhalte an einen konkreten Kontext anpassen. Wir sollten aber vorsichtig sein, zu konkrete Nutzungsfälle als Beispiel heranzuziehen, weil das zu falschen Schlüssen führen könnte. So sollten wir uns zum Beispiel davor hüten, Inhalte einfach zu löschen, weil wir der Meinung sind, sie seien im *vermeintlich* stressigen Mobil-Kontext nicht von Bedeutung. Ein Mobil-Nutzer kann auch zuhause auf dem Sofa liegen und genug Zeit haben, die Website zu durchstöbern.

Ladezeiten

Ladezeiten sind vor allem im mobilen Bereich mit teilweise langsamen, labilen Netzen sehr wichtig. Neben der Bildschirmgröße liefern längere Ladezeiten einen möglichen Grund, die Inhalte einer Website anzupassen. Dies betrifft vor allem Bilddaten oder Grafiken, die sehr schnell größere Datenmengen erreichen können und zu einem Großteil die Ladezeit beeinflussen. Hier gibt es verschiedene Strategien, die wir ausführlich im Kapitel 11 (Seite 195) erläutern. Den Ladezeiten selbst haben wir uns im Kapitel Performance gewidmet (Seite 311).

Als Nächstes werden wir uns damit befassen, wie die Inhalte auf veränderte Umstände des Nutzers reagieren können, was sowohl für die Wireframe-Phase als auch für das anschließende Prototyping interessant ist.

6.5   Verschiedene Möglichkeiten zur Inhaltsanpassung

Der Wireframe-Prozess für die Startseite hat uns Hinweise darauf gegeben, wie viel Platz die Inhalte einnehmen und wie sie sich bei unterschiedlichen Bildschirmgrößen anpassen können. Haben wir nur wenig Inhalt zur Verfügung, brauchen wir uns darüber nur wenige Gedanken zu machen. Website-Layouts, wie das von *The Regula Network*[6] (Abb. 6.6), die per se nur aus einer Spalte bestehen, haben es hier leicht.

Aber der Großteil der Websites dürfte hier mehr Anpassungsbedarf erfordern. Grundsätzlich haben wir folgende Möglichkeiten, wie wir dabei mit den Inhalten umgehen können:

1. **Weglassen**. Größere Inhaltsblöcke werden gekürzt oder Inhalte werden entfernt und sind nicht mehr zugänglich.
2. **Ausblenden.** Inhalte werden zunächst ausgeblendet, können über einen Link aber wieder angezeigt werden.
3. **Neu anordnen.** Der dargestellte Inhaltsumfang bleibt gleich, nur das Layout passt sich an.

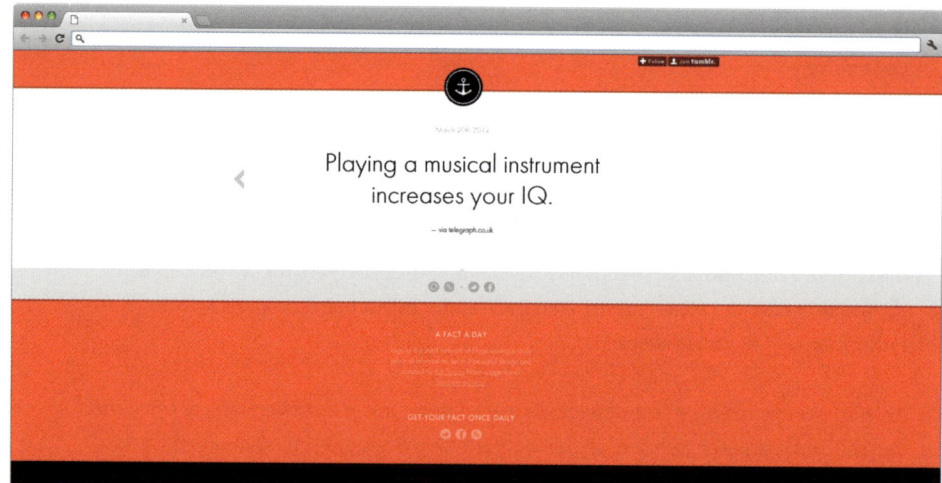

Abb. 6.6 *Einfache Anordnung erleichtert die Layoutanpassung.*

- - - - - - - - - - - - - - - - - -

6   http://regu.la

Inhalte weglassen

Starten wir mit der einfachsten Möglichkeit und nehmen mal mein Paradebeispiel einer überfüllten Website, Bild.de. In der Desktop-Ansicht schwappt uns Tsumani-artig eine Flut von Inhalten entgegen. Der Screenshot der gesamten Startseite muss daher ziemlich klein ausfallen, damit er vollständig dargestellt werden kann (Abb. 6.7).

Wenn diese Inhalte in vollem Umfang auf der mobilen Ansicht angezeigt würden, würde sich die Länge mindestens verdreifachen. Das wäre in etwa so, als würde man die Bildzeitung auf eine Rolle Klopapier drucken. Man kann sich vorstellen, dass es keinen Spaß macht, für einen Artikel, den ich beim großen Zeitungsformat schnell im Blick hätte, die halbe Rolle abwickeln zu müssen. Das Lesevergnügen wäre dahin, die Suche nach interessanten Artikeln ein umständliches und zeitraubendes Unterfangen.

So überrascht es nicht, dass Bild.de für die mobile Version ihrer Website einiges an Inhalten entschlackt hat, wie ein Ausschnitt der mobilen Startseite zeigt (Abb. 6.8).

Man hat sich hier also für das Weglassen von Inhalten bei der mobilen Ansicht entschieden.

Eine einfache, aber nicht gerade unbedenkliche Methode. Zwar gewinne ich schnell und ohne viel Arbeit mehr Platz, aber gleichzeitig schränke ich mit diesem Vorgehen die Nutzer ein, denen nur aufgrund ihres verwendeten Geräts bestimmte Inhalte verwehrt bleiben. Woran mache ich aber fest, ob der Nutzer eines Mobilgeräts auf Inhalte verzichten kann, die auf Desktop-Monitoren scheinbar wichtig genug sind, um angezeigt zu werden?

Abb. 6.7 *(links)*
Eine Flut von Inhalten

Abb. 6.8 *(rechts)*
Aufgeräumtere mobile Version

Da drängt sich die Frage auf, ob man die entfernten Inhalte *überhaupt* benötigt. Wenn sie auf der mobilen Variante entfernt werden können, braucht man sie dann wirklich bei der Desktop-Ansicht? Sich diese Frage zu stellen, könnte helfen, die Website insgesamt aufgeräumt und übersichtlich zu halten, unabhängig von der Bildschirmgröße. Denn überladene Websites sind oft das eigentliche Problem, wenn Inhalte gelöscht werden sollen. Statt also einfach Inhalte gerätebezogen zu löschen, ist es sinnvoller, sich zunächst über den generellen Nutzen Gedanken zu machen.

Inhalte ausblenden

Wenn eine Webseite viele Inhalte enthält, führt das unweigerlich dazu, dass die Darstellung auf mobilen Geräten zu einem langen Bandwurm mutiert. Um das zu verhindern, brauchen wir bessere Strategien, als Inhalte zu löschen, wenn der Platz eng wird.

Grundsätzlich sollte es unser Ziel sein, alle Inhalte zugänglich zu machen, unabhängig vom benutzten Gerät. Denn der Zugang zum Internet über ein mobiles Gerät ist längst nicht mehr nur eine Ergänzung zum Desktop-Rechner, sondern mausert sich langsam zur vollwertigen Alternative. Bereits mehr als 30% der US-Amerikaner[7] nutzen überwiegend ihr Smartphone für Online-Aktivitäten.

Deshalb sollten wir uns jetzt auf Methoden konzentrieren, die auf den geringen Platz eingehen, aber alle Inhalte zugänglich lassen: Wir blenden Inhalte bei kleineren Geräten aus, bieten dem Nutzer aber die Möglichkeit, sie auf Wunsch wieder einzublenden oder sie über einen Link zu erreichen. Im Prinzip könnte man dieses Vorgehen als Progressive Enhancement für Inhalte bezeichnen. Die Inhalte der Website sind für alle Nutzer gleich, Besucher mit größeren Bildschirmen werden sie lediglich komfortabler präsentiert.

Um zu klären, welche Bereiche wir ausblenden können, hilft es uns, dass wir gleich zu Beginn wichtige Ziele der Website und Bedürfnisse der Besucher festgelegt haben. Wir können uns also daran orientieren und prüfen, ob bei ausgeblendeten Inhalten alle Bedürfnisse noch abgedeckt werden können.

----

7 https://twitter.com/brad_frost/status/232828291516612608

Ein gutes Beispiel für auf diese Weise angepasste Inhalte liefert die Website der Agentur *Bluegg*[8]. Die Startseite der mobilen Version ist aufgeräumt, informativ und lässt keine Inhalte vermissen (Abb. 6.9).

Wenn man die Website mit einem größeren Bildschirm ansteuert, wird zusätzlich im oberen Bereich ein Teaser der Referenzen mit großflächigen Motiven und kurzem Einleitungstext dargestellt (Abb. 6.10).

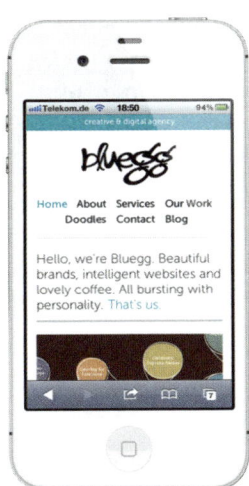

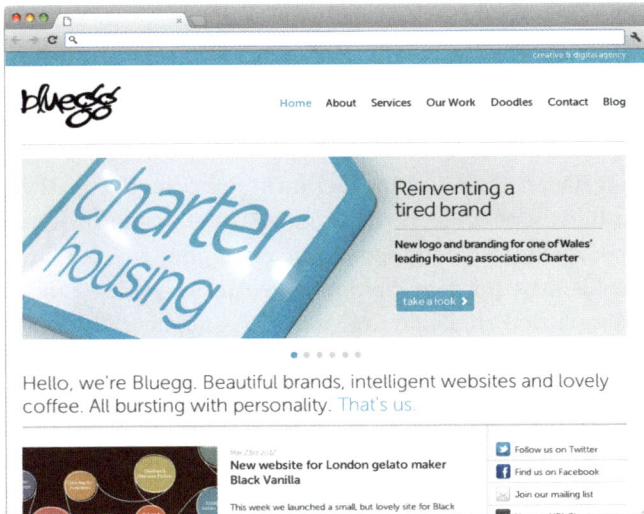

Abb. 6.9 *Aufgeräumte Startseite*

Abb. 6.10 *Stationäre Seite mit mehr Inhalten angereichert*

Dieser stellt einen interessanten Einstieg in die Website dar, würde aber auf der mobilen Variante vor allem im Hochformat seine Wirkung nicht entfalten können. Die Referenzen können aber für mobile Interessenten trotzdem schnell über das Hauptmenü erreicht werden, ihnen geht also nichts verloren.

Weiterhin hat man bei der mobilen Variante auf die Darstellung der Agentur-Tweets verzichtet, ebenso eine eher unwichtige Zusatzinformation und deshalb vertretbar. Doch auch die Tweets sind nicht vollständig verschwunden, sondern können immer noch über den Twitter-Link erreicht werden.

----

8 http://www.bluegg.co.uk/

An der HTML5-Semantik orientieren

Die HTML-Struktur kann uns Aufschluss über jene Inhalte geben, die wir eventuell ausblenden können. Mit der Einführung von HTML5 sind einige neue strukturelle Elemente hinzugekommen, die wir nutzen sollten, um die Bedeutung bestimmter Bereiche näher zu beschreiben. Mehr zum Thema Semantik in HTML5 behandeln wir ausführlich im nächsten Kapitel (Seite 105).

Die neuen strukturellen Elemente lauten header, footer, nav, article, section, aside und figure. Zwei dieser Elemente sind dafür vorgesehen, Inhalte aufzunehmen, die in Bezug zum Hauptinhalt stehen, aber auch separat davon betrachtet werden können. Es handelt sich hierbei um aside und figure. Ersteres wird häufig für Seitenleisten oder andere ergänzende Inhalte verwendet, die indirekt in Bezug zum Hauptinhalt stehen, aber nicht unbedingt erforderlich sind. Letzteres wird für Bilder und andere erläuternde Darstellungen verwendet, wahlweise auch mit einer Bildunterschrift figcaption. Bedingung für den Einsatz von figure ist, dass das Element aus dem Inhaltsfluss entfernt werden kann, ohne dessen Bedeutung einzuschränken. Beide sind demnach geeignete Elemente, um sie bei Platzmangel zunächst ausblenden zu können (Abb. 6.11).

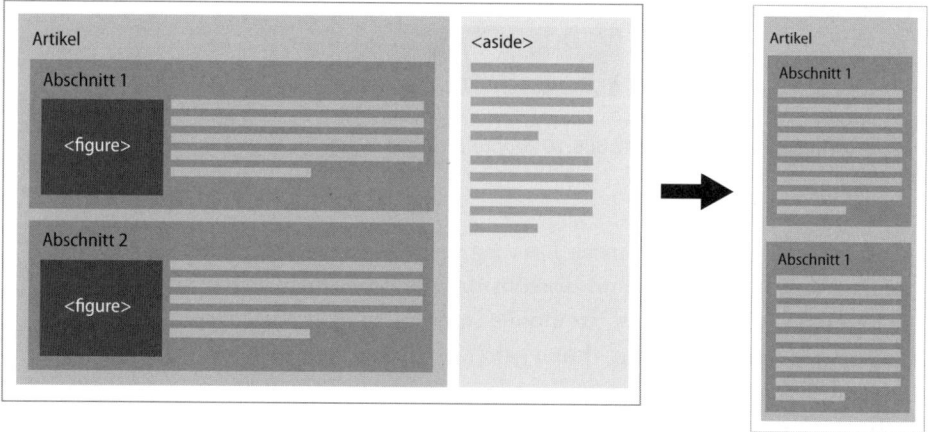

Abb. 6.11 *Klarere Strukturen dank ausgeblendeter Inhalte*

Statt Bereiche wie eine Seitenleiste komplett auszublenden, kann man sie auch unterhalb des Hauptinhalts verschieben. Die Frage ist hier, ob die direkte Darstellung der nachrangigen Inhalte wichtiger ist oder ob man sie zunächst ausblendet, um die Seite schneller zu laden und sie übersichtlicher erscheinen zu lassen. Je nach Nutzerkontext kann man hier zu unterschiedlichen Ergebnissen kommen. Wichtig ist, dass ausgeblendete Inhalte über einen Link zugänglich bleiben. Entschließt man sich, Bilder in einem Text erst mal auszublenden, kann man sie beispielsweise über eine Reiternavigation zugänglich machen, wie ein Beispiel von Hans Sprecher zeigt (Abb. 6.12).

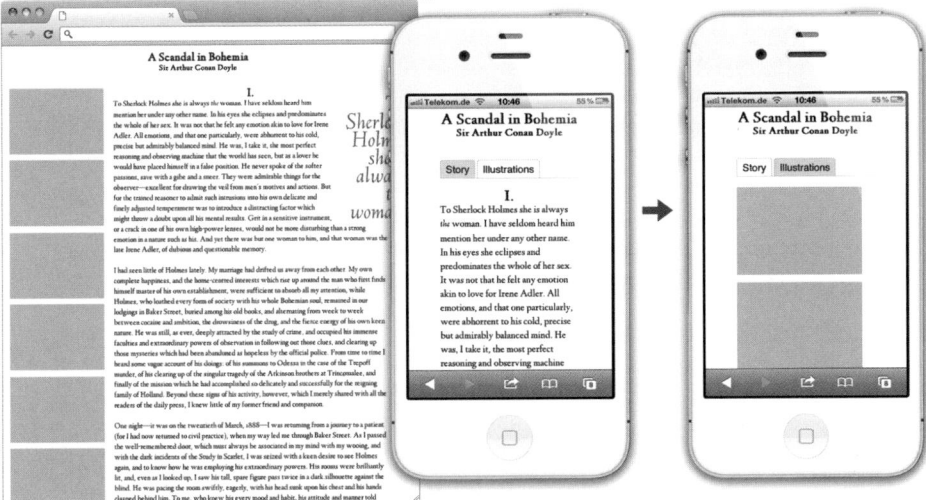

Abb. 6.12 *Bilder über eine Reiternavigation nachladen*[9]

Zwei weitere strukturelle Elemente in HTML5 sind `article` und `section`. Damit ist es unter anderem möglich, einen Inhaltsbereich als Artikel zu kennzeichnen und ihn in mehrere Sektionen zu unterteilen. Wenn aussagekräftige Inhalte im ersten Abschnitt stehen, können später folgende Abschnitte zunächst ausgeblendet werden, um Platz zu sparen.

----

9 http://www.hanssprecher.com/responsive-content-demo.html

Elemente, die man bei Bedarf weglassen kann, sind sogenannte herausgehobene Zitate, auch unter dem englischen Begriff *pull quote* bekannt (Abb. 6.13). Man entnimmt einen interessanten Satz oder Abschnitt und hebt ihn hervor, um so den Inhalt optisch aufzuwerten und dem Leser den Text schmackhaft zu machen.

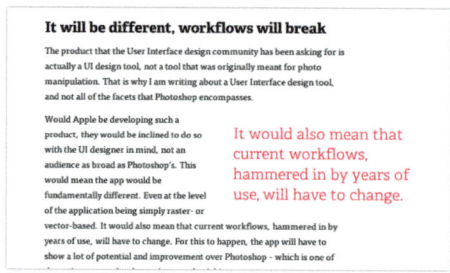 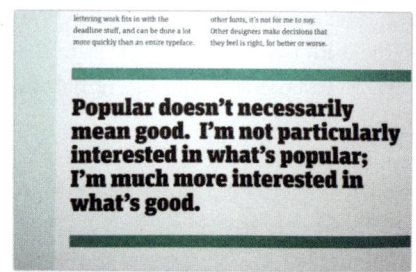

Abb. 6.13 *Beispiele für herausgehobene Zitate: links auf der Website von miekd.com[10], rechts im 8-Faces-Magazin[11]*

Wird der Platz eng, können diese Zitate bedenkenlos entfallen, da deren Inhalt nochmals im Fließtext wiederkehrt.

Anreißertexte und Artikellisten knapper darstellen

Wenn wir eine Webseite betrachten, erfassen wir zunächst nicht die gesamten Inhalte, sondern überfliegen die Seite flüchtig, um etwas zu finden, das unser Interesse weckt – ähnlich wie bei einer Zeitung. Moderne Websites tragen dem Rechnung, indem sie auf der Startseite Anreißertexte platzieren, die dann auf die entsprechende Seite mit dem gesamten Artikel führen. Eine Firma präsentiert so zum Beispiel das Spektrum ihrer Leistungen auf der Startseite, ein Weblog gibt Auskunft über die letzten Artikel in Form einer Artikelliste und ein Newsportal listet die neuesten Meldungen auf.

Auch wenn die Inhalte am Desktop gar nicht so umfangreich erscheinen, fällt es in der linearisierten Form schwer, sie schnell zu überfliegen (Abb. 6.14).

- - - - - - - - - - - - - - - - - -

10 http://miekd.com/articles/what-if-apple-made-a-photoshop-alternative/
11 http://8faces.com/

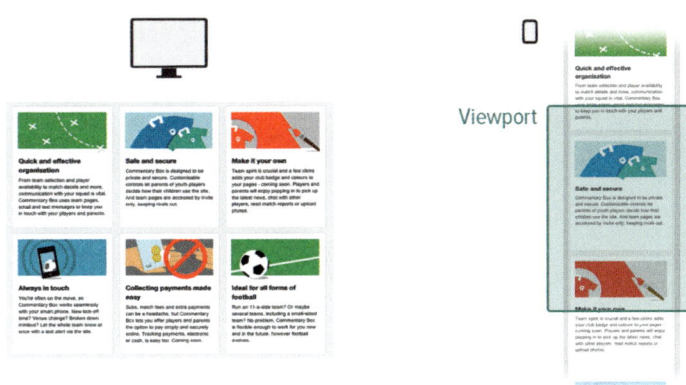

Abb. 6.14 *Auf Smartphones ist nur ein Bruchteil der Inhalte gleichzeitig erfassbar.*[12]

Um den Besuchern dennoch die Möglichkeit zu geben, einen schnelleren Überblick über die Inhalte zu gewinnen, kann es sinnvoll sein, untergeordnete Elemente auszublenden. Bei den Teasern aus Abb. 6.14 können wir auf die Beschreibung verzichten und nur die Überschrift darstellen. Je nachdem, wie wichtig das Bildelement ist, könnte man stattdessen oder zusätzlich auch darauf verzichten, im verlinkten Artikel tauchen diese Informationen ja wieder auf (Abb. 6.15).

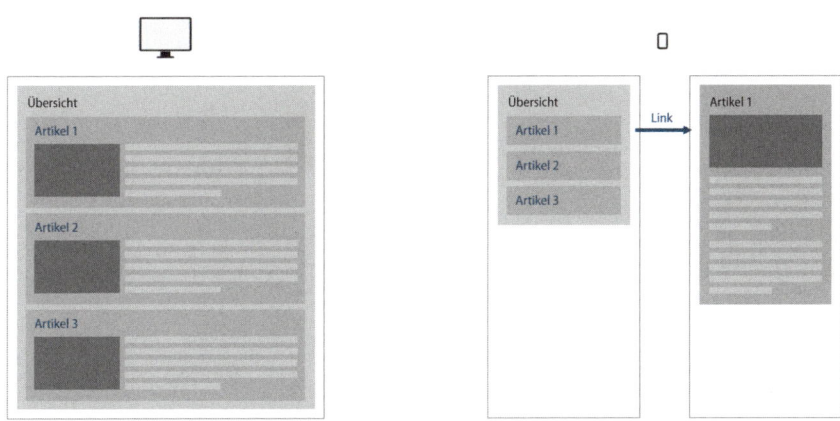

Abb. 6.15 *Mögliche Vorgehensweise beim Ausblenden von Inhalten*

---

12 http://www.commentarybox.co.uk/

Die Website von Spiegel Online zeigt eine solche Vorgehensweise, bei der die Beschreibung bei kleinen Bildschirmen entfällt (Abb. 6.16).

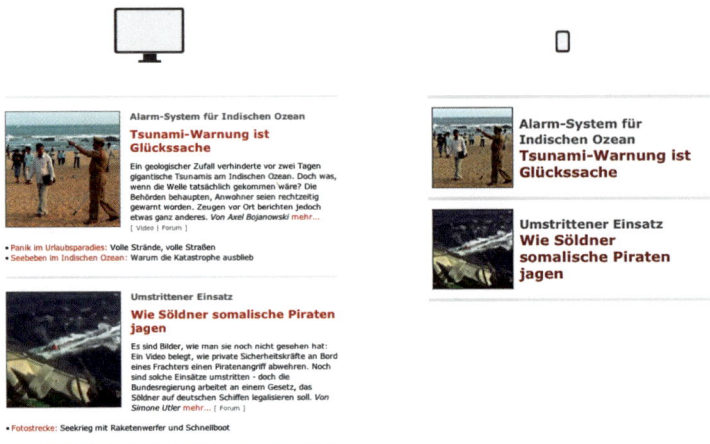

Abb. 6.16 *Der Beschreibungstext entfällt bei kleineren Bildschirmen*

In diesem Fall sind einige Inhalte in der mobilen Version der Startseite zwar ausgeblendet, aber immer noch zugänglich, da sie weiterhin in der Einzelansicht des Artikels erhalten bleiben (Abb. 6.17).

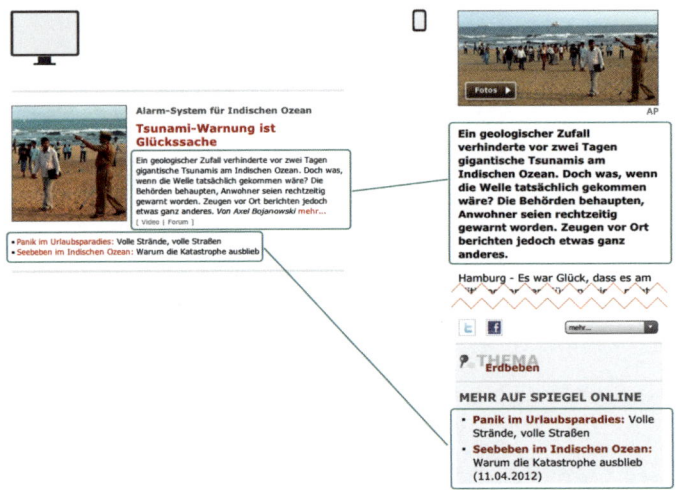

Abb. 6.17 *Beschreibungstext und weitere Links tauchen auf der Artikeldetailseite wieder auf*

Absätze beschneiden

Manchmal ist die Überschrift eines Artikels nicht aussagekräftig genug, als dass man ganz auf die Beschreibung verzichten kann. Um in solchen Fällen dennoch mehr Platz zu gewinnen, bietet es sich an, die Beschreibung nur teilweise auszublenden. Der fehlende Rest kann dann über einen »weiterlesen«-Link optional nachgeladen werden. So können Sie mehrere Themen gleichzeitig präsentieren und trotzdem weiterhin alle Inhalte zugänglich lassen.

Diese Vorgehensweise könnte bei der Startseite der Begleit-Website ebenfalls nützlich sein, um die Buchbeschreibung auf kleinen Bildschirmen abzukürzen und so die »Stimmen zum Buch« schneller ins Blickfeld zu rücken (Abb. 6.18).

Abb. 6.18 *Mehr Überblick dank beschnittener Absätze*

Durch die grafische Darstellung wird klar, dass der Inhalt verkürzt wurde, ein Link verlängert ihn wieder. Der Vorteil dieser Methode ist, dass sie intuitiv funktioniert und recht praktisch unterschiedliche Nutzerbedürfnisse abdeckt.

> **TIPP:** Im Kapitel 14 zeigen wir, wie diese Methode funktioniert (Seite 298).

Auf ähnliche Weise bieten sich Elemente wie Akkordeons, Karussells oder auch Lightboxes an, die auf vielen Seiten eingesetzt werden, um Inhalte kompakter darzustellen (Abb. 6.19).

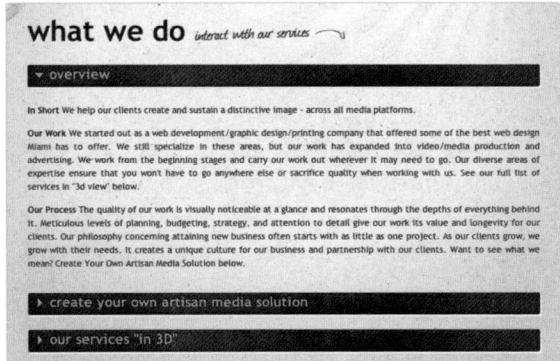

Abb. 6.19 *Ein Akkordeon hilft, die Inhalte kompakter darzustellen.*[13]

Inhalte neu anordnen

Manchmal ist es nicht nötig, Inhalte auszublenden, und es reicht aus, diese entsprechend der Bildschirmgröße neu anzuordnen. Diese Anpassung müssen wir bei nahezu jeder Website anwenden. Denn die meisten Websites bestehen in der Desktop-Ansicht in der Regel aus mehreren Spalten, die dann für kleinere Bildschirme linearisiert werden (Abb. 6.20).

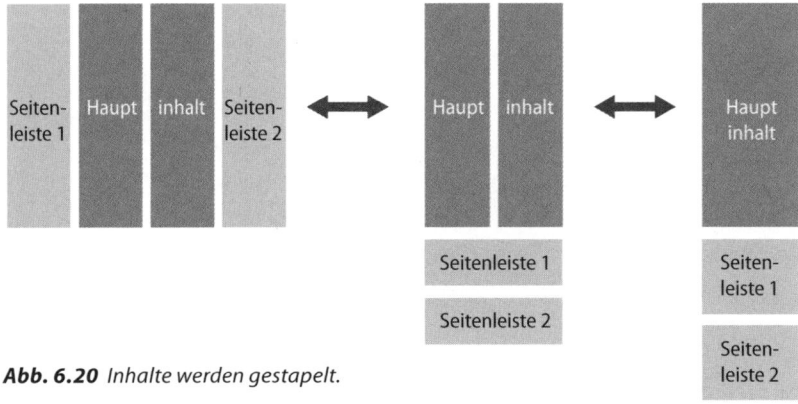

Abb. 6.20 *Inhalte werden gestapelt.*

13 http://www.artisanmedia.com/whatwedo.php

Oder anders herum, wenn wir Mobile First gestalten, werden ausgehend von der linearisierten Form immer mehr Spalten hinzugefügt. Im Prinzip kann man auch von einem einfachen Stapeln der Inhalte sprechen, wobei die weniger wichtigen Bereiche in der mobilen Version unten stehen.

Diese Methode hält aber unter Umständen einige Herausforderungen bereit. Solange wir davon ausgehen können, dass der gesamte Inhalt in der Hauptspalte wichtiger ist als der Inhalt in den Seitenspalten, funktioniert die Methode recht gut. Es kann aber auch sein, dass ein Element in der Seitenleiste sehr wichtig ist. Während es in der Desktop-Ansicht auch direkt beim Aufrufen der Seite sichtbar ist, weil es sich weit oben befindet, rutscht es bei der mobilen Variante sehr weit nach unten, wenn wir viele Inhalte in der Hauptspalte haben (Abb. 6.21).

Das, was in der Desktop-Ansicht gut funktioniert hat, wird in der mobilen Ansicht über den Haufen geschmissen. Die Reihenfolge, in der wir die Inhalte aufnehmen, verändert sich und es kann passieren, dass wichtige Informationen einfach untergehen.

Je nach Projekt kann es helfen, die HTML-Struktur so anzupassen, dass das Stapeln der einzelnen Bereiche nach Wunsch funktioniert.

Wenn die Inhaltsstruktur es erlaubt, sollte die Seite nicht nur in Spalten aufgeteilt werden, sondern zusätzlich horizontal gegliedert werden, damit bei kleineren Bildschirmen die Elemente mehr verschachtelt werden können (Abb. 6.22).

Abb. 6.21 *Oben stehende Elemente können beim Stapeln schnell weit nach unten rutschen.*

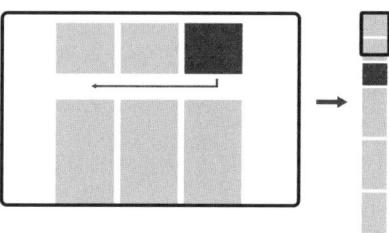

Abb. 6.22 *Flexible Struktur dank horizontaler und vertikaler Einteilung*

Weil diese Vorgehensweise starken Einfluss auf die HTML-Struktur hat, ist es wichtig, die Anordnung der Elemente auf verschiedenen Bildschirmen früh in die Planungsphase zu integrieren.

> **TIPP:** Eine Lösungsmöglichkeit zu diesem Problem bietet AppendAround, ein kleines JavaScript-Tool, dass wir im Kapitel 14 ab Seite 290 beschreiben.

6.6 Zusammenfassung

Es gibt viele Möglichkeiten, wie wir Inhalte für die verschiedenen Bildschirmgrößen anpassen können. Manchmal genügt es, sie neu anzuordnen, manchmal müssen aus Platzgründen auch Inhalte ausgeblendet werden. Wichtig ist, dass wir diese Überlegungen frühzeitig in der Planungsphase anstellen und in die Wireframes einfließen lassen. Basierend darauf kann dann in einem Prototyp getestet werden, ob die Umsetzung wie gewünscht funktioniert. Die Inhaltsanpassung sollte verschiedene Nutzerkontexte berücksichtigen und dabei helfen, dass Nutzer unabhängig von der Bildschirmgröße möglichst schnell zu ihrem gewünschten Ziel kommen.

Bei der Inhaltsanpassung sollten folgende Grundregeln im Mittelpunkt stehen:

1. Unabhängig vom verwendeten Gerät sollten alle Inhalte stets zugänglich sein.
2. Diese Regel sollte nur bei wirklich unwichtigen Inhalten gebrochen werden. Dann stellt sich aber die Frage, ob diese Inhalte nicht sowieso besser komplett entfallen sollten.

7

Einen Prototypen mit HTML5-Elementen erstellen

Nachdem wir uns nun ausführlich Gedanken über die Inhalte gemacht haben, geht es als Nächstes darum, diese in ein echtes Dokument zu übertragen, sprich, die geplanten Inhalte mit HTML auszuzeichnen. Bei reaktionsfähigen Websites ist es wichtig, möglichst frühzeitig einen Prototypen bestehend aus HTML und einfachen CSS-Anweisungen zu entwickeln. So kann man direkt ein Webdokument auf verschiedenen Geräten und Bildschirmen testen und ein Gefühl für die Inhalte entwickeln, wie viel Platz sie einnehmen, wie sie sich verhalten. Probleme, die hier entdeckt werden, können schneller behoben werden und sparen möglicherweise umständliche Mehrarbeit zu einem späteren Zeitpunkt.

Im Sinne des Progressive Enhancement ist ein HTML-Dokument ein idealer Startpunkt für eine reaktionsfähige Website. Es ist von Natur aus anpassungsfähig und enthält bereits alle Grundlagen, die für Suchmaschinen, Screenreader und ältere Browser von Featurephones wichtig sind. Darauf aufbauend wird dann das Dokument Schritt für Schritt mit weiteren Verbesserungen für modernere Browser angereichert.

Um nicht bei jedem Projekt bei Null anzufangen zu müssen, ist es sinnvoll, auf Vorlagen zurückzugreifen, die wiederkehrende Prozesse beschleunigen und die Arbeit vereinfachen. Im Netz finden sich zahlreiche solcher Vorlagen, von kleinen Sets einiger Dateien (z.B. *Kickstarter*[1]) bis hin zu umfangreichen Frameworks

----

1 https://github.com/gerritvanaaken/Kickstart/tree/master/css

(z.B. *YAML*[2] oder *Bootstrap*[3]). Jedes größere Framework bringt allerdings seine Eigenheiten, Prinzipien und Vorgehensweisen mit sich, die man lernen und auf die man sich einstellen muss. Ich persönlich bevorzuge eher solche Vorlagen, die meine gewohnte Arbeitsweise nicht zu stark beeinflussen.

Ein Vorlagenset, das diese Anforderung erfüllt, ist die weit verbreitete *HTML5 Boilerplate*[4], die auch wichtige Grundlagen zum Thema Responsive Webdesign berücksichtigt. Der Ableger *Mobile Boilerplate*[5] geht dabei gezielt auf die Anforderungen mobiler Websites und vor allem Applikationen ein.

Andy Clarke hat darauf basierend ein eigenes Set namens *320andup*[6] erstellt, das natürlich auf seine persönlichen Bedürfnisse zugeschnitten ist, aber vor allem in Richtung Mobile First Responsive Webdesign entwickelt wurde. Zusätzlich enthält *320andup* einige nützliche Stilvorlagen auf Basis von LESS (siehe Infobox).

LESS, Sass & Co.

In den vergangen Jahren ist CSS immer umfangreicher und komplexer geworden. Den Vorteilen von CSS als einfache Beschreibungssprache stehen damit mehr und mehr Nachteile gegenüber, denn die wachsende Komplexität verursacht einiges an Mehrarbeit. Pfiffige Webentwickler haben deshalb auf Basis von CSS neue Sprachen namens LESS, Sass oder Stylus definiert, die CSS um Funktionen aus »richtigen« Programmiersprachen, wie Variablen, Verschachtelungen und Elementen der Objektorientierung erweitern. Dadurch kann viel Schreibarbeit und somit Entwicklungszeit eingespart werden. Außerdem können leicht Code-Schnipsel erstellt werden, die projektübergreifend wiederverwendet werden können. Hier ein einfaches Beispiel für den Einsatz von Variablen mit LESS:

---

2   http://www.yaml.de/
3   http://twitter.github.com/bootstrap/index.html
4   http://html5boilerplate.com/
5   http://html5boilerplate.com/mobile
6   http://stuffandnonsense.co.uk/projects/320andup/

```
/* Variablen definieren */
@gruen: #9cc225;
@blau: #0a0ec2;
/* Variablen einsetzen */
p {
color: @blau;
background-color: @gruen;
}
```

Dieser Code muss vor dem Einsatz auf einer Website in CSS umgewandelt werden, was mit sogenannten Präprozessoren, kleinen Programmen auf Basis von PHP, Ruby oder JavaScript, erledigt wird. Es entsteht also ein Zwischenschritt, den man in seinem Workflow integrieren muss. Für den Mac gibt es mit *Codekit* ein nützliches Programm, das hier viel Unterstützung bietet[7]. Eine deutschsprachige Rezension liefern die Webkrauts.[8]

Wer sich näher mit den Metasprachen LESS, SASS und Stylus befassen möchte, findet auf den jeweiligen Projektwebsites viele Informationen:

- LESS[9], Less.app[10]
- Sass[11]
- Stylus[12]

Bei der Frage, welche Sprache man verwenden sollte, hilft ein Vergleich der englischsprachigen Website *nettuts+*.[13]

----

7   http://incident57.com/codekit/
8   http://www.webkrauts.de/2011/12/16/codekit-der-alleskoenner-unter-den-tools-fuer-frontendentwickler/
9   http://lesscss.org/
10 http://incident57.com/less/
11 http://thesassway.com/
12 http://learnboost.github.com/stylus/
13 http://net.tutsplus.com/tutorials/html-css-techniques/sass-vs-less-vs-stylus-a-preprocessor-shootout/

Beide Vorlagen bilden mit HTML-Einstellungen, CSS-Anweisungen und Java-Script-Helfern eine solide Grundlage für reaktionsfähige Websites (auf Basis von Mobile First), nutzen im Detail aber unterschiedliche Herangehensweisen und Einstellungen. Was einem dabei persönlich am ehesten zusagt und worauf man selbst am meisten Wert legt, wird man erst herausfinden, nachdem man einige reaktionsfähige Websites umgesetzt und Erfahrungen am lebenden Objekt gemacht hat. Meistens kristallisieren sich dann persönliche Vorlieben heraus, die auch darauf hinauslaufen können, sich eine eigene Vorlage zu erstellen. So ist auch die Vorlage für die Begleit-Website personalisiert und entnimmt jene Dinge aus *320andup* und den *HTML5 Boilerplates*, die mir sinnvoll erscheinen.

Egal, wie Sie Ihre Projekte angehen, ein genauer Blick in die Dateien der Vorlagen ist keinesfalls Zeitverschwendung. Nicht nur ist es interessant, die einzelnen Einstellungen kennenzulernen, man sollte auch wissen, was durch die Verwendung einer Vorlage im Einzelnen beeinflusst wird. Es kann sein, dass einige der vordefinierten Anweisungen, im HTML-Head oder im enthaltenen Reset-CSS zum Beispiel, später zu unerwarteten Auswirkungen führen. Auch kann es sein, dass man in einigen Punkten mit der Entscheidung der Autoren der Vorlage nicht übereinstimmt oder die Erfordernisse des Projekts einer anderen Einstellung bedürfen.

7.1 Ein Blick in die index.html

So sind auch die von mir gewählten Voreinstellungen nur eine von mehreren Möglichkeiten. Die Begleit-Website basiert auf einer abgeänderten Version von *320andup*. Gehen wir die index.html einmal Schritt für Schritt durch.

Conditional Comments

```
<!-- HTML5 Mobile Boilerplate -->
<!--[if IEMobile 7]><html class="no-js iem7"><![endif]-->
<!--[if (gt IEMobile 7)|!(IEMobile)]><!--><html class="no-js" lang="en"><!--
<![endif]-->
<!-- HTML5 Boilerplate -->
<!--[if lt IE 7]><html class="no-js lt-ie9 lt-ie8 lt-ie7" lang="en">
<![endif]-->
```

```
<!--[if (IE 7)&!(IEMobile)]><html class="no-js lt-ie9 lt-ie8"
lang="en"><![endif]-->
<!--[if (IE 8)&!(IEMobile)]><html class="no-js lt-ie9" lang="en"><![endif]-->
<!--[if gt IE 8]><!--> <html class="no-js" lang="en"><!--<![endif]-->
```

Der Kopfbereich beginnt mit einigen Conditional Comments[14] für die verschiedenen Versionen des Internet Explorer. Hiermit erhalten die einzelnen Explorer ihre eigene CSS-Klasse, um gezielt auf eventuelle Darstellungsprobleme eingehen zu können. Der IE Mobile 7 hat seine ganz eigenen Tücken und wird hier deshalb separat angesprochen. Die Klasse no-js bietet CSS-Einstellungsmöglichkeiten, wenn JavaScript nicht aktiviert ist. Bei aktiviertem JavaScript wird sie durch die *Modernizr*-Erweiterung (später mehr dazu) ersetzt. Bei Bedarf kann man natürlich auch Klassen ergänzen oder abändern.

Es folgen die üblichen Anweisungen zur Zeichenkodierung (charset), Dokumentbezeichnung (title) sowie eventuelle Meta-Angaben (author, description). Dann folgt der nächste interessante Abschnitt.

Viewport-Angaben für mobile Geräte

```
<!-- http://t.co/dKP3o1e -->
<meta name="HandheldFriendly" content="True">
<meta name="MobileOptimized" content="320">
<meta name="viewport" content="width=device-width, initial-scale=1.0">
```

Normalerweise werden Websites für die Darstellung auf Smartphones automatisch skaliert, große Seiten auf dem iPhone zum Beispiel mit 980 px gerendert und dann auf die Ansicht von 320 px verkleinert. Wenn wir unsere Websites so gestalten, dass sie von vornherein für kleinere Bildschirme optimiert sind, müssen wir das den Smartphones mitteilen. Für ältere Featurephones brauchen wir dazu die Angabe HandheldFriendly und für Windowsphones die Angabe MobileOptimized zusammen mit einem Wert, den wir auf 320 festlegen, was der gängigen Smartphone-Größe entspricht. Die ehemals für das iPhone ins Leben gerufene Meta-Information viewport mausert sich so langsam zum Standard und gilt somit für zahlreiche moderne Smartphones. Wir haben sie bereits im Kapitel 3 (Seite 47) besprochen.

----

14 http://de.wikipedia.org/wiki/Conditional_Comments

CSS einbinden

Als Nächstes binden wir unsere CSS-Datei(en) ein. Es gibt unterschiedliche Vorgehensweisen, um Mediaqueries zu integrieren, wie wir bereits im Kapitel 3 (Seite 37)
gesehen haben. Entweder bringen wir die Information im HTML unter und binden
für jedes Mediaquery eine separate CSS-Datei ein:

```
<link rel="stylesheet" media="screen and (min-width: 600px)" href="screen-
min600.css" />
<link rel="stylesheet" media="screen and (min-width: 800px)" href="screen-
min800.css" />
```

Oder wir tragen die Mediaqueries in die CSS-Datei ein:

```
@media screen and (min-width: 600px){
    /* CSS für Bildschirm und Fensterbreite > 600px */
}
@media screen and (min-width: 800px){
    /* CSS für Bildschirm und Fensterbreite > 800px */
}
```

Die erste Methode suggeriert, dass CSS-Dateien nicht geladen werden, wenn die
zugewiesenen Mediaqueries nicht für das verwendete Gerät zutreffen. Das ist aber
leider nicht der Fall, alle Dateien werden von jedem Gerät geladen. Deshalb empfehle ich die zweite Methode, denn sie spart uns zeitraubende HTTP-Requests, die
durch die Einbettung der Dateien entstehen.

Wer nicht in Kauf nehmen möchte, dass für mobile Geräte mehr CSS geladen wird
als nötig, kann auf ein Tool namens eCSSential zurückgreifen, dass wir im Performance-Kapitel besprechen (Seite 327).

Nützliche JavaScript-Helfer

Als Nächstes verlinken wir jene JavaScript-Tools, die im Head stehen sollten. Für
diese Tools ist es nützlich, wenn das JavaScript ausgeführt wird, bevor Inhalte
dargestellt werden. Außerdem muss die in *Modernizr* integrierte HTML5-Unterstüt-
zung für ältere IE vor dem Auftreten des body-Elements ausgeführt werden.

```
<!-- JavaScript -->
<!--[if (lt IE 9) & (!IEMobile)]>
<script src="js/selectivizr-min.js"></script>
<![endif]-->
<script src="js/modernizr-2.5.3-min.js"></script>
```

Selcitivizr ist ein nützliches Tool, um die fehlende Unterstützung für CSS3-Selektoren im Internet Explorer 8 und kleiner nachzurüsten. Das spart uns unnötige Klassen im HTML und entsprechende Nachbearbeitung in jenen Explorern. Weitere Informationen über die unterstützten Selektoren liefert die Entwickler-Website.[15]

Modernizr hingegen rüstet fehlende Unterstützung für HTML5-Elemente in IE8 und kleiner nach und prüft darüber hinaus, ob der verwendete Browser eine bestimme CSS3- oder HTML5-Funktion beherrscht. Das Ergebnis des Tests wird dann als Klassenname im body-Starttag eingefügt. Das könnte dann so aussehen:

```
<body class="js flexbox flexbox-legacy canvas canvastext webgl no-touch
geolocation postmessage websqldatabase indexeddb hashchange history
draganddrop websockets rgba hsla multiplebgs backgroundsize borderimage
borderradius boxshadow textshadow opacity cssanimations csscolumns
cssgradients cssreflections csstransforms csstransforms3d csstransitions
fontface generatedcontent video audio localstorage sessionstorage webworkers
applicationcache svg inlinesvg smil svgclippaths">
```

Wird eine Funktion nicht unterstützt, wird dem Klassennamen ein no- vorangestellt. So kann man gezielt im CSS nur moderne Browser ansprechen oder Fallback-Lösungen für weniger fähige unterbringen. Ein Tutorial zu den Funktionen von *Modernizr* bietet das Webmasterarchiv[16] und natürlich die englischsprachige Entwickler-Website[17]. Wir werden ein Beispiel zu Modernizr im Webtypografie-Kapitel noch mal aufgreifen (Seite 192).

Als Nächstes binden wir das obligatorische Favicon ein:

```
<link rel="shortcut icon" href="/favicon.ico">
```

----

15 http://selectivizr.com/
16 http://www.webmasterarchiv.com/modernizr-fallbacks-css3-html5/
17 http://modernizr.com/

Die *320andup*-Vorlage enthält weitere iOS-spezifische Anweisungen für Touch-Icons. Sie haben sicher ihre Berechtigung, sind aber im Rahmen dieses Buchs nicht die wichtigste Baustelle, weshalb wir hier nicht näher darauf eingehen. Einen interessanten Artikel zu diesem Thema liefert Mathias Bynens.[18]

Gerätespezifische Besonderheiten

Ebenso gehen wir nur der Vollständigkeit halber auf folgenden iOS-spezifischen Block ein, der die Erscheinung einer Website in Richtung einer Applikation verändert.

```
<!--iOS -->
<!-- <meta name="apple-mobile-web-app-capable" content="yes"> -->
<!-- <meta name="apple-mobile-web-app-status-bar-style" content="black"> -->
<!-- <link rel="apple-touch-startup-image" href="img/splash.png"> -->
```

Die erste Anweisung lässt die Safari-Adressleiste oben sowie die Toolbar unten verschwinden, die zweite Anweisung verändert die Farbe der iOS-Statusleiste in Schwarz, die dritte Zeile verweist auf eine Datei, die als Startbild angezeigt wird, während die Website/App im Hintergrund lädt. Für eine »normale« Website sind diese Einstellungen aber unwichtig und werden auskommentiert.

Als letzte Anweisung im HTML-Head notieren wir die Aktivierung von ClearType im mobilen Internet Explorer, was für eine bessere Schriftdarstellung sorgt:

```
<meta http-equiv="cleartype" content="on">
```

Für einen schnelleren Seitenaufbau werden die übrigen JavaScript-Dateien an das Ende des Dokuments platziert. Als Erstes wird dabei jQuery über Googles Netzwerk geladen, ergänzt durch einen lokalen Ersatzlink, falls die Domäne nicht erreichbar sein sollte. Es folgen eventuelle Plug-ins sowie weitere kleine Scripte und Helfer, die wir alle in einer Datei zusammenfassen:

```
<!-- Grab Google CDN's jQuery, with a protocol relative URL; fall back to local
if necessary -->
```

----

18 mathiasbynens.be/notes/touch-icons

```
<script src="//ajax.googleapis.com/ajax/libs/jquery/1.7.2/jquery.min.js"></
script>
<script>window.jQuery || document.write('<script src="js/jquery-1.7.2.min.
js"><\/script>')</script>

<script src="js/plugins.js"></script>
<script src="js/scripts-helper.js"></script>
```

Aus den Scripten und Helfern picken wir uns ein paar Rosinen heraus. Hervorzuheben ist ein Bugfix für iOS von Scott Jehl[19], der einen Skalierfehler des iPhones beim Drehen des Geräts ins Querformat behebt. Außerdem ist eine kleine JavaScript-Zeile enthalten, die dafür sorgt, dass Textfelder mitwachsen, wenn der Inhalt die ursprünglich angegebene Höhe überschreitet[20]. Weiterhin sorgt eine kleine Zeile dafür, dass die active-Pseudoklasse in CSS, die beim mobilen Safari zugunsten eines Standard-Tap-Highlights ausgeschaltet ist, wieder reaktiviert wird.[21]

Weitere Details und Erklärungen finden Sie auf den jeweiligen Projektwebsites der Boilerplates, teilweise aber auch noch im weiteren Verlauf des Buchs. Damit hätten wir die wichtigsten Grundeinstellungen unserer HTML-Startdatei samt JavaScript geklärt und können nun auf dieser Basis einen reaktionsfähigen Prototypen erstellen.

Als Nächstes machen wir uns daran, die geplanten Inhalte mit HTML auszuzeichnen. Hierbei werfen wir einen genaueren Blick auf die in HTML5 hinzugekommenen strukturellen Elemente.

7.2 Neue Elemente für mehr Semantik

Bisher gab es nur wenige Strukturelemente in HTML. Sortierte und unsortierte Listen, Überschriften, Absätze, Tabellen sowie div-Container reichten anfangs aus, ein Dokument sinnvoll auszuzeichnen. Über die Jahre wurden Webdokumente allerdings immer umfangreicher und komplexer, so dass zur Auszeichnung der Struktur neue Elemente geschaffen werden mussten. Die Herausforderung bestand darin,

----

19 http://filamentgroup.com/lab/a_fix_for_the_ios_orientationchange_zoom_bug/
20 http://googlecode.blogspot.de/2009/07/gmail-for-mobile-html5-series.html
21 http://miniapps.co.uk/blog/post/enable-css-active-pseudo-styles-in-mobile-safari/

nicht zu viele Elemente hinzuzufügen, aber dennoch genug, um möglichst vielen Anforderungen gerecht zu werden.

Google analysierte 2005 in einer groß angelegten Studie über eine Milliarde Webdokumente, um herauszufinden, welche Klassennamen, Elemente, Attribute und Metadaten von Webdesignern besonders häufig verwendet wurden. Das Ergebnis dieser Studie deckt sich mit den Namen einiger neuer HTML5-Elemente. So wurden zum Beispiel sehr häufig Code-Schnipsel wie `<div class="header">` oder `<div class="footer">` verwendet, diese bestehen nun als `header`- und `footer`-Elemente in HTML5. Darüber hinaus gibt es einige weitere neue Elemente, die uns helfen, unseren Inhalt genauer zu beschreiben.

Hier eine Liste der Elemente, die wir in diesem Kapitel unter die Lupe nehmen:

- `section`
- `article`
- `aside`
- `nav`
- `header`
- `footer`
- `figure`

Diese Elemente helfen uns, die Struktur der Inhalte deutlicher zu kennzeichnen. Somit können zum Beispiel Screenreader ein Dokument besser scannen und dem Nutzer dann den Hauptinhalt zuerst vorlesen oder den Nutzer zur Navigation lotsen. Einige der neuen Elemente haben Einfluss auf die sogenannte *document outline*, also die Gliederung des Dokuments, aus dem die Hierarchie der Überschriften hervorgeht. Das ist ebenfalls für Screenreader wichtig, wie wir uns später ansehen.

Im Kapitel 6 (Seite 96) haben wir bereits erwähnt, dass `aside` und `figure` eigenständige, nachrangige Bereiche kennzeichnen, die losgelöst vom Hauptinhalt bestehen können. Das hilft uns, bei einer Neuanordnung der Bereiche für verschiedene Bildschirmgrößen die Wichtigkeit der Inhalte besser zu deuten.

Suchmaschinen könnten in Zukunft die Bedeutung der neuen Elemente aufgreifen und den Inhalt in einer Seitenleiste weniger gewichten als den der Hauptspalte. Dieser Punkt ist allerdings noch Zukunftsmusik. Zwar hat Google angekündigt, die

Entwicklung der neuen Elemente im Auge zu behalten. Ob sie allerdings in nicht allzu ferner Zukunft auch Einfluss auf Suchergebnisse haben, bleibt fraglich.

Allerdings gibt es auch ein paar Dinge zu beachten, wenn ältere Browser berücksichtigt werden sollen. So kann es hier durch die neuen Elemente zu einer fehlerhaften Darstellung kommen. Es gibt zwar ein JavaScript-Polyfill, das aber natürlich nur bei aktiviertem JavaScript funktioniert. Screenreader interpretieren neue Elemente nicht immer wie gewünscht und geben Hinweise, zum Beispiel zur Navigation, doppelt aus. Das sind die üblichen Probleme, die man beim Übergang zu einer neuen Technologie immer hat.

Sollen wir mit dem Einsatz noch warten?

Zunächst steht in diesem Zusammenhang die Frage im Raum, von welchen Voraussetzungen man ausgeht. Möchte man eine bestehende Website nur anpassen, damit man »up to date« ist, so ist eine Umstellung auf die neuen Elemente weniger sinnvoll. Denn eine bestehende Website im Vorbeigehen abzuändern, ist eher nicht möglich, weil mit großer Wahrscheinlichkeit einige Probleme auftauchen im Zusammenhang mit der Darstellung in weniger fähigen Browsern.

Sofern die aktuelle Website über eine gute HTML4/XTHML-Struktur verfügt, gibt es keinen Grund, hier die Pferde scheu zu machen. Der Vorteil bei HTML ist ja gerade, dass alte Websites auch in Zukunft funktionieren werden und man deshalb nicht direkt auf den neuesten Zug aufspringen muss. Kein Grund also, nervös zu werden.

Geht es aber um ein Redesign, bei dem auch der zugrunde liegende Quellcode neu aufgesetzt wird, sollte man auf jeden Fall die Vorteile der neuen Elemente nutzen und die Website auf Basis von HTML5 konzipieren, auch wenn es das ein oder andere Problem gibt. Die Vorteile überwiegen, wenn auch heute noch nicht offensichtlich, dann auf jeden Fall in den kommenden Jahren. Schließlich wird eine Website nicht nur für das Hier und Jetzt geplant, sondern sollte auch die Möglichkeiten der Zukunft nutzen können.

Darüber hinaus leisten wir mit jedem Projekt auf HTML5-Basis auch einen Beitrag zur Weiterentwicklung des Internets. Wie bei jeder Technologie müssen neue Möglichkeiten erst einmal entdeckt und entwickelt werden. Irgendjemand muss anfangen, sie einzusetzen, damit andere wiederum auf dieser Basis neue Nutzungsmöglichkeiten schaffen. Hier sind wir als Webdesigner in einer Schlüsselposition, weshalb ich dafür plädiere, die neue Richtung mitzugehen und das Web voranzutreiben. Je eher wir diesen Weg mitgehen, desto früher können wir von der verbesserten Technologie und den daraus resultierenden Möglichkeiten profitieren.

Wer trotzdem noch warten möchte oder je nach Projektkonstellation den Einsatz nicht vertreten kann, sollte sich mit den hier vorgestellten Funktionen und der Semantik dennoch auseinandersetzen. Im Quellcode könnte statt `<header>` dann erst mal mit `<div class="header">` bewährtes HTML4/XHTML verwendet werden, das dann aber zumindest mit der neuen Semantik im Hinterkopf erstellt wurde.

Inhalte als Basis

Jetzt aber genug der einleitenden Worte, legen wir los. Wir haben im letzten Kapitel die Struktur der Inhalte für die Startseite überlegt und verschiedene Szenarien für veränderte Bildschirmdimensionen durchgespielt. Nun geht es darum, in einem HTML-Prototyp zu testen, ob die Überlegungen auch wie gewünscht funktionieren.

Die Inhalte der Startseite hatten wir wie folgt definiert:

- Website-Titel
- Untertitel
- Titelgrafik
- Hauptnavigation
- Fotos vom Buch
- Infobox mit knappen Fakten/Zahlen
- Link zum Buchkauf
- Inhaltsbeschreibung
- Testimonials

Diese Liste können wir in einzelne Bereiche zusammenfassen und mit entsprechenden HTML-Elementen versehen. Bisher blieb uns nicht viel zur Auswahl (Abb. 7.1).

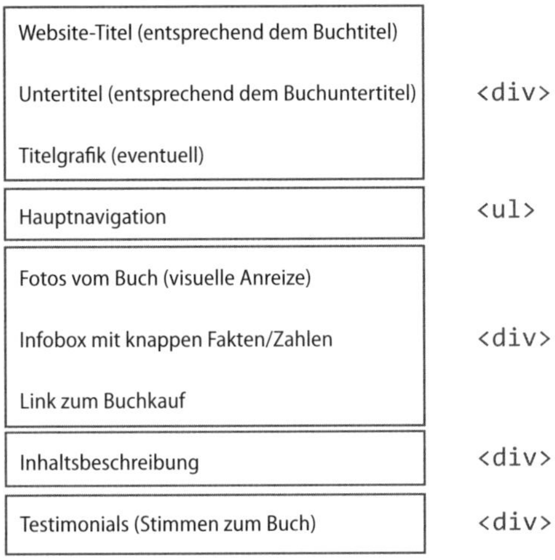

Website-Titel (entsprechend dem Buchtitel)	
Untertitel (entsprechend dem Buchuntertitel)	`<div>`
Titelgrafik (eventuell)	
Hauptnavigation	`<ul>`
Fotos vom Buch (visuelle Anreize)	
Infobox mit knappen Fakten/Zahlen	`<div>`
Link zum Buchkauf	
Inhaltsbeschreibung	`<div>`
Testimonials (Stimmen zum Buch)	`<div>`

Abb. 7.1 *Wenig aussagekräftige HTML-Struktur*

Mit HTML5 können wir die Struktur besser beschreiben. Zunächst sind natürlich die Inhalte maßgeblich für die gewählte Auszeichnung. Im Zusammenhang mit reaktionsfähigem Design kann es aber sein, dass auch mögliche Layoutanpassungen für verschiedene Bildschirme die HTML-Auszeichnung beeinflussen. So kann es passieren, dass Gruppierungen weiter unterteilt oder aufgehoben werden müssen, um für das spätere Layout flexibler zu sein.

Dazu aber später mehr, sehen wir uns nun die HTML5-Elemente näher an und gehen dabei von oben nach unten vor.

Header

Den ersten Bereich bestehend aus Website-Titel, Untertitel und Titelgrafik können wir mit dem Element header zusammenfassen. Das header-Element repräsentiert eine Gruppe einleitender oder navigationsbezogener Hilfsmittel, zum Beispiel die Überschrift einer Sektion, aber auch das Inhaltsverzeichnis eines Bereichs, ein Suchformular, das Unternehmenslogo im Kopfbereich der Website. Es passt hier also ganz gut.

Mögliche Inhalte des Headers könnten aber auch der Name des Autors oder die Anzahl an Kommentaren zu einem Blogpost sein. Pro Seite kann es mehrere header geben. Wichtig ist zu erwähnen, dass das header-Element – ähnlich wie auch das footer-Element, zu dem wir gleich kommen – nicht präsentationsbezogen ist. Das heißt also, der Bereich, der im Layout an oberster Stelle steht, ist nicht zwangsläufig passend für das header-Element, nur weil er oben steht. Denn je nach Website-Layout könnten sich die Inhalte aus dem header-Element zum Beispiel auch in einer Seitenleiste befinden, während das Layout am oberen Rand die Navigation enthält oder direkt mit einer Überschrift beginnt, wie das Beispiel von Foodsense zeigt (Abb. 7.2).

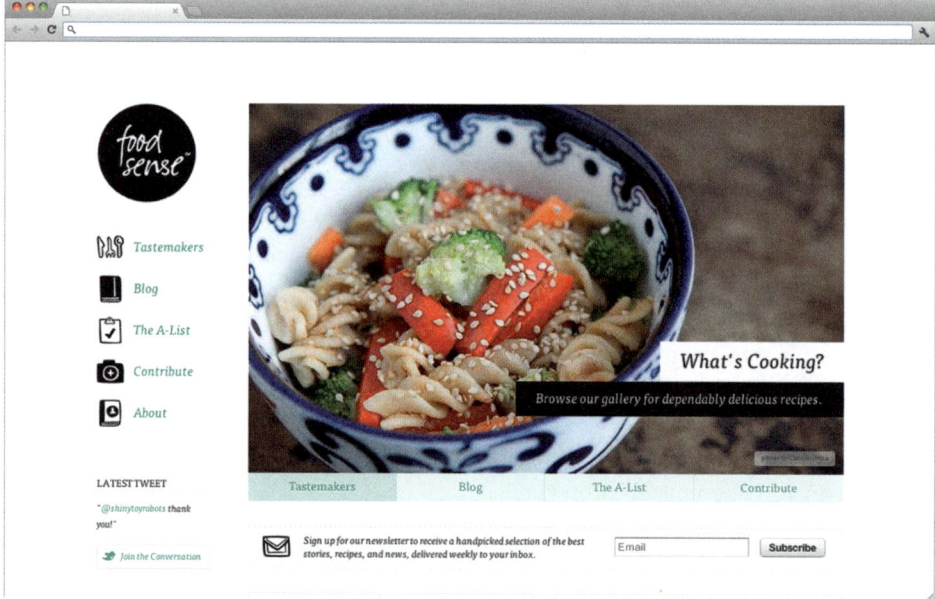

Abb. 7.2 *Auf der Website von Food Sense befindet sich der Header nicht über, sondern neben dem Hauptinhalt.*

Der Einsatz des header-Elements ist nur dann sinnvoll, wenn es auch mehrere Elemente gibt, die zusammengefasst werden können. Im ersten Beispiel sollte auf header verzichtet werden, im zweiten ist es hingegen sinnvoll.

Beispiel 1:

```
<header>
    <h1>Überschrift des Artikels</h1>
</header>
<p>Text … </p>
```

Beispiel 2:

```
<header>
    <h1>Überschrift des Essays</h1>
    <nav>
            <h2>Inhaltsverzeichnis</h2>
            <ul>
                    <li><a href="a">Springe zu A</a></li>
                    <li><a href="b">Springe zu B</a></li>
                    <li><a href="c">Springe zu C</a></li>
            </ul>
    </nav>
</header>
<p>Text … </p>
```

Nav

Als Nächstes zeichnen wir die Hauptnavigation aus. Navigationen gibt es nahezu auf jeder Website, bisher gab es dafür aber nur die Auszeichnungsmöglichkeit einer einfachen Liste. Zeit, diesen Missstand mit dem nav-Element zu beheben. Für die Hauptnavigationsblöcke einer Website gedacht, kann es von Screenreadern genutzt werden, genau diese anzusteuern und dem blinden Nutzer die Steuerung zu erleichtern. Auch Nutzer, die zum Surfen die Tastatur verwenden, könnten so gezielt die Navigationselemente anwählen.

Auch wenn die Verwendung von nav innerhalb des header-Elements erlaubt ist, platzieren wir es hier außerhalb davon, um so flexibler für spätere Anpassungen zu sein.

Unser Hauptmenü können wir wie folgt beschreiben:

```
<nav>
        <h1>Überschrift optional</h1>
        <ul>
                <li>Start</li>
                <li>Das Buch</li>
                <li>Material</li>
                <li>Errata</li>
                <li>Der Autor</li>
                <li>Kontakt</li>
        </ul>
</nav>
```

Nicht alle Navigationsblöcke einer Seite sollten mit dem nav-Element ausgezeichnet werden, sondern nur die wichtigsten. Auch ist nav nicht für einzelne Links gedacht. Es liegt natürlich im Ermessen des Webdesigners, welche Navigationsblöcke wichtig sind und welche eher nachrangig. Eine grobe Richtlinie könnte so aussehen:

Mit nav-Element auszuzeichnen:

- Hauptnavigation
- Subnavigation
- Navigation innerhalb einer Seite
- Suchfunktion der Website

Eher nicht für das nav-Element geeignet:

- Seitenblätternavigation
- Kategorieliste im Weblog
- Tagliste im Weblog
- Social-Links-Liste
- Link-Listen im Footer

Damit haben wir einige Varianten abgedeckt. Im Zweifel sollte man eher sparsam mit der Verwendung umgehen, so dass eine Beschränkung auf die Hauptnavigationen gewährleistet ist.

Section

Als Nächstes kommt der Hauptinhalt der Startseite. Hier haben wir einzelne, unabhängige Bereiche oder Sektionen, für die HTML das passende section-Element bereithält. Laut HTML-Spezifikation bezeichnet das section-Element einen Bereich eines Dokuments, der thematisch zusammengehört und üblicherweise mit einer entsprechenden Überschrift versehen ist.

Auf Startseiten von Unternehmenswebsites werden häufig verschiedene Unternehmensbereiche erläutert, die als section ausgezeichnet werden können. Auch die einzelnen Inhaltsblöcke einer Karteireiter-Navigation sind ein gutes Beispiel für einzelne Sektionen.

Ein wichtiges Kriterium für den Einsatz von section ist, dass der Inhalt einer Sektion eine thematische Einheit bildet. Das ist meistens dann der Fall, wenn man für einen solchen Bereich eine Überschrift finden kann. Geht es nur darum, einen Bereich aus Styling-Gründen zu gruppieren, ist nach wie vor das div-Element die richtige Wahl. Auch sollte immer geprüft werden, ob nicht andere Elemente, wie article, nav, aside oder figure, den Inhalt genauer beschreiben können.

Wir zeichnen unsere Bereiche der Startseite also entsprechend aus:

```
<section class="einleitung">
    <h2>Einleitung</h2>
    <div class="produktbilder">
            <h3>Produktbilder</h3>
            …
    </div>
    <button><a href="#">Buch kaufen</a></button>
    <div class="kurzinfo">
            <h3>Info</h3>
            …
    </div>
</section>
<section class="beschreibung">
    <h2>Beschreibung</h2>
</section>
```

```
<section class="testimonials">
    <h2>Stimmen zum Buch</h2>
</section>
```

Sektionen können auch verschachtelt werden. Käme auf der Website noch ein Abschnitt über den Autor hinzu, könnten die Abschnitte zum Buch thematisch mit einer umschließenden Sektion zusammengefasst werden:

```
<section class="buch">
    <section class="einleitung">
        …
    </section>
    <section class="beschreibung">
        …
    </section>
    …
</section>

<section class="autor">
    …
</section>
```

Footer

Im Fußbereich einer Website oder eines Artikels werden häufig ergänzende Informationen platziert. Das dafür passende Element ist – keine Überraschung – das footer-Element. Es beinhaltet zum Beispiel Informationen über den Autor eines Artikels, weiterführende Links, Copyrightinformationen usw. Das footer-Element kann seinerseits in weitere Sektionen unterteilt werden, um zum Beispiel Anhänge, Register, Indizes, Lizenzbestimmungen usw. auszuzeichnen. Die Informationen innerhalb eines Fußbereichs beziehen sich immer auf die Sektion, in der sich das footer-Element befindet. Ist das footer-Element direkter Nachfahre des body-Elements, beziehen sich die Informationen auf das gesamte Dokument. Das wäre dann der klassische Anwendungsfall, der bisher häufig in der Art `<div id="footer">` abgewickelt wurde.

Wichtig ist, ähnlich wie beim Header, dass die Elementbezeichnung nicht die Positionierung im Dokument widerspiegelt. Auch wenn in den meisten Fällen das footer-

Element im unteren Bereich einer Sektion oder Seite zu finden sein wird, so ist das keine Voraussetzung, es kann sich auch in einer Seitenleiste befinden.

Für den Footer der Begleit-Website sind zunächst nur wenige, eher unwichtige Informationen vorgesehen.

```
<footer>
<p>© 2012 <a href="http://christophzillgens.com">Christoph Zillgens</a></p>
<a href="impressum">Link Text</a>
</footer>
```

Article

Dem section-Element sehr ähnlich ist das article-Element. Wichtigste Unterscheidung zwischen diesen beiden ist, dass der Inhalt des article-Elements für sich allein stehen kann und auch außerhalb seines Kontextes verständlich ist. Beispiel hierfür sind Magazin- oder Zeitungsartikel, Blogeinträge, aber auch verschiedene Widgets.

Wenn wir also article einsetzen möchten, sollten wir prüfen, ob der Inhalt losgelöst von den anderen Bereichen der Website weiterhin verständlich bleibt, zum Beispiel in einem News-Feed. Das erste Beispiel zu section erfüllt diese Bedingung nicht, eine Überschrift »Stimmen zum Buch« ergibt außerhalb dieser Website keinen Sinn. Deshalb wäre hier article nicht angebracht.

article-Elemente können ebenfalls wie Sektionen verschachtelt werden. Dadurch wird angezeigt, dass die verschachtelten Artikelbereiche mit dem Inhalt des äußeren article-Elements in Beziehung stehen, wie es zum Beispiel bei Kommentaren zu einem Blogeintrag der Fall ist:

```
<article>
    <h1>Ich bin die Überschrift eines Blogeintrags</h1>
    <p> … </p>
    <p> … </p>
    …
    <h2>Kommentare</h2>
```

```
<article>
        <p>Mensch, da hast du ja einen tollen Eintrag verfasst</p>
</article>
<article>
        <p>Ja, kann dem nur zustimmen</p>
</article>
</article>
```

Section und Article unter der Lupe

Damit wäre auch der leichte Teil zu section und article erledigt. Verwirrend wird es, wenn man bedenkt, dass sich die beiden Elemente untereinander verschachteln lassen. Sektionen können Sektionen enthalten, sie können auch Artikel enthalten. Artikel können ebenso in Sektionen unterteilt werden, Artikel können Artikel enthalten (wie wir bereits gesehen haben). Dass sich die beiden Elemente so ähnlich sind, macht die Sache nicht leichter. Als Tipp zur Unterscheidung haben wir bereits erwähnt, dass es bei article darauf ankommt, ob der Inhalt außerhalb des Kontexts der Seite bestehen kann. Ist das nicht der Fall, ist das section-Element die bessere Wahl.

Sehen wir uns nun die Verschachtelungsmöglichkeiten an. Nehmen wir zum Beispiel die Startseite eines Haustier-Blogs. Dort könnten Artikel wie folgt unterteilt werden:

```
<section id="hunde">
    <h1>Artikel über Hunde</h1>
    <article></article>
    <article></article>
    <article></article>
</section>
<section id="katzen">
    <h1>Artikel über Katzen</h1>
    <article></article>
    <article></article>
    <article></article>
</section>
```

```
<section id="autor">
    <h1>Über den Autor</h1>
    <article></article>
</section>
```

Anders herum können auch Artikel in Sektionen unterteilt werden. Ein Artikel über Hunde könnte so aussehen:

```
<article>
    <h1>Der Hund: Raubtier oder Menschenfreund?</h1>
    <section>
        <h2>These A: Der Hund stammt vom Wolf ab und ist gefährlich</h2>
        <p> … </p>
    </section>
    <section>
        <h2>These B: Der Hund wurde domestiziert und ist ein friedliches
        Haustier</h2>
        <p> … </p>
    </section>
</article>
```

Auf diese Weise kann man Artikel noch genauer in einzelne Bereiche einteilen und hierarchisieren, als es allein durch Überschriften möglich ist.

Auf unserer Startseite benötigen wir das `article`-Element nicht, alle hier verwendeten Abschnitte sind nicht eigenständig genug, um außerhalb der Website verwendet werden zu können.

Aside

Das `aside`-Element haben wir bereits im Kapitel über Inhalte angesprochen, als es um die Frage ging, welche Inhalte bei Platzmangel hinten angestellt oder ausgeblendet werden können. Es ist demnach für solche Inhalte gedacht, die den Hauptinhalt ergänzen, nicht aber zwangsweise für dessen Verständnis erforderlich sind. Üblicher Weise werden solche Inhalte in Seitenleisten ausgelagert, doch auch wenn der Name `aside` darauf hindeutet, ist es, wie bei `header` und `footer`, nicht unbedingt präsentationsbezogen gemeint.

Das `aside`-Element kann auf unterschiedliche Weise verwendet werden. Stehen die ergänzenden Informationen in Bezug zum Hauptinhalt, sollte das `aside`-Element innerhalb des Elements verwendet werden, das den Hauptinhalt umschließt (in der Regel ein `section` oder `article`).

Ein Beispiel dafür sind sogenannte Pull-Quotes, wie wir sie im Kapitel 6 (Seite 98) bereits erwähnt haben.

So könnte es im Code aussehen:

```
<article>
    <h1> … </h1>
            <p> … </p>
            <p> … </p>
            <aside>
                    <q>Hervorgehobene Textstelle</q>
            </aside>
            <p> … </p>
</article>
```

Ein weiteres Beispiel für ein `aside` mit Bezug zum Artikel ist ein Glossar, wo zum Beispiel Fremdwörter erklärt oder übersetzt werden.

Darüber hinaus kann das `aside`-Element für indirekt zum Inhalt zugehörige Informationen verwendet werden. In diesem Fall wird es außerhalb des `article`/`section`-Elements platziert und enthält solche Inhalte, die in Bezug zur Website allgemein stehen, nicht aber direkt zum Artikel gehören, also solche Inhalte, die üblicherweise in einer Seitenleiste platziert werden, wie Tipps zu ähnlichen Themen auf der Website, Blogrolls usw.

Im Quellcode könnte sich das also wie folgt widerspiegeln:

```
<article>
    <h1> … </h1>
            <p> … </p>
            <p> … </p>
            <aside>
                    <q>Interessante Textstelle</q>
            </aside>
```

```
              <p> … </p>
</article>
<aside>
    <h2>Blogroll</h2>
    <ul>
              <li> … </li>
              <li> … </li>
              <li> … </li>
    </ul>
</aside>
```

Ähnlich wie article und section dürfen auch aside-Elemente verschachtelt werden.

Ergänzende Informationen, die den Einsatz von aside rechtfertigen, haben wir auf der Startseite nicht, bleibt also noch das figure-Element.

Figure und Figcaption

In Büchern oder Magazinen verwendet man oft Bilder, Diagramme oder Schaubilder, die zusammen mit einer Beschriftung den Text näher erläutern. Bisher fehlte in HTML ein Element, das einen solchen Bereich bestehend aus Bild und Beschriftung zusammenhängend auszeichnen konnte. Dafür gibt es in HTML5 nun das figure-Element samt figcaption.

Es bezeichnet einen Inhaltsabschnitt, der in sich selbst geschlossen ist und typischerweise in Bezug zum Hauptinhalt des Dokuments steht, von diesem aber wegbewegt werden kann, ohne dadurch dessen Bedeutung zu beeinflussen. Es kann zusätzlich *eine* Bildlegende figcaption enthalten.

Heißt auf gut Deutsch: Das Bild ergänzt den Text, ist aber nicht zwingend für dessen Verständnis erforderlich. Dabei wird häufig auch im Text auf die Abbildung verwiesen – à la »Siehe Abb. xy« –, die dann flexibel innerhalb des Textflusses platziert werden kann, so wie man es aus Büchern oder Magazinen kennt (Abb. 7.3).

Abb. 7.3 *Die Abbildungen ergänzen den Text, sind aber für dessen Verständnis nicht zwingend notwendig und könnten auch beispielsweise als Anhang angefügt werden. Ein typischer Fall für* figure

Die optionale Beschriftung figcaption kann innerhalb eines figure-Elements vor oder nach dem Inhalt platziert werden und so als Über- oder Unterschrift des Bilds oder Diagramms fungieren. Damit stellen wir eine eindeutige Beziehung zwischen Bild und Beschriftung her. In einem figure-Element können auch mehrere Bilder untergebracht werden, allerdings ist nur eine Beschreibung erlaubt.

So lassen sich im Web nun Bilder, aber auch Code-Beispiele, Audio- und Videoelemente, Diagramme (auch dynamisch mit Canvas oder SVG) korrekt auszeichnen. Mit figure sind also nicht nur Bilder gemeint und es ist auch nicht etwa ein Ersatz für das img-Element.

Die Einsatzberechtigung für das figure-Element ergibt sich dadurch, ob wirklich ein eigenständiger Bereich vorliegt, der auch aus dem Textfluss genommen werden kann, um eine andere Position im Dokument oder einer neuen Seite einzunehmen (zum Beispiel in einem Anhang). Ein Bild oder eine Grafik, die für das Verständnis des Inhalts genau an einer bestimmten Stelle benötigt wird, gehört demnach nicht in ein figure-Element, ebenso wenig zum Beispiel das Logo einer Website, das nicht direkt in Beziehung zum Inhalt steht.

Gerade im Zusammenhang mit Responsive Webdesign ist diese Unterscheidung wichtig, denn mit den Inhalten, die innerhalb eines figure-Elements platziert werden, können wir flexibel umgehen. Wir können sie auf mobilen Geräten aus Platzgründen hinten anstellen oder aus Performance-Gründen erst mal ausblenden oder in einen separaten Karteireiter auslagern.

Abgrenzung von aside

Auch wenn der Name darauf hindeutet, ist figure nicht nur für Bilder und dergleichen gedacht, sondern auch, wie erwähnt, zum Beispiel für Code-Blöcke und andere »textliche Inhalte«. Bei einem Artikel zu einem Musikfestival könnte das Line-Up der auftretenden Bands in Form einer HTML-Liste oder -Tabelle als ergänzende Information mit einem figure ausgezeichnet werden.

Damit ist es dem aside-Element sehr ähnlich, das – wir erinnern uns – ebenfalls ergänzende Informationen zum Hauptinhalt aufnehmen kann. Worin aber unterscheiden sich die beiden Elemente?

Um zu klären, welches der beiden Elemente die treffendere Wahl ist, kann Folgendes geprüft werden:

Ist der Bereich eine *wichtige* Ergänzung zum Hauptinhalt, könnte aber auch an anderer Stelle des Dokuments positioniert werden, ist figure die richtige Wahl.

Ist der Bereich zwar verwandt zum Inhalt, aber eine eher *unwichtige* Ergänzung, ist aside das passende Element.

Bei unserem Beispiel des Festival-Artikels kann das Line-Up der Bands eine durchaus wichtige Information darstellen. Wo diese Information aber auftaucht, ob oben oder unten im Artikel, ist nicht so entscheidend, insofern passt hier figure. Eine Box mit Informationen zu Parkmöglichkeiten könnte dagegen eher als nachrangig eingestuft werden und würde entsprechend mit einem aside ausgezeichnet.

Man erkennt schon, dass es manchmal auch Ansichtssache ist, was wichtig ist und was nicht. Das sollte uns aber nicht davon abhalten, diesen kleinen Unterschied im Hinterkopf zu behalten. Wichtiger ist aber die beiden Elementen gemeinsame Eigenschaft, im Zusammenhang mit Responsive Webdesign als nachrangig betrachtet werden zu können.

Zurück zur Begleit-Website

Auf der Startseite können wir das figure-Element nutzen, um den Bilder-Slider auszuzeichnen. Die Produktabbildungen sind optionale Zusatzinformationen, stehen aber im Bezug zum Hauptinhalt. Die Position der Produktbilder könnte ebenfalls verändert werden, insgesamt also alles Gründe, die für die Verwendung von figure sprechen. Geplant ist, drei bis vier Fotos abzubilden, die ein Karussell bilden. Die ergänzende Bildlegende bezieht sich dabei auf alle Abbildungen, was uns zu folgendem Code führt:

```
<figure>
    <img src="bild1.jpg" alt="">
    <img src="bild2.jpg" alt="">
    <img src="bild3.jpg" alt="">
    <img src="bild4.jpg" alt="">
    <figcaption>Hochwertig gedruckt: Komplett in Farbe</figcaption>
</figure>
```

7.3 **Fazit**

Damit haben wir nun unsere Inhaltsbereiche mit HTML5-Elementen strukturiert (Abb. 7.4).

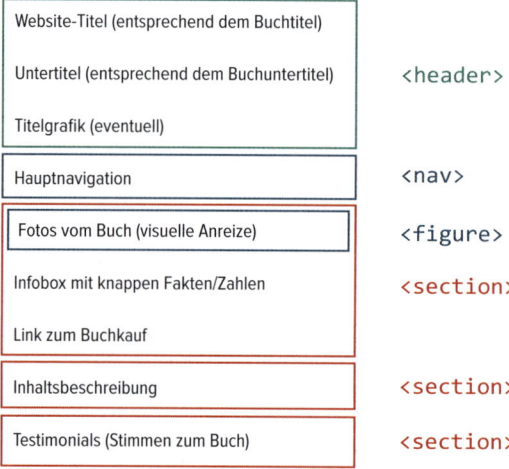

Abb. 7.4 Aussagekräftige HTML-Struktur

Die HTML5-Elemente helfen uns, die Art des Inhaltsbereichs deutlich zu machen, und geben ebenso Hinweise darauf, was mit den Inhaltsblöcken in Zusammenhang mit Responsive Webdesign passiert.

8

Formulare in HTML5

Kaum eine Website geht heute online, auf der nicht mindestens ein Formular genutzt wird. Ob zur Kontaktaufnahme, Abfragen von Nutzername und Passwort, E-Mail-Adressen und URLs, Adressangaben und Kreditkarteninformationen: Formulare begegnen uns tagtäglich auf allen möglichen Internetdiensten, Weblogs, Onlineshops und Unternehmenswebsites. Obwohl es so viele verschiedene Einsatzzwecke gibt, sah die bisherige Ausstattung an HTML-Attributen zur Auszeichnung der Formulare recht mager aus. So mussten Datumswähler oder Schieberegler mit JavaScript erstellt werden, auch die Validierung der Formulardaten konnte HTML nicht leisten und musste mittels JavaScript oder zum Beispiel PHP ergänzt werden. Solche Dinge machten die Formularerstellung vor allem für die weniger programmierbegeisterten unter den Webdesignern nicht gerade zum Vergnügen. An dieser Stelle setzt HTML5 an, genau das zu ändern und das Erstellen von Formularen zu erleichtern.

8.1 Neue Attribute

Schauen wir uns mal ein paar der neuen Attribute an. Im Grunde handelt es sich dabei um alte Bekannte, mit dem Unterschied, dass das vorher wesentlich umständlicher mit JavaScript ergänzt werden musste.

Platzhalter

Ein Beispiel dafür ist das Platzhalterattribut `placeholder`. Hier können wir nun in HTML5 einen Wert ergänzen, der im Eingabefeld erscheint und beim Anklicken ausgeblendet wird (Abb. 8.1).

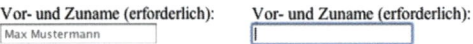

Abb. 8.1 *Der Platzhaltertext verschwindet bei der Eingabe.*

Der entsprechende Code dafür sieht so aus:

```
<label for="fullname">Name:</label> <input type="text" name="fullname"
placeholder="Max Mustermann" />
```

Wichtig: Der Platzhaltertext dient als zusätzliche Erläuterung zum Inhalt, ist aber kein Ersatz für das Label! Das `title`-Attribut wird bei einer Fehlermeldung mit ausgegeben und gibt dem Nutzer zusätzliche Informationen.

Pflichtfelder

Die Kennzeichnung von Pflichtfeldern geht ebenfalls leicht von der Hand, einfach im Eingabefeld ein required-Attribut ergänzen und schon sind wir fertig:

```
<label for="fullname">Name:</label> <input type="text" name="fullname"
placeholder="Max Mustermann" required />
```

Jetzt erkennt der Browser dieses Feld als Pflichtfeld und gibt eine entsprechende Meldung aus, falls es nicht ausgefüllt wird. Dazu später mehr.

Autofokus

Wer die Website von Google aufruft, landet mit dem Cursor direkt im Suchfeld und kann lostippen, ohne vorher hineinklicken zu müssen. Wer diese Funktion auch für sein Formular nutzen möchte, kann einem Eingabefeld das Attribut `autofocus` zuweisen.

Es bringt natürlich nichts, dieses Attribut mehrmals in einem Formular zu verwenden, es kann ja immer nur ein Feld markiert sein.

Weitere Attribute werden wir im Laufe des Kapitels erläutern.

8.2 Neue Eingabetypen

Graf Zahl wäre sicher mit seinen acht Fingern überfordert, müsste er allein die Eingaben einer E-Mail-Adresse mitzählen, die wir tagtäglich in den zahlreichen Onlinediensten tätigen, sowie das Eintippen von URLs beim Kommentieren in Weblogs und Magazinen. Hier kam bisher, wie bei vielen anderen Datentypen, das Eingabefeld `<input type="text" />` zum Einsatz, was natürlich zur Beschreibung der möglichen Inhalte recht vage ist. Jetzt haben wir ein paar neue Eingabetypen, die mehr über den Inhalt aussagen und es dem Benutzer somit leichter machen sollen, die entsprechenden Informationen einzugeben. Weniger fähige Browser, die die neuen Eingabetypen nicht verstehen, behandeln sie wie ein herkömmliches Texteingabefeld, was recht praktisch ist.

E-Mail, URL, Telefon

Für E-Mail-Adressen gibt es in HTML5 ein `<input type="email" />`, so dass dieses Feld nun vom Browser auf die richtige Syntax überprüft werden kann. Während sich bei Desktop-Rechnern die Ansicht nicht von einem normalen Textfeld unterscheidet, gibt es bei Smartphones und Tablets eine praktische Ergänzung: Hier kann die virtuelle Tastatur entsprechend dem Eingabetyp angepasst werden, auf iPhone und iPad zum Beispiel wird beim Typ E-Mail entsprechend das @-Zeichen neben der Leertaste eingeblendet. Ähnlich verhält es sich mit den Eingabefeldern `<input type="url" />` und `<input type="tel" />` zur Eingabe einer Webadresse bzw. Telefonnummer. Auch hier passt sich die iOS-Tastatur entsprechend an und zeigt die jeweils passenden Tasten zur Eingabe an (Abb. 8.2).

Abb. 8.2 *Verschiedene kontextbedingte Tastaturen*

Das URL-Feld wird ebenfalls vom Browser auf Korrektheit überprüft. Bei Telefon-nummern ist die Validierung etwas komplexer, dazu später mehr.

Zahlen, min- und max-Werte, Zählschritte, Platzhalter

Wer von seinen Besuchern bestimmte Zahlenwerte abfragen möchte, hat dazu den Eingabetyp number zur Verfügung. Das Zahlenfeld eignet sich vor allem dann, wenn man vordefinierte Bereiche hat oder vom Nutzer nur bestimmte Zahlenwerte erhalten möchte. Ein Beispiel hierfür wären Tickets für ein Fußballspiel. Der Veranstalter könnte die Anzahl an bestellbaren Karten pro Person auf zum Beispiel 7 beschränken. In HTML5 haben wir auch dafür ein entsprechendes Attribut, nämlich max. In unserem Fall würden wir also unser Eingabefeld wie folgt einschränken:

```
<input type="number" max="7" />
```

Der Nutzer kann jetzt also nicht mehr als sieben Karten bestellen. Damit keiner auf die Idee kommt, negative Werte einzugeben, sollten wir die Eingabe auch nach unten mittels min einschränken:

```
<input type="number" min="1" max="7" />
```

Wenn wir uns jetzt das Eingabefeld in einem HTML5-fähigen Browser ansehen (zum Beispiel Chrome), sehen wir eine Veränderung zum normalen Texteingabefeld: Am Ende befinden sich kleine Pfeile, mit denen wir die Zahl erhöhen oder verrin-

gern können. Auch auf dem Smartphone sehen wir wieder eine entsprechend angepasste Tastatur (Abb. 8.3).

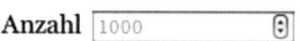

Abb. 8.3 *Zahlenfeld in Chrome und auf dem iPhone*

Noch ein weiteres Attribut kann in Verbindung mit Zahlen hilfreich sein, nämlich die Definition von einzelnen Zählschritten. Nehmen wir an, ein Webdesigner
möchte über ein Kontaktformular das verfügbare Budget eines Interessenten abfragen, so könnte er die möglichen Angaben auf 500-€-Schritte beschränken, und zwar
mit dem step-Attribut:

```
<input type="number" min="1000" step="500" />
```

So ist zum einen gewährleistet, dass die Pfeiltasten sinnvoll nutzbar bleiben, zum
anderen machen die 500-€-Schritte deutlich, dass es nicht auf Cent-genaue Angaben ankommt. Ein Mindestwert schreckt außerdem weniger attraktive Auftraggeber ab. Dieser kann auch zusätzlich mittels placeholder-Attribut direkt sichtbar
gemacht werden:

```
<input type="number" min="1000" step="500" placeholder="1000" />
```

Vorsicht! Nicht jede Zahl erfordert ein Nummernfeld

Wer jetzt denkt: »Mensch, so ein Zahlenfeld könnte doch für Postleitzahl oder
Hausnummer genutzt werden«, den muss ich leider enttäuschen. Es macht keinen Sinn, der Familie Schmitz-Backes aus der Venloer Straße 1425 in Köln für die

Eingabe ihrer Hausnummer Pfeiltasten zur Verfügung zu stellen, von Postleitzahlen ganz zu schweigen. Ein größeres Problem ist zudem, dass manche Geräte keine Möglichkeit bieten, in ein Zahlenfeld auch Buchstaben einzutragen. Die Nachbarn von Schmitz-Backes in der 1425 a würden also enttäuscht feststellen, dass sie das a ihrer Hausnummer nicht eintragen können. Behalten wir also im Hinterkopf, dass nicht jede Zahl automatisch den Eingabetyp number erfordert.

Schieberegler

Speziell für beschränkte Bereiche, bei denen der exakte Wert nicht wichtig ist, bietet sich ein weiterer Typ an, der <input type="range">, der von den Browsern als Schieberegler angezeigt wird. Greifen wir noch mal das Beispiel des Webdesignerformulars mit der Budgetuntergrenze von 1.000 € zurück. Nehmen wir an, er möchte jetzt auch eine Obergrenze von, sagen wir, 10.000 € einstellen, weil Projekte jenseits dieser Summe nicht seiner Kragenweite entsprechen (ob das sinnvoll ist, sei dahingestellt). Damit hätten wir einen perfekten Verwendungszweck für den Schieberegler. Der Code sähe dann wie folgt aus:

```
<input type="range" min="1000" max="10000" step="500" value="5500" />
```

Neben den bereits bekannten Angaben haben wir einen Wert value ergänzt, der die Startposition des Sliders bezeichnet, der Wert 5.500 ist dabei im gewählten Budgetrahmen ungefähr die Mitte. Wer sich nun die Ausgabe des Codes anschaut, wird feststellen, dass keine Werte beim Verschieben angezeigt werden. Hier benötigen wir etwas JavaScript. Zum Auszeichnen des ausgegebenen Werts greifen wir auf ein neues Element namens output zurück, das diesen Wert umschließen soll:

```
<input type="range" min="1000" max="10000" step="500" value="5500">
<output>5000</output>
```

Jetzt müssen wir dem Eingabefeld noch mitteilen, dass sein aktueller Wert auf das output-Element übertragen wird, was wir, wie erwähnt, mit JavaScript erreichen. Dazu braucht das ouput-Element auch noch einen Namen:

```
<input type="range" min="1000" max="10000" step="500" value="5500"
oninput="budget.value=value" />
<output name="budget">5000</output>
```

Damit hätten wir also einen Schieberegler erstellt. Leider funktioniert er noch nicht im Firefox und im Internet Explorer, wo als Fallback ein Textfeld angeboten wird. Das ist in diesem Fall aber sehr unpraktisch, weil der Nutzer erraten muss, für welchen Bereich er Daten eingeben kann. Hier hilft es, dem Feld eine genaue Beschreibung mitzuliefern, die diese Informationen enthält. Eine Alternative ist eine Ergänzung der Funktion mit JavaScript, zu der wir später noch kommen.

Datum und Uhrzeit

Für die Eingabe von Daten und Zeiten hat man sich in HTML5 ebenfalls etwas einfallen lassen. Die für die Datumseingabe hilfreichen Datepicker, auch Kalender-Widget genannt, mussten bisher mit JavaScript erstellt werden. Diese Funktion ist in HTML5 übernommen worden. Stand Juli 2012 setzen aber nur Opera und Chrome das entsprechend um, Safari 5 bietet zumindest ein vordefiniertes Datums-format an, beginnend mit dem aktuellen Datum. Firefox und Internet Explorer fallen auf ein einfaches Textfeld zurück. Die Browserentwicklung schreitet aber heutzutage schnell voran und vielleicht schon in der nächsten oder übernächsten Version sind die Funktionen auch in anderen Browsern implementiert.

HTML5 sieht sechs Eingabetypen für zeitliche Angaben vor: `date`, `month`, `week`, `time` und `datetime`, `datetime-local`. Gehen wir sie der Reihe nach durch.

Datum

Der Typ `date` ist recht selbst erklärend. Beim Anklicken öffnet sich in fähigen Brow-sern das angesprochene Kalender-Widget und bietet eine komfortable Möglichkeit, schnell ein Datum auszuwählen, das dann entsprechend formatiert ins Feld einge-tragen wird (Abb. 8.4).

Abb. 8.4 *Kalender-Widget in Chrome und auf dem iPhone*

Monat und Woche

Bei den Typen `month` und `week` verhält es sich ähnlich, mit dem Unterschied, dass neben der Jahreszahl nur der Monat beziehungsweise die Kalenderwoche ausgegeben wird. Das Kalender-Widget bleibt zwar optisch gleich, der Hover-Status zeigt aber dann die entsprechenden Auswahlmöglichkeiten an, hier im Opera (Abb. 8.5).

Abb. 8.5 *Operas Auswahlmenü für Monate und Woche*

Uhrzeiten

Das Eingabefeld für Uhrzeiten zeigt mit einem Doppelpunkt an, dass eine digitale Eingabe à la 22:22 gewünscht ist. Diese Zeit kann man direkt eingeben oder über die Pfeiltasten. Das für diesen Eingabefeld benötigte `<input type="time">` bietet uns noch weitere Einstellungsmöglichkeiten. Standardmäßig werden Stunden und Minuten angegeben. Man kann links vom Doppelpunkt klicken und die Stunden per Pfeiltasten einstellen und rechts davon, um die Minuten zu justieren. Wem aber die einzelnen Minutenschritte nicht passend erscheinen, der kann mit dem `step`-Attribut nachhelfen. Der Wert wird hierbei in Sekunden angegeben. Möchte ich zum Beispiel 30-Minuten-Schritte einstellen, gebe ich einen Schrittwert von 1800 an (30 x 60 Sekunden):

```
<input type="time" step="1800" />
```

Somit steigt bei jedem Klick auf die Pfeiltasten die Uhrzeit um 30 Minuten. Diese Methode ist aber nur nützlich, wenn der Schritt ausreichend groß ist, denn jetzt lassen sich die Stunden nicht mehr separat von den Minuten steuern, wodurch die Eingabe bei kleinen Schritten langwierig werden kann.

Datum und Uhrzeit zusammen

Datum und Uhrzeit lassen sich auch in einem gemeinsamen Feld zusammenfassen. Für diesen Zweck gibt es die Attributwerte `datetime` und `datetime-local`. Der Unterschied zwischen den beiden ist, dass `datetime` eine Zeitzone übergibt, was bei international ausgerichteten Formularen (oder für Staaten mit unterschiedlichen Zeitzonen) nützlich sein kann.

Das Suchfeld

Auf heutigen Websites finden wir häufig Suchfelder, nicht zuletzt dank des weit verbreiteten Einsatzes von Content-Management-Systemen, die so was meist von Haus aus mitbringen. Pfiffig, wer jetzt vermutet, dass HTML5 auch dafür einen Pfeil im Köcher hat. Mit `<input type="search">` generiert man wie erwartet ebendieses. Damit kann ein Suchfeld zum Beispiel von Screenreadern erkannt und angesprungen werden. An der Darstellung ändert sich auch etwas. Opera, Safari und Chrome stellen das Suchfeld am Mac mit abgerundeten Ecken dar, wie man es auch von

Apples Betriebssystem kennt. Darüber hinaus bieten Safari und Chrome einen Löschen-Button, sobald man Text eingegeben hat (Abb. 8.6).

Suche

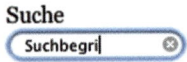

Abb. 8.6 *Das Suchfeld samt Löschen-Button, sobald man die Eingabe startet*

8.3 Formularvalidierung

Jedes gute Formular sollte natürlich vor dem Verschicken auf seine Gültigkeit überprüft werden. Hier griff man bisher entweder auf server-seitige Überprüfung, zum Beispiel mit PHP, oder auf client-seitige Validierung mit JavaScript zurück oder auf eine Kombination aus beiden (was die beste Variante ist).

Eine server-seitige Überprüfung ist auch in Zukunft notwendig, da wir uns nie ganz auf die Prüfung auf Nutzerseite verlassen können, sei es durch abgeschaltetes JavaScript oder ältere Browser. Auf Nutzerseite können wir aber in Zukunft auf mehr und mehr JavaScript verzichten, weil auch hier HTML5 einige Aufgaben bei der Prüfung übernimmt.

Wir haben bereits gesehen, dass die neuen Eingabetypen, wie `email` und `url`, Infos für den Browser bereithalten, welche Zeichen ein Eingabefeld enthalten darf oder, im Falle des `required`-Attributs, ob es sich um ein Pflichtfeld handelt.

Darüber hinaus gibt es aber noch weitere Bereiche, die über den Eingabetyp allein nicht hinreichend geprüft werden können. Dazu zählen normale Texteingabefelder, die natürlich grundsätzlich alle Zeichen enthalten dürfen, aber auch Telefonnummern oder Postleitzahlen, die von Land zu Land unterschiedlich geschrieben werden und somit nicht pauschal geprüft werden können. Aber auch dafür hat HTML5 eine Lösung parat.

Das pattern-Attribut

Es gibt in HTML5 ein neues Attribut namens `pattern`, in dem wir mit sogenannten Regulären Ausdrücken Informationen zur Prüfung hinterlegen können, die als Grundlage für die Validierung dienen. Für uns Normalsterbliche sind die Regulären

Ausdrücke so etwas wie dunkle Materie: Es gibt sie zwar, aber man braucht sich nicht unbedingt näher damit zu beschäftigen. Wer dennoch einmal tiefer in die Materie eintauchen möchte, kann sich ein Einsteigertutorial bei Daniel Fett[1] durchlesen. Die anderen können das gerne überspringen und in bester Jean-Pütz-Manier (»Ich hab' da schon mal 'was vorbereitet«) die Website *HTML5Pattern*[2] ansteuern, wo uns vorgefertigte Reguläre Ausdrücke erwarten, die wir nutzen können.

Greifen wir noch mal auf unser Textfeld für die Postleitzahl zurück. Aus den oben genannten Gründen ist ein `<input type="number">` hier nicht sinnvoll, dennoch möchten wir dieses Feld aber auf eine Zahl hin überprüfen.

Unter „German Postal Code" finden wir auf HTML5Pattern.com den gewünschten Ausdruck `[0-9]{5}` für unsere Postleitzahl. Wir setzen jetzt das `pattern` in unser PLZ-Eingabefeld und schon kann es von modernen Browsern auf Gültigkeit geprüft werden:

```
<input type="text" pattern="[0-9]{5}" />
```

Erinnern wir uns noch an das Eingabefeld für Telefonnummern? Hier ist ebenfalls keine Validierung durch den Browser vorgegeben. Das ist auch verständlich, denn in jedem Land werden Telefonnummern anders geschrieben und je nach Verwendungszweck kann man Leerzeichen, Schräg- und Trennstriche sowie Klammern unterbinden oder erlauben. Man sollte hier den Nutzer nicht zu sehr einengen, weil es bekanntlich verschiedene Schreibweisen für Telefonnummern gibt. Die einen trennen die Vorwahl durch runde Klammern ab, andere wiederum verwenden dazu den Trennstrich oder ein Leerzeichen usw. Es geht uns hier vor allem darum, sinnlose Einträge wie „dfsdfsfs" zu verhindern. Eine mögliche Prüfung könnte so aussehen:

```
<input type="tel" pattern="[\+]?([0-9/.\(\) \-]{6,})+" />
```

Für die Neugierigen bringen wir ein wenig Licht in diesen ominösen – ähm, Regulären – Ausdruck: Der erste Teil bis zum Fragezeichen ist ein optionales Pluszeichen für die Ländervorwahl (+49 für Deutschland zum Beispiel), der zweite Teil in den runden Klammern besagt zum einen, dass die Zeichen 0 bis 9, Schrägstrich, Klammer auf, Klammer zu sowie Leerzeichen und Trennstrich verwendet werden dürfen

---

1 http://www.danielfett.de/internet-und-opensource,artikel,regulaere-ausdruecke
2 http://html5pattern.com/

und weiter, dass mindestens 6 Zeichen verwendet werden müssen. Insgesamt ist diese Prüfung nicht ganz wasserdicht, aber es ist zumindest schon mal eine hohe Wahrscheinlichkeit gegeben, dass eine sinnvolle Telefonnummer eingetragen wird.

In ähnlicher Weise lässt sich auch ein Feld für den Namen prüfen. Der Eingabetyp ist das altbekannte `text` und als Prüfkriterium definieren wir Folgendes:

```
<input type="text" pattern=".+?[\s].+?" />
```

Damit wird festgelegt, dass der Name mindestens aus zwei Teilen, also üblicherweise Vor- und Nachname, besteht, getrennt durch ein Leerzeichen. Auch längere Namen wie „Walter von der Vogelweide" oder Titel wie „Dr. Snuggles" sind möglich.

Mit dem `pattern`-Attribut und Regulären Ausdrücken können wir also ein Prüfmuster erstellen, das dem Browser mitteilt, worauf er zu achten hat. Zusammen mit dem required-Attribut und den neuen Eingabetypen haben wir das Rüstzeug zusammen, um unser Formular prüfen zu lassen.

Ausgabe einer Fehlermeldung

Aber was passiert genau, wenn das Formular geprüft wird? Wie sieht eine Fehlermeldung aus?

Zur Zeit der Niederschrift dieser Zeilen gehen die Browser hier recht unterschiedlich und auch noch nicht ganz zufriedenstellend mit diesem Thema um. Gut funktioniert es bei Opera, Firefox und Chrome, die bei fehlerhafter Eingabe eine Fehlermeldung ausgeben:

Abb. 8.7 *Warnhinweise bei fehlerhafter Eingabe*

Wünschenswert wäre allerdings, wenn diese Fehlermeldung bereits bei der Eingabe bzw. beim Verlassen des Feldes und nicht erst beim Klick auf den Sendebutton erscheint. Firefox macht zwar genau das, zeigt aber nur eine rote Umrandung an, die auf einen Fehler hindeutet, ohne allerdings überall einen entsprechenden Text-hinweis auszugeben.

Außerdem werden bisher beim Klick auf den Sendebutton bei keinem Browser alle Fehler angezeigt, sondern immer nur der erste, so dass man bei mehreren Fehlern auch mehrmals den Senden-Button betätigen muss, um die jeweils nächste Fehler-meldung zu sehen (vorausgesetzt, man hat den vorherigen Fehler korrigiert).

Ein weiteres Problem ist, dass uns die Fehlermeldung nicht mitteilt, welches Format wir einhalten sollen, sondern lediglich, dass das eingegebene Format nicht korrekt ist. Hier fehlt dem Nutzer also eine Hilfestellung zur Korrektur, die wir ihm aber glücklicherweise nachliefern können. Und zwar gibt es in HTML das `title`-Attribut – geläufig in Zusammenhang mit Links –, das wir hier nutzen können. Ist ein solches Attribut vorhanden, wird es nämlich einfach an die Fehlermeldung angehängt. Wenn wir bei der Postleitzahl Folgendes ergänzen

```
<input type="text" pattern="[0-9]{5}" title="Die Postleitzahl muss aus fünf
Ziffern bestehen" />
```

dann wird der Hinweis aus dem `title` entsprechend bei falscher Eingabe mit angezeigt:

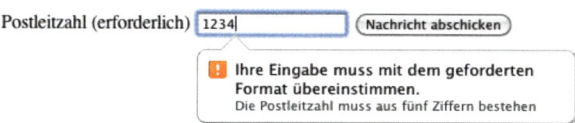

Abb. 8.8 *Das title-Attribut konkretisiert die Fehlermeldung.*

Somit erhält der Benutzer also eine Information, was an seinem Eintrag falsch ist. Ein weiterer Vorteil des title-Attributs ist, dass es bereits beim Hover über ein Formularfeld angezeigt wird. So wird mir als Nutzer die Information über die gewünschte Schreibweise als praktischer Tooltip angezeigt.

Fehlende Funktionen: JavaScript hilft

Um auch auf älteren Browsern in den Genuss dieser praktischen Funktionen zu kommen, müssen sie dort unter Einsatz von JavaScript nachgebildet werden.

Glücklicherweise hat sich Alexander Farkas dessen schon angenommen und einen Polyfill, also einen dieser »Lückenfüller«, auf den Namen *Web Shim* getauft, veröffentlicht: *http://afarkas.github.com/webshim/demos/*

> **TIPP:** Dieser Polyfill beschränkt sich nicht nur auf die HTML5-Formularerweiterungen, mit denen wir uns gerade befassen. Er kann zusätzlich aus dem HTML5-Kosmos einige andere Dinge wie Canvas, Geolocation, Audio & Video und mehr abbilden.

Damit der verwendete Code so schlank wie möglich bleibt, ist das Tool modular aufgebaut. Sprich, man nimmt sich die Teile davon, die man gerade nutzen will, und klammert den Rest aus.

Web Shim baut auf die populären Frameworks *jQuery* und *Modernizr* auf, die wir häufiger verwendet oder angesprochen haben. Wichtig ist für *Modernizr* – das man ebenso modular zusammenstellen kann –, dass vor dem Download folgende für *Web Shim* wichtige Test-Module angehackt werden:[3]

- HTML5 → Input Attributes
- HTML5 → Input Types

Folgende Module können ebenfalls angehackt werden, falls man *Web Shim* für weitere Bereiche nutzen möchte, sie sind im Rahmen von Formularen aber nicht notwendig:

- HTML5 → Canvas
- HTML5 → HTML5 Audio
- HTML5 → HTML5 Video
- HTML5 → localStorage
- HTML5 → sessionStorage
- Misc → Geolocation API
- Extra → html5shiv v3.6
- Extra → Modernizr.load (yepnope.js)

- - - - - - - - - - - - - - - - - -

3   http://modernizr.com/download/

Der *Web Shim*-Download kommt als ZIP daher, in dem sich noch einiges an Beiwerk befindet. Für uns relevant ist alles, was sich im Unterordner `demos/js-webshim/minified/` befindet.

Nun kopieren wir *jQuery*, *Modernizr* (falls nicht schon vorhanden) und den Inhalt des `demos/js-webshim/minified/`-Ordners des *Web Shim* in einen JavaScript-Ordner unserer Website, binden sie im HTML nacheinander ein und starten das Nachbilden der HTML5-Formularerweiterungen:

```
<script src="js/jquery-1.7.2.min.js"></script>
<script src="js/modernizr.custom.72535.js"></script>
<script src="js/polyfiller.js"></script>
<script>
$.webshims.polyfill('forms');
</script>
```

Eigentlich gilt ja aus Ladezeitgründen die Empfehlung, jegliches JavaScript erst am Fuß des HTML-Quelltextes einzubinden. Hier würde ich jedoch empfehlen, die Scripte in den head-Bereich zu stecken, damit das *Web Shim* sofort sein Werk verrichten kann und die HTML5-Elemente in weniger fähigen Browsern optimiert, bevor sie fehlerhaft dargestellt werden.

Das gute an *Web Shim* ist, dass es nur dann eingreift, wenn ein Browser eine bestimmte HTML5-Anweisung nicht versteht. Es ist also nicht zu befürchten, dass es in modernen Browsern etwas durcheinanderbringt.

9

Die Gestaltungsphase

Nach ziemlich viel Tech-Talk in den letzten Kapiteln wird es so langsam Zeit, uns einigen gestalterischen Fragen zuzuwenden. Die inhaltliche Basis ist gelegt und mit sinnvollem HTML ausgezeichnet. Anhand der Ziele der Website konnten wir die Hierarchie festlegen und bestimmen, welche Elemente wichtig und welche eher nachrangig sind.

Jetzt gilt es, die inhaltlichen Aussagen mit einer passenden Gestaltung zu untermauern, die den Betrachter zum Lesen und letztendlich Kaufen des Buchs anregt. Dabei soll die Erscheinung seriös und bodenständig sein, übersichtlich und klar, mit Fokus auf die Buchabbildungen und wesentlichen Informationen.

Anhand dieser Eckpfeiler und gepaart mit den gewonnenen Erkenntnissen bezüglich Hierarchie und Anordnung können wir nun eine passende Gestaltung ausarbeiten, mit der wir dann unseren HTML-Prototypen sukzessive anreichern.

In diesem Kapitel werden wir verschiedene Dinge beleuchten, die für die Gestaltung einer reaktionsfähigen Website und die Annäherung an ein Layout von Bedeutung sind.

9.1 Layoutmuster

Bei Gestaltungsüberlegungen zu reaktionsfähigen Websites steht eine Designentscheidung nicht mehr nur für sich, sondern muss im Kontext verschiedener Bildschirmgrößen getroffen werden. Hierbei hilft es, über einige Möglichkeiten zur Layoutanpassung Bescheid zu wissen.

In letzter Zeit haben viele Praxisbeispiele den Weg ins Netz gefunden, anhand derer sich bestimmte Muster in Bezug auf die Layoutanpassung ablesen lassen. Luke Wroblewski hat dabei fünf grobe Herangehensweisen ausgemacht[1], die ich hier vorstellen möchte.

Überwiegend flüssiges Layout

Dieser Vertreter kommt recht häufig vor, vor allem, weil er sehr einfach umzusetzen ist und wenig Anpassung erfordert. Es gibt meistens nur einen Hauptumbruchpunkt, von dem aus das Layout einfach immer weiter vergrößert wird, bis es eine bestimmte Maximalbreite erreicht hat. Der obere Bereich bleibt dabei in der Regel einspaltig, bei nachrangigen Inhalten werden diese teilweise auf mehrere Spalten verteilt (Abb. 9.1).

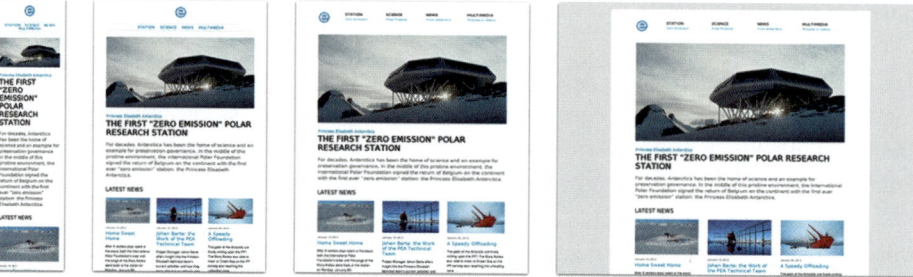

Abb. 9.1 *Das Layout ist flüssig ohne viele Layoutanpassungen.*[2]

Spalten verschieben

Diese Methode ist ähnlich der vorherigen, mit dem Unterschied, dass das Desktop-Layout komplett mehrspaltig aufgebaut ist. Die Spalten sind dabei in der mobilen Ansicht untereinander angeordnet. Ist genügend Platz bei größeren Geräten vor-

----

1   http://www.lukew.com/ff/entry.asp?1514
2   http://mediaqueri.es/pea/

handen, springen die Spalten an den freigewordenen Platz rechts und links der
Hauptspalte (Abb. 9.2).

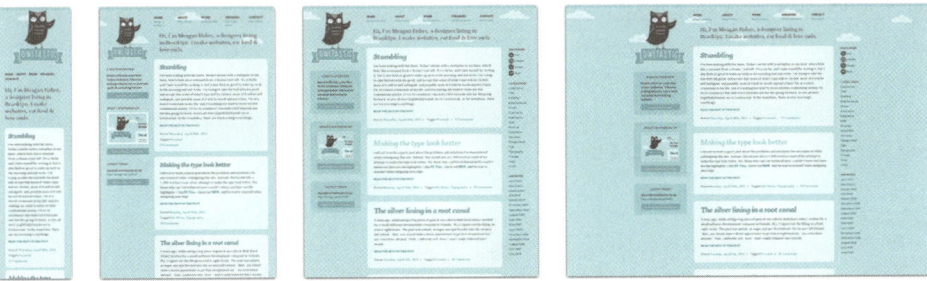

Abb. 9.2 *Die Spalten füllen die Lücken bei breiteren Bildschirmen.*[3]

Layout umschalten

Diese Methode zeitaufwändig, weshalb sie deutlich weniger anzutreffen ist als die
beiden vorherigen. Hier werden zum Beispiel Navigationen von einer Ansicht zur
nächsten von vertikal nach horizontal geändert. Jedes Element wird auf den Prüfstand geschoben und bei Bedarf neu positioniert (Abb. 9.3). Das verursacht mehr
Arbeit, schafft aber auch interessante Designs für die einzelnen Gerätekategorien.

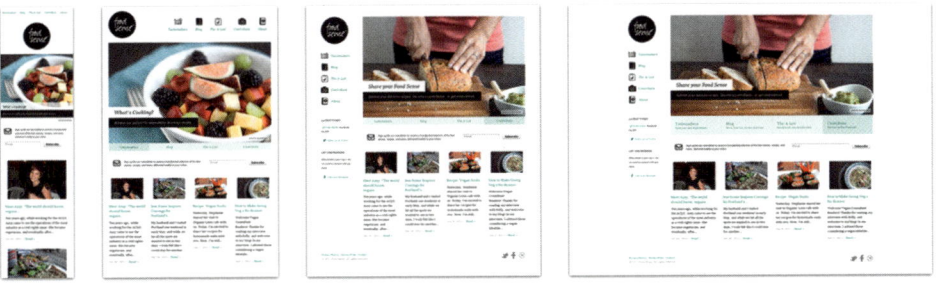

Abb. 9.3 *Bei den Umbruchpunkten gibt es größere Designanpassungen.*[4]

----

3   http://mediaqueri.es/owl/
4   http://mediaqueri.es/fse/

Kleine Änderungen

Bei dieser Variante ist das Layout der Website so schlicht, dass außer einem flexiblen Grid keine größeren Anpassungen vorgenommen werden müssen. Die Website wird einfach mit wachsender Bildschirmgröße ebenfalls breiter, bis eine Maximalbreite erreicht ist (Abb. 9.4). Auch wenn diese Methode viel Zeit spart, findet man sie nicht sehr häufig, da sich nur wenige Websites den Luxus einer derart reduzierten Darstellung leisten können.

Abb. 9.4 *Schlichte Layouts kommen mit kleinen Anpassungen aus.*[5]

Off Canvas: außerhalb der Darstellungsfläche

Wie der Name schon sagt, wird bei diesem Muster das Layout nicht neu umbrochen, sondern einfach für kleinere Bildschirme außerhalb der Darstellungsfläche geparkt. Mittels Knopfdruck wird dann die gesamte Fläche so verschoben, dass der gewünschte Ausschnitt in den sichtbaren Bereich rutscht (Abb. 9.5).

Den Möglichkeiten rund um diese Technik sind in Richtung aller Bildschirmränder keine Grenzen gesetzt, so können auch Elemente nach oben oder unten eingeblendet werden. Luke hat zusammen mit Jason Weaver weitere Beispiele zusammengestellt.[6]

---

5   http://mediaqueri.es/ff/
6   http://www.lukew.com/ff/entry.asp?1569

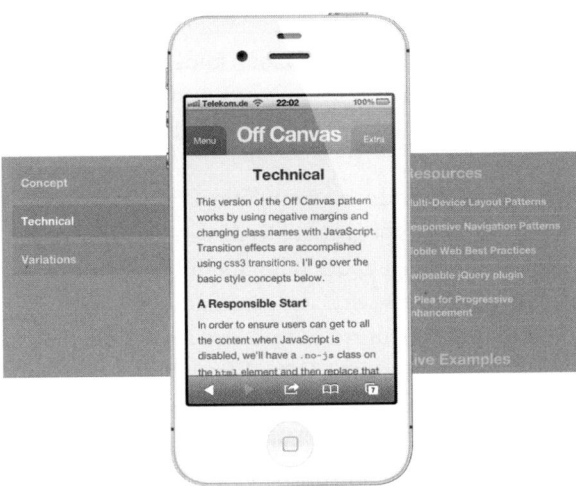

Abb. 9.5 *Spalten werden nicht umbrochen, sondern ragen über die sichtbare Fläche hinaus.*[7]

Zusammenfassung

Die hier vorgestellten Methoden sind grobe Muster, von denen Sie sich für Ihr Projekt inspirieren lassen können. Je nach Layout und Inhaltsfülle passt mal die eine, mal die andere Variante besser. Bei den Überlegungen zur Gestaltung hilft es auf jeden Fall, sich mit den verschiedenen Möglichkeiten auseinanderzusetzen.

9.2   Bestandteile eines Designs

Layoutmuster helfen, das große Ganze im Blick zu haben. Wenn es aber um die Ausarbeitung einzelner Elemente geht, ist das Layout nur ein Bestandteil der Gestaltung, die im Rahmen reaktionsfähiger Websites aber nicht an erster Stelle steht. Hierbei kommt es darauf an, dass das Design geräteübergreifend und unabhängig von der Bildschirmgröße funktioniert und die gestellten Anforderungen erfüllt. Vor allem ist eine gewisse Wiedererkennbarkeit wichtig, der Charakter der Website sollte sich nicht von Gerät zu Gerät ändern.

----

7 http://jasonweaver.name/lab/offcanvas/

Die Anordnung der Website-Elemente fällt dabei als entscheidender Designfaktor aus, denn die kann sich sehr wohl je nach Bildschirmdimension ändern. Darüber hinaus bieten die Featurephones mit ihren kleinen Bildschirmen und weniger fähigen Browsern auch keine Möglichkeiten für große Layoutexperimente.

Aber ein Design besteht ja nicht nur aus der Anordnung von Elementen, sondern ergibt sich vor allem aus Farben, Texturen und Typografie. Mit diesen drei Zutaten können wir einen individuellen Charakter erzeugen, der über alle Bildschirmgrößen hinweg Bestand hat. Gleichzeitig sind diese drei Zutaten dadurch auch in gewissem Maße unabhängig von der Bildschirmgröße, sind also im mobilen Kontext ebenso präsent wie auf einer Desktop-Website. Gemeinsam bilden sie das Bindeglied zwischen den einzelnen Umbruchpunkten im Layout. Auch wenn sich die Anordnung mitunter stark ändert, ist so bei richtiger Verwendung eine Wiedererkennbarkeit über verschiedene Geräte hinweg gewährleistet. Sehen wir uns dazu einmal ein paar Beispiele an.

Die Website der mobilism-Konferenz besticht durch einen homogenen Farbaufbau auf Basis eines Orange-Farbtons, wodurch eine angenehme Wirkung erzeugt wird. Das komplementäre Lila wird als Akzentfarbe eingesetzt. Die so erzeugte Farbwirkung besticht über alle Bildschirmgrößen hinweg (Abb. 9.6).

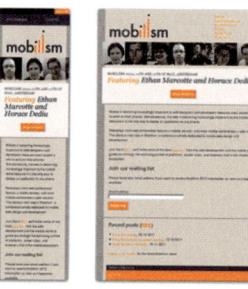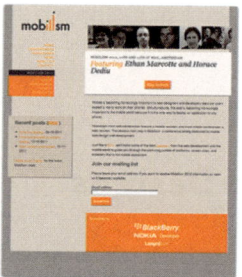

Abb. 9.6 *Homogener Farbaufbau bei mobilism*[8]

Ähnlich verhält es sich bei der Website *Barrel of Monkeys*, deren kräftige und prägnante Farbgebung für einen hohen Wiedererkennungswert sorgt (Abb. 9.7).

---

8 http://mediaqueri.es/mtt/

Abb. 9.7 *Kräftige Farbgebung*[9]

Beim Berkshire Salon erzeugen die eingesetzten Texturen einen eigenständigen Charakter (Abb. 9.8). Dies ist vor allem wichtig, weil bei den mobilen Varianten auf die Darstellung der emotionalen, großflächigen Bildmotive verzichtet wurde. So ist dennoch eine ausreichende Wiedererkennbarkeit gewährleistet.

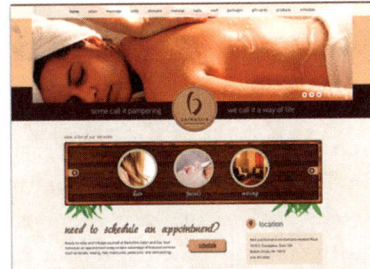

Abb. 9.8 *Eigenständiger Charakter dank Texturen*[10]

In Sachen Typografie besticht die Website der Ampersand-Konferenz (Abb. 9.9). Mit vielen verschiedenen Schriftstilen wird ein eigenwilliger und auffälliger Charakter erzeugt, der selbstbewusst das Thema Webtypografie vermitteln soll.

---

9 http://mediaqueri.es/bom/
10 http://mediaqueri.es/bsd/

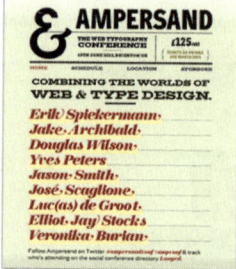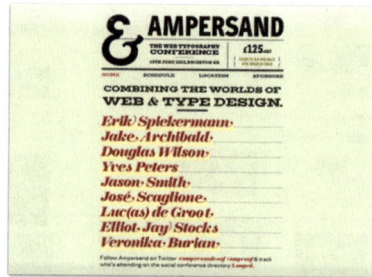

Abb. 9.9 *Eigenwillige Schrift unterstreicht das Thema.*[11]

Hier ist die Typografie sozusagen das Design, wodurch ohne viele Worte deutlich gemacht wird, worum sich die Konferenz dreht. Von daher ist es wichtig, dass diese Eigenschaft über alle Bildschirmgrößen hinweg als wichtigstes Gestaltungselement gleichwertig transportiert wird.

Fazit

Wir sehen also, inwieweit die einzelnen Bestandteile eines Designs – Farben, Texturen und Typografie – einen bestimmten Charakter und Ausdruck erzeugen können. Im Prinzip ist das vergleichbar mit den Richtlinien eines Corporate-Design-Handbuchs, in dem die Eckpfeiler des visuellen Erscheinungsbilds eines Unternehmens festgehalten werden, um über alle Publikationskanäle hinweg eine wiedererkennbare Identität zu schaffen. Liegt ein Corporate-Design-Handbuch vor, sollte es natürlich auch herangezogen werden, um dem bisher »nackten« HTML-Dokument ein hübsches Kleid zu verpassen.

9.3 Annäherung an die Gestaltung

Bisher hat sich in der Webdesign-Gemeinde noch kein klarer Favorit herauskristallisiert, von wo aus man seine Gestaltung entwickelt. Manche empfehlen, im Sinne des Progressive Enhancement Mobile First zu gestalten. Andere wiederum brauchen die vertraute Umgebung einer Desktop-Ansicht, wenn sie erste Gestaltungsansätze entwickeln. Vermutlich wird es eine Frage des persönlichen Geschmacks bleiben.

----

11 http://mediaqueri.es/amp/

Webdesigner Stephen Hay schlägt vor, nach Erstellung des linearen HTML-Dokuments – wie wir es jetzt auch bei der Begleit-Website vorliegen haben – davon ausgehend eine mobile Version zu gestalten und Schritt für Schritt das Layout zu erweitern[12]. Seine Devise lautet dabei, nur wirklich notwendige Elemente hinzuzufügen, weil jedes zusätzliche Element das Potenzial hat, die bisherige Anordnung zu ruinieren. Damit meint er, dass bereits ein schlichtes HTML-Dokument im Grunde reaktionsfähig ist und auf allen Geräten funktioniert. Je komplexer das Layout wird, je mehr Gestaltungselemente hinzugefügt werden, desto weniger Geräte sind dann noch in Lage, es vernünftig darzustellen. Auch Frontend-Entwickler Matt Wilcox schlägt einen progressiven Designprozess vor, der bei der Gestaltung für mobile Geräte beginnt.[13]

Grundsätzlich ist diese Sichtweise nicht verkehrt. Eine Website in allen Bereichen von klein nach groß zu gestalten, bei mobilen Geräten zu beginnen und je nach Fähigkeit der Geräte die Gestaltung anzureichern, führt zumindest dazu, dass dem mobilen Kontext gleich zu Beginn genügend Beachtung geschenkt wird, statt am Ende nur stiefmütterlich behandelt zu werden.

Ich persönlich komme mit dieser Vorgehensweise nicht so gut klar, wie ich bereits im Kapitel Workflow erläutert habe (Seite 64) und starte bei einem neuen Design nach wie vor mit einer Art Desktop-Ansicht. Ein mobiler Kontext mit einer linearisierten Anordnung hindert mich dabei, Elemente in Bezug zueinander zu stellen, die richtigen Farbabstufungen, Texturen oder Linien zu finden und eine ausgewogene Gestaltung zu erarbeiten. Das birgt die Gefahr, dass das Layout möglicherweise zu eintönig daher kommt. Vielleicht ist das aber auch mangelnde Gewohnheit und wird sich mit der Zeit ändern?

Bei einer Desktop-Ansicht hingegen habe ich mehrere Elemente nebeneinander im Blick, ich kann die Farbe einer Überschrift besser auf den Hintergrund einer Seitenleiste abstimmen. Durch die Positionierung mehrerer Elemente nebeneinander ergibt sich mitunter erst der Bedarf an Texturen, Schatten oder Linien, der in einer linearisierten Variante nicht unbedingt offensichtlich geworden wäre.

Viele Designer teilen diese Ansicht. Die bereits erwähnten Leute von *Upstatement*, die 2011 die Website des Boston Globe[14] erneuerten, haben bei ihrem Design eben-

---

12 http://bradfrostweb.com/blog/mobile/bdconf-stephen-hay-presents-responsive-design-workflow/
13 http://mattwilcox.net/archive/entry/id/1078/
14 http://bostonglobe.com

falls bei einer Desktop-Ansicht begonnen[15]. Ebenso startet die texanische Webdesign-Schmiede *Paravel* ihre Designs in einer Desktop-Größe. Elliot Jay Stocks[16] ist so vorgegangen beim Redesign von Belong[17], auch Drew Clemens von *Sparkbox* schlägt diesen Prozess vor.[18]

Ein weiterer Vorteil der Desktop-First-Gestaltung ist, dass Entwickler bei der Umsetzung des mobilen Layouts bereits wissen, wo die Reise hingeht, und entsprechend darauf hin arbeiten können.

Da wir den Inhaltsumfang und die Hierarchie bereits im mobilen Kontext erarbeitet haben, ist außerdem dafür gesorgt, dass das Desktop-Layout übersichtlich und nicht überfrachtet daher kommt.

Ganz wichtig: Es geht bei der Erstellung der Desktop-Ansicht nicht darum, ein pixelperfektes Abbild der späteren Website zu schaffen. Das wäre im Rahmen eines reaktionsfähigen Webdesigns nicht mehr zeitgemäß und zu viel Arbeit. Vielmehr ist es erst mal wichtig, ein Gefühl für die einzelnen Elemente und ihre Gewichtung im Layout zu erhalten, um daraus Rückschlüsse auf die Gestaltung zu ziehen.

Nach der ersten Designphase sollte so schnell wie möglich in den Browser gewechselt werden, um die Ideen anhand eines flexiblen Prototyps zu testen. Erst dann, wenn die grobe Ausrichtung funktioniert, macht es Sinn, sich um die Details zu kümmern.

9.4   Das richtige Werkzeug finden

Gut, starten wir also erst mal mit einem groben Layoutentwurf für den Desktop-Bereich, bevor wir die Entwicklung am HTML-Dokument fortsetzen.

Bleiben noch folgende Fragen zu klären: Was ist das passende Werkzeug für diesen Job? Sollten wir neben dem Layout für Desktop auch schon weitere Ansichten für Tablets und Smartphones erstellen?

- - - - - - - - - - - - - - - - - -

15 http://upstatement.com/blog/2012/01/how-to-approach-a-responsive-design/
16 http://elliotjaystocks.com/blog/responsive-summit/
17 http://wearyoubelong.com/
18 http://uxdesign.smashingmagazine.com/2012/05/30/design-process-responsive-age/

Zunächst zum Werkzeug: Ich möchte hier keine Grundsatzdiskussion über das richtige Programm anzetteln, jeder hat hier seine eigenen Vorlieben. Im Zusammenhang mit reaktionsfähigen Websites kann es aber durchaus sinnvoll sein, seine bisherigen Arbeitsweisen zu überdenken.

Bei einem Projekt habe ich kürzlich InDesign ausprobiert und muss sagen, dass es einige nützliche Funktionen beinhaltet und mir sehr weitergeholfen hat. Wie kommt das? Da reden wir im Laufe des Buchs von der Emanzipation gegenüber dem Printbereich – dass Websites keine *Seiten* sind, sondern flexible Dokumente – und dann soll ausgerechnet das Paradeprogramm der Druckvorstufe ein guter Ausgangspunkt sein?

Klingt paradox, ist aber so. Der größte Vorteil für mich ist, dass InDesign nicht per se pixelbasiert ist, wie zum Beispiel Photoshop. Dadurch gerate ich nicht in Versuchung, mich zu früh zu sehr in Details auf Pixelebene zu verzetteln, die in dieser Phase noch unwichtig sind.

Weitere Vorteile sind:

- Gestaltungsraster können leicht erstellt und modifiziert werden.
- Man kann einstellen, dass sich das Layout beim Ändern des Rasters automatisch anpasst.
- Umfangreiche Textbearbeitungsfunktionen, die den Einstellungen im CSS sehr nahe kommen (Formatvorlagen, Abstände vor/nach usw.).
- Objekte können umflossen werden.
- Andere InDesign- oder Photoshop-Dateien können importiert werden. So lassen sich separate Dateien für Header und Footer einbinden, die über alle Template-Seiten hinweg schnell aktualisiert werden können. So können auch Texturen und weitere feinere Details leicht integriert werden.
- Photoshop-Ebenen können ein- und ausgeblendet werden, um zum Beispiel Hover-Effekte zu zeigen.
- Objekte können im Text eingebunden werden, so dass sie dem Textfluss folgen. Bei Icons oder Artikelbildern sehr praktisch.
- Master-Seiten für unterschiedliche Grids (für unterschiedliche Bildschirmgrößen).

- Neuere Versionen von InDesign machen verschiedene Seitengrößen in einem Dokument möglich, so dass auch Entwürfe für Smartphone- oder Tablet-Dimensionen eingebunden werden können.

Nutzer von Fireworks werden einige Features seit langem kennen, als ausgewiesenes Web-Programm ist es ebenso ein sehr gutes Werkzeug. Allerdings habe ich den Eindruck, dass es seitens Adobe recht stiefmütterlich behandelt wird, was die Weiterentwicklung angeht, und außerdem am Mac sehr unzuverlässig arbeitet.

InDesign war auch das Tool der Wahl von *Upstatement* beim Redesign von bostonglobe.com, auch der kanadische Webdesigner Jesse Bennett-Chamberlain hat es als mögliches Werkzeug für einen Responsive-Design-Prozess entdeckt und stellt eine nützliche Vorlage in seinem Blog bereit.[19]

Wichtig bei der Wahl des passenden Programms ist auch, dass man sich bei der Ausarbeitung eines Designs nicht in seiner Kreativität beschnitten fühlt.

9.5 Gestaltung

Arbeiten wir also auf Basis des Wireframe (Abb. 9.10) und des HTML-Dokuments ein etwas aussagekräftigeres Layout aus.

Hierbei kann man auch schon Überlegungen zum Grid anstellen und darüber nachdenken, wie sich die Elemente bei den verschiedenen Größen verhalten könnten. Hieran schließt sich direkt die Frage an, woran wir uns bei der Ausarbeitung eines Grid orientieren sollen. Früher haben wir einfach basierend auf einer gängigen Bildschirmbreite ein Grid um 960 px herum erstellt. Das ist heute aber nur eine mögliche Breite von vielen. Stattdessen sollte man das Layout ausgehend von signifikanten Inhaltselementen planen, ein sogenannter »Content Out«-Ansatz, wie es Designer Mark Boulton nennt[20,21]. So haben Werbeblöcke meistens eine feste Breite, die als Startpunkt für ein Grid herhalten kann.

- - - - - - - - - - - - - - - - - -

19 http://www.31three.com/notebook/archive/my_responsive_design_process/
20 http://www.markboulton.co.uk/journal/comments/a-richer-canvas
21 http://www.netmagazine.com/interviews/mark-boulton-designing-websites-using-content-out

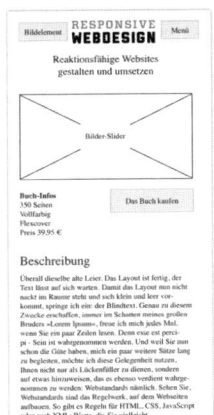 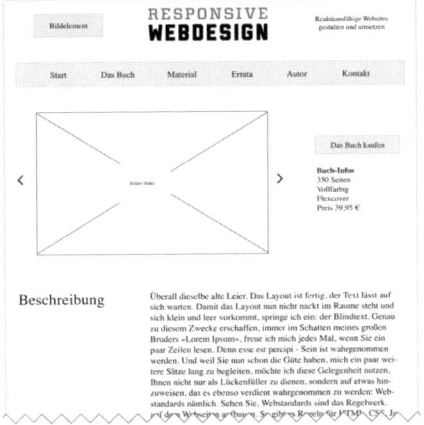

Abb. 9.10 *Wireframes für mobile Größen und Desktops*

Beim Redesign einer bestehenden Website bestehen oft schon zahlreiche Bilder in einer bestimmten Größe. Deren Breite kann ebenso die Grundlage für ein Grid bieten. Auch eine Schriftgröße kann als Ausgangspunkt dienen. So könnten die gewählten Breiten für Spalten und Spaltenabstände jeweils Vielfache des Schriftgrößenwerts sein. Bei einer Schriftgröße von 16 px könnte man zum Beispiel 32 px Spaltenabstände und 192 px Spaltenbreite definieren. Es kann auch sein, dass eine Infografik eine bestimmte Mindestgröße erfordert, aus der sich ein Gestaltungsraster ableiten lässt, und so weiter. Möglichkeiten gibt es viele. Entscheidend bei dieser Vorgehensweise ist, dass Bildschirmbreiten und Fenstergrößen zunächst keine Rolle spielen, wir also nicht nur auf einen bestimmten Anwendungsfall hin gestalten.

In Fall der Begleit-Website habe ich Wert auf eine gut lesbare Schriftgröße gelegt und aus der daraus resultierenden optimalen Zeilenlänge ein Raster entwickelt.

Dabei bin ich zu dem in Abb. 9.11 gezeigten Ergebnis gekommen.

Ausgehend von diesem Entwurf lassen sich nun bezüglich der Stilmittel gut Rückschlüsse auf die mobile Variante ziehen. Für den ein oder anderen mag dieser Schritt verfrüht oder sogar gänzlich überflüssig sein. Wie gesagt, aus meiner Sicht führt dieses Vorgehen im Nachhinein zu besseren Ergebnissen bei Smartphone-Layouts

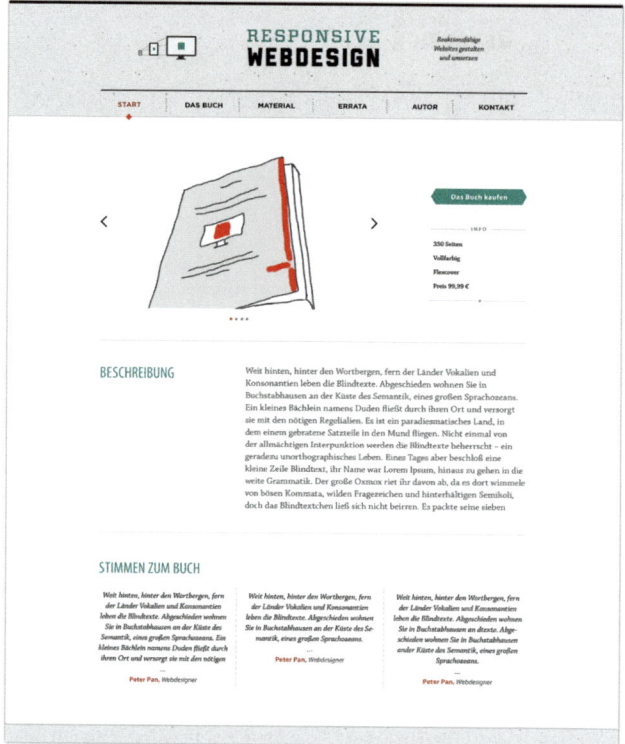

Abb. 9.11 *Das Layout auf Basis des Wireframe*

Wie geht's nun weiter? Sollten wir jetzt auch ein Smartphone-Layout ausarbeiten und zusätzlich noch eines für Tablets? Oder genügt es, wenn der Entwickler das Desktop-Layout bekommt und basierend darauf zusammen mit dem mobilen Wireframe die Entwicklung startet?

Zunächst mal bedeutet jede weitere Gestaltung für verschiedene Geräte einen zusätzlichen Aufwand. Nicht jeder Auftraggeber hat so viel Budget wie der *Boston Globe*, wo die Designer jedes Template für alle Display-Größen ausgestalten konnten. Wenn wir aber die Anzahl an Umbruchpunkten, die größere Layoutänderungen nach sich ziehen, gering halten, hält sich der Aufwand in Grenzen: Je weniger Umbruchpunkte benötigt werden und je weniger dabei am Layout verändert wird, desto weniger Zeit muss der Designer in verschiedene Entwürfe für die unterschiedlichen Bildschirmgrößen investieren und umso weniger Arbeit hat auch der Entwickler bei der Umsetzung.

Grundsätzlich spielen natürlich auch die Komplexität des Layouts und der Inhaltsumfang eine Rolle. Je mehr Elemente verschoben und verändert werden müssen,
desto mehr Arbeit entsteht für Designer und Entwickler.

Wenn designaffine Entwickler im Team mitarbeiten, lassen sich vielleicht auch
Gestaltungsschritte einsparen. Möglicherweise können sie bereits aus der Kom-
bination aus Wireframes für die mobile Version und dem Design für die Desktop-
Variante Ideen herausarbeiten, wie das Design auf Smartphones aussehen könnte.
Der Designer muss dann lediglich die Details verfeinern. Der bereits erwähnte
Drew Clemens ist der Meinung, dass das so funktionieren kann, wie er in dem ihm
vorgeschlagenen Prozess erklärt.[22]

Ich bin da skeptisch, weil zwischen einem mobilen Wireframe und dem finalen
mobilen Layout oft noch viele Designentscheidungen stehen, die nicht einfach auf
den Entwickler abgewälzt werden sollten. Insofern müssen wir aus meiner Sicht
den zusätzlichen Aufwand in Kauf nehmen und zumindest für den Smartphone-
Bereich einen Layoutvorschlag unterbreiten (Abb. 9.12, nächste Seite).

Hier kommt es vor allem auf den Kopfbereich an, dass wir die grafischen Elemente
so aufteilen, dass die richtige Gewichtung der einzelnen Bestandteile gewahrt
bleibt. Außerdem ist der Umgang mit der Hauptnavigation ein wichtiger Punkt, den
wir in einem separaten Kapitel 12 (Seite 231) noch näher erläutern. Zunächst planen
wir hierfür einen Button ein, der beim Antippen die Navigation offenbart.

Auf dieser Basis können wir nun wieder zur Entwicklung springen und damit beginnen, das HTML-Dokument mit Farben und Schriften anzureichern.

> **TIPP:** Hilfreich bei der Entwicklung einer Gestaltung für mobile Geräte ist die Website
> Mobile UI Patterns[23], die Layoutmuster verschiedener Gestaltungselemente auf mobilen
> Geräten sammelt.

----

22 http://uxdesign.smashingmagazine.com/2012/05/30/design-process-responsive-age/
23 http://mobile-patterns.com/

Abb. 9.12 *Ein zusätzlicher Entwurf für kleine Bildschirme erleichtert dem Entwickler die Arbeit.*

9.6   Zeit sparen

Der hier vorgestellte Prozess läuft vor allem auf eines hinaus: mehr Arbeit. Wenn wir für jedes zu erstellende Template mehrere Versionen für verschiedene Bildschirmgrößen erstellen sollen, kostet das natürlich mehr Zeit. Das ist ein Fakt, der nicht wegzudiskutieren ist. Im Netz werden einige alternative Prozesse erläutert, die mir entweder zu theoretisch erscheinen oder aber zu Lasten der Gestaltung gehen. An mehreren Stellen wurde bereits geäußert, dass reaktionsfähige Websites die Tendenz aufweisen, langweilig auszusehen. Das sollten wir vermeiden, denn wir wollen uns die Vorteile einer flexiblen Website nicht durch Einschnitte bei der Gestaltung erkaufen. Dennoch sollten wir überlegen, ob wir nicht vielleicht an der ein oder anderen Stelle im Prozess ansetzen können, um etwas Zeit einzusparen oder sinnvoller zu nutzen.

Styletiles

Eine Möglichkeit, sich zeitsparender an die Gestaltung anzunähern, ist der Einsatz
sogenannter Styletiles. Viele Webdesigner machen sich nach den ersten Besprechun-
gen mit dem Auftraggeber gleich daran, einen kompletten Website-Entwurf zu
erstellen, der dann wiederum mit dem Auftraggeber besprochen und weiter ausge-
arbeitet wird. Gefällt die eingeschlagene Richtung nicht, hat man bereits viel Zeit
mit irgendwelchen Details vertan. Manche gehen hin und erstellen gleich mehrere
Alternativen, aus denen dann ein Favorit ausgewählt wird. Dabei steht bereits von
vornherein fest, dass viel Zeit in überschüssige Entwürfe gesteckt wird.

Um das zu vermeiden, schlägt Samantha Warren vor, statt kompletter Entwürfe
zunächst ein paar Styletiles zu erstellen[24]. Abb. 9.13 zeigt, wie so etwas für die
Begleit-Website aussehen kann.

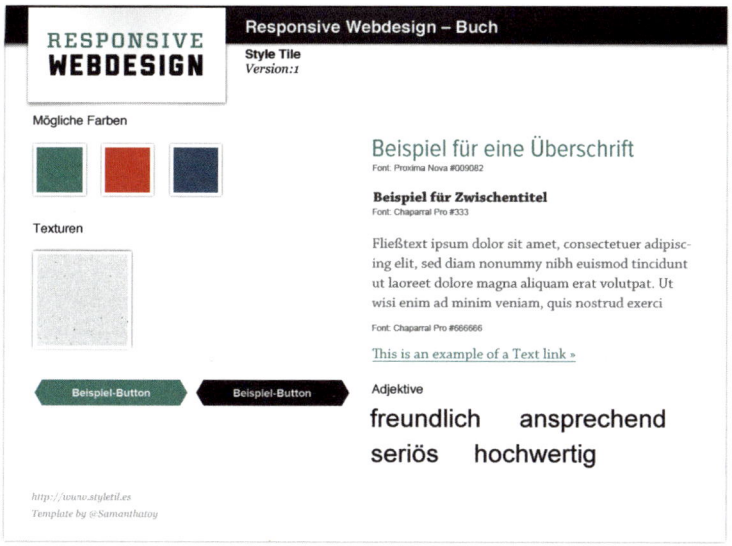

Abb. 9.13 *Styletile für die Begleit-Website*

---

24 http://badassideas.com/style-tiles-as-a-web-design-process-tool/

Diese »Stiltafeln« dienen dazu, ähnlich wie Musterbücher und Farbfächer beim Raumausstatter, erst mal die Vorlieben und Geschmäcker des Auftraggebers herauszufinden. So kann man eine gemeinsame visuelle Sprache entwickeln, die die Eigenschaften und Ansprüche des Unternehmens unterstreicht, ohne zuvor komplette Website-Entwürfe zu erstellen. Schließlich gestaltet auch ein Raumausstatter keine drei Zimmer, aus denen Sie dann Ihren Favoriten auswählen.

Im Rahmen eines Responsive Webdesigns können Styletiles eine gute Ergänzung zu herkömmlichen Entwürfen sein. Sie bilden sozusagen den flexibleren Gegenpart zu den statischen Layouts, die ja immer auf eine bestimmte Größe ausgerichtet sind und auf vielen Annahmen beruhen. Die Stiltafeln hingegen drücken die visuelle Sprache unabhängig von Geräten und Bildschirmgrößen aus und konzentrieren sich erst einmal auf das Wesentliche.

> **TIPP:** Auf der Website styletile.es[25] beschreibt Samantha Warren ihren Prozess und gibt nützliche Tipps sowie eine PSD-Vorlage zum Herunterladen. Einen weiteren, ausführlichen Artikel hat sie bei A List Apart veröffentlicht.[26]

Ein Designsystem entwickeln

Jedes zusätzliche Template, das wir im Rahmen eines Responsive Webdesigns erstellen, bringt weitere Arbeit mit sich, weil wir immer auch weitere Bildschirmgrößen beachten müssen.

Gerade bei umfangreichen Websites ist es wahrscheinlich, dass viele verschiedene Templates zum Einsatz kommen. Beim Gestalten entstehen so einige Bausteine und Stilelemente, wie Buttons, Linien und Texturen, die natürlich allesamt auf verschiedenen Geräten funktionieren müssen.

Arbeitet man an einem einzelnen Template, fällt es mitunter schwer, das große Ganze im Auge zu behalten. Es kann passieren, dass man mehrere sehr ähnliche Stile kreiert, für vergleichbare Probleme unterschiedliche Lösungen findet und Elemente auch doppelt erstellt.

----

25 http://styletil.es/
26 http://www.alistapart.com/articles/style-tiles-and-how-they-work/

Hier hilft es, ein sogenanntes Designsystem anzulegen, eine Datei, in der alle gestalteten Elemente hineinkopiert werden. In einem meiner Projekte, dem Redesign der Party-Community-Website virtualnights.com[27], sah diese Datei zum Beispiel im Laufe der Gestaltungsphase aus, wie in Abb. 9.14 zu sehen.

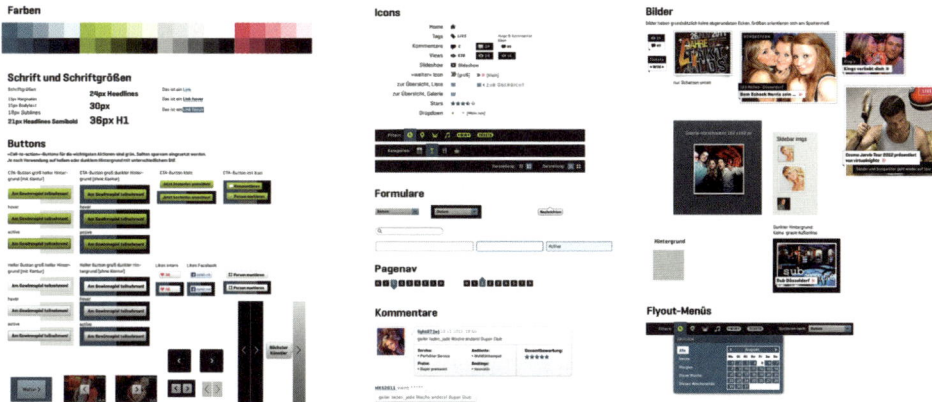

Abb. 9.14 *Elemente eines Designsystems*

Sie enthält die Farben, Schriften, Bausteine usw., die in der Website verwendet werden. So kann man die einzelnen Elemente gut miteinander vergleichen und aufeinander abstimmen. Man erschafft so mit der Zeit einen immer größeren Baukasten, aus dem man sich für weitere Templates bedienen kann. Wir schaffen mit diesem Websystem eine Grundlage, die uns auf zukünftige Designentscheidungen vorbereitet, ähnliche wie Corporate-Design-Handbücher die visuelle Unternehmensidentität dokumentieren und uns einen Leitfaden für zukünftige Projekte an die Hand geben.

Gerade im Zusammenhang mit reaktionsfähigem Design können Sie sich viel Arbeit sparen, wenn Sie auf bestehende Elemente zurückgreifen, statt jedes Template als separate Seite zu betrachten. Gemeinsamkeiten zwischen einzelnen Bausteinen herauszustellen, vereinfacht nicht nur den Designprozess, sondern hilft ebenso den Entwicklern bei der Umsetzung. Sie können sich an dieser Datei orientieren und aus den Elementen wiederverwendbare, reaktionsfähige Bausteine erstellen.

----

27 http://virtualnights.com

Dabei muss das System nicht auf statische Grafiken beschränkt sein, sondern kann auch in Form von HTML/CSS-Bausteinen angelegt werden.

Ein ganzes System dieser Art namens Bootstrap hat Twitter erstellt und online für die Allgemeinheit zur Verfügung gestellt[28]. Es enthält zahlreiche Komponenten, die man auf umfangreichen Websites mit großer Wahrscheinlichkeit auch braucht. Hieran kann man sich sehr gut orientieren, wie umfangreich so ein Designsystem sein kann.[29]

> **TIPP:** Die Leute von Spark Box finden die Idee der Styletiles ebenfalls gut und haben eine Vorlage für ein solches System zur Verfügung gestellt, mit dem man dynamische Vorlagen erstellen kann.[30]

Es geht bei der Entwicklung eines Designsystems nicht nur darum, Zeit zu sparen, sondern es ist auch sehr gut geeignet, um zu testen, wie abwechslungsreich eine Website ist. Denn bei dem Ziel, möglichst viele Komponenten wiederverwenden zu können, darf man nicht vergessen, dass ein gewisses Maß an Vielfalt gewahrt bleibt.

Es gibt immer wichtige Elemente einer Website, die herausragen müssen und deshalb einer individuellen Gestaltung bedürfen, die sich von den herkömmlichen Elementen absetzt. Alles im grafischen Einerlei abzubilden, ist also keine Option. Hier gilt es für den Gestalter, die richtige Balance zwischen Vielfalt und Kontinuität zu finden.

Nicht zu sehr ins Detail gehen

Die im Grafikprogramm erstellten Entwürfe einer Webseite sollten nicht zu sehr ins Detail gehen, schließlich bilden sie lediglich einen Startpunkt, der erst im wechselseitigen Spiel mit den Entwicklern schrittweise zur finalen Website weiterentwickelt wird. Es geht vielmehr darum, Fragen über die Anordnung einzelner Elemente und das grobe Aussehen zu klären. Die wichtigen Details, zum Beispiel hinsichtlich Typografie, werden nachher im Browser entschieden. Im reaktionsfähigen Kontext

----

28 http://twitter.github.com/bootstrap/
29 http://twitter.github.com/bootstrap/components.html
30 http://www.seesparkbox.com/foundry/our_new_responsive_design_deliverable_the_style_prototype

können sich immer wieder Änderungen ergeben, Detailverliebtheit zu Beginn kann dann sehr schnell in überflüssige Arbeit münden.

Wichtig ist an dieser Stelle die bereits angesprochene Verzahnung zwischen Design und Entwicklung. Der Designer entwickelt eine Idee und fertigt einen groben grafischen Entwurf. Dieser wird dann vom Entwickler umgesetzt und unter verschiedenen Bedingungen getestet. Wenn alles wie gewünscht funktioniert, kann der Designer anschließend weitere Details ausarbeiten.

Diese Arbeitsweise bezieht sich nicht nur auf einzelne Elemente eines Designs, sondern auch auf Gestaltungsvorschläge zu unterschiedlichen Umbruchpunkten. Es bringt nichts, im Vorfeld einen Umbruchpunkt bei einer bestimmten Breite festzulegen und dafür eine Gestaltung zu entwickeln, ohne vorher getestet zu haben, ob an dieser Stelle ein Umbruchpunkt überhaupt benötigt wird.

Im Rahmen einer flexiblen Website sind statische Entwürfe erst mal nur die Ausformulierung einer Idee, eine Anleitung zur Umsetzung, nicht aber das fertige Produkt. Das sollten wir immer im Hinterkopf behalten.

Verhandeln

Neben dem Versuch, Zeit zu sparen, sollten wir nicht vergessen, bei unseren Auftraggebern für eine reaktionsfähige Website zu werben. Es gibt ja die Möglichkeit, gutes Verhandlungsgeschick an den Tag zu legen und mehr Geld für die Mehrarbeit im Rahmen eines reaktionsfähigen Designs herauszuschlagen. Bessere Zugangsmöglichkeiten und ein besseres Nutzererlebnis sind gute Argumente, nicht zuletzt für jene Nutzer, die ausschließlich über mobile Geräte ins Internet gehen. Das hat natürlich auch seinen Preis, was wir unseren Auftraggebern klarmachen müssen.

Sind sie nicht dazu bereit (oder in der Lage), mehr Budget in die Hand zu nehmen, haben wir das Nachsehen. Stillschweigend den Mehraufwand auf die eigene Kappe zu nehmen, nur um endlich ein Responsive-Webdesign-Projekt machen zu können, halte ich für keine gute Idee. Der Autohändler gibt Ihnen die Klimaanlage auch nicht kostenlos dazu, nur weil er sie im Gegensatz zu Ihnen sinnvoll findet. Wer zu Lernzwecken dennoch gerne mal ein reales Projekt umsetzt, ohne einen Auftraggeber davon überzeugen zu können, sollte sich stattdessen eher gemeinnützigen Projekten oder Wohltätigkeitsorganisationen zuwenden, die man auf diesem Wege unterstützen könnte.

Zusammenfassung

Responsive Webdesign verursacht Mehrarbeit in Bezug auf Gestaltung und Entwicklung. Durch geschickte Prozesse können wir uns etwas Zeit zurückholen, es ist aber noch ein weiter Weg, bis wir so weit sind, dass reaktionsfähige Websites in einem ähnlichen Zeitfenster wie herkömmliche Websites umsetzbar sind, ohne an Qualität einzubüßen. Eine geschickte Annäherung an die Gestaltung und eine gute Verzahnung mit der Entwicklung sorgen zumindest für etwas Einsparungspotenzial.

10

Reaktionsfähige Webtypografie

Die Typografie spielt eine zentrale Rolle im Webdesign oder, wie Oliver Reichenstein es ausgedrückt hat:

>»Webdesign ist zu 95% Typografie.« – OLIVER REICHENSTEIN[1]

Grund genug also, uns ausführlicher diesem Thema zu widmen.

Nachdem nun die grobe Gestaltungsrichtung klar ist, wenden wir uns wieder unserem HTML-Dokument zu. Hier geht es jetzt darum, die ungestaltete Vorlage mit Farben und Schriften anzureichern und damit die erste Stufe des Designs einzuleiten, wie es dann auf den kleinsten Bildschirmen und weniger fähigen Geräten, den Featurephones, angezeigt wird. Bei dieser ersten Stufe wird auf jegliche Anweisung bezüglich der Anordnung von Elementen verzichtet, weil sie mit hoher Wahrscheinlichkeit auf den angesprochenen Geräten nicht (richtig) funktionieren. Das heißt, alle Elemente werden linearisiert angezeigt und nur mit Anweisungen für Schriften, Farben, Linien und Hintergründe versehen, samt Abstandsangaben. Im Prinzip also einfachste CSS-Anweisungen. Dabei verwenden wir die relativen Einheiten % und em und machen uns damit gleich unabhängig von fixen Dimensionen.

Wir verlassen uns in diesem Stadium weder auf Mediaqueries, die ebenfalls nicht von allen Geräten unterstützt werden, noch auf weitere moderne CSS3-Eigenschaften, die in weniger fähigen Browsern Probleme bereiten könnten. Auch wenn das Zwischenergebnis dem Gestalterherz keine Freudensprünge abringt, schaffen wir

---

1   http://www.informationarchitects.jp/en/the-web-is-all-about-typography-period/

so eine solide Grundlage, die jene weniger fähigen Geräte in akzeptabler Weise bedient.

10.1   Das Zwischenergebnis testen

Idealerweise sollte dieses Zwischenergebnis auf einem Featurephone getestet werden. Auch wenn uns Internet-Nerds der Umgang mit solchen Geräten archaisch vorkommt, gibt es nach wie vor viele Leute, die diese Geräte nutzen und auch mit ihnen ins Internet gehen. Neben der rein visuellen Bewertung einer Website kommt es auch darauf an, die Seite mit einem entsprechenden Gerät zu »erfühlen«, also direkt zu erleben, wie sie sich bei Bedienung mit der Hand verhält.

Wer nicht über ein entsprechendes Gerät verfügt, kann auf verschiedene Emulatoren und Simulatoren ausweichen, die wir bereits im Workflow-Kapitel angesprochen haben (Seite 76). Ein weit verbreiteter Browser auf Featurephones ist der *Opera Mini*, den wir zum Beispiel online testen können[2] (Abb. 10.1).

Abb. 10.1 *Der Opera-Mini-Simulator im Einsatz*

Der *Opera Mini* funktioniert über einen Proxyserver, der die Daten der Website empfängt und für die mobile Ausgabe anpasst. Die Daten werden dann in komprimierter Form an den Nutzer weitergeleitet. Vor allem bei langsamen Verbindungen wird dadurch Ladezeit eingespart, es kann aber auch zu einer leicht veränderten Darstellung kommen. Wer »nur« über ein modernes Smartphone wie das iPhone

---

2   http://www.opera.com/developer/tools/mini/

verfügt, sollte auch hier mal den Opera Mini installieren und das Zwischenergebnis testen.

Im Gegensatz dazu ist *Opera Mobile* ein vollwertiger Browser, der allerdings nur für *Windows Mobile*, *Symbian/S60* oder *Android* verfügbar ist. Er rendert die Websites entsprechend der Opera-Desktop-Version. Statt eines Online-Simulators können wir hierfür ein Programm installieren, das wir für Windows, Mac und Linux herunterladen können.[3]

Hier sind bereits einige Geräteprofile installiert, aus denen wir einfach mal das HTC Wildfire herauspicken, weil es mit 240 px in der Breite einen kleineren Bildschirm als aktuelle Smartphones besitzt (Abb. 10.2).

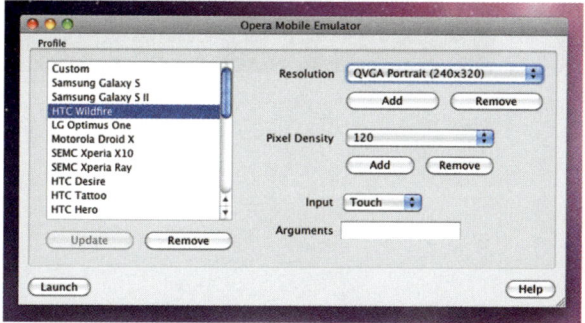

Abb. 10.2 *Das Auswahlfenster des **Opera Mobile Emulators***

Das Ergebnis zeigt sich in Abb. 10.3.

> **TIPP:** Das *HTC Wildfire* können wir auch im Android-SDK mit dem vorinstallierten Browser testen, die entsprechende Erweiterung gibt es im Internet[4] (Abb. 10.4).

---

3 http://de.opera.com/developer/tools/mobile/
4 http://forum.xda-developers.com/showthread.php?t=783856

Abb. 10.3 Die Website
auf dem HTC Wildfire

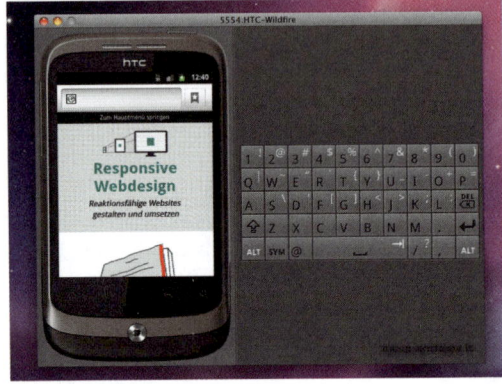

Abb. 10.4 Das HTC
im Android-SDK

Analyse

Die grundsätzliche Anordnung der Elemente kann sich für den Anfang sehen lassen: Die Farben harmonieren und die Gewichtung stimmt auch. Es fällt uns allerdings auf, dass bei den Android-Geräten andere Schriften angezeigt werden, als jene, die im Font-Stack angegeben wurden. Das liegt daran, dass auf dem weit verbreiteten Betriebssystem *Android 2.2/2.3* nur drei Schriftarten vorinstalliert sind, nämlich die *Droid Sans*, *Droid Serif* und *Droid Sans Mono*. Die Schriftart fällt also auf die generischen Angaben `sans` und `sans-serif` im CSS zurück. Das ist hier nicht weiter problematisch, weil unser rudimentäres Design die leicht veränderte Darstellung gut wegstecken kann. Das Beispiel zeigt aber, wie wichtig es ist, ein mobiles Gerät nicht nur mittels eines verkleinerten Browserfensters zu simulieren.

Wir geben uns vorerst mit dem Ergebnis zufrieden und kümmern uns jetzt um die weitere typografische Ausgestaltung. Auf dieser Basis bauen wir unser Dokument weiter aus. Schritt für Schritt werden wir dabei mehr Layoutangaben hinzufügen. In diesem Kapitel geht es jetzt aber zunächst weiter mit den typografischen Herausforderungen und Möglichkeiten im Zusammenhang mit Responsive Webdesign.

10.2   Schriften wählen und testen

Nachdem nun die Grundlage gelegt ist, wollen wir das Erscheinungsbild für fähigere Browser weiter anreichern. In Zeiten von Webfonts werden wir es natürlich nicht bei den Systemschriften belassen, sondern möchten mit den passenden Schriften die Gestaltung des Buchs aufgreifen und so einen Wiedererkennungswert schaffen. Dabei ist es nicht immer möglich, dieselbe Schrift wie im Printbereich auch online einzusetzen. Manchmal ist sie nicht als Webfont verfügbar, manchmal ist sie als Webfont verfügbar, macht aber in Sachen Lesbarkeit am Bildschirm nicht unbedingt den besten Eindruck. Dann ist es besser, auf eine ähnliche Ersatzschrift mit besserer Lesbarkeit auszuweichen.

Für die Begleit-Website greife ich auf den Webfont-Anbieter *Typekit* zurück und wähle die Schriften *Chaparral Pro*, *Proxima Nova* sowie *Proxima Nova Extra Condensed*.

In jedem Fall sollte das Schriftbild im Vorfeld ausgiebig in verschiedenen Schriftgraden browserübergreifend getestet werden, wofür Andy Clarke eine kleine Testdatei erstellt und via Github zur Verfügung gestellt hat. Conor MacNeill[5] hat dieses Paket mit etwas PHP und JavaScript aufgebohrt und leichter nutzbar gemacht, weshalb wir sein Paket herunterladen[6]. Wir schieben den Ordner auf den Server und folgen den Anweisungen in der Readme-Datei. Durch die Angabe der *Typekit*-ID und des Schriftnamens im URL können wir die gewünschten *Typekit*-Schriften einbinden:

```
http://ihredomain.de/responsive-type.php?typekit=xxxxxx&font=schriftname
```

Im Kopfbereich der Website können wir recht leicht die Schriftgrößen anpassen und auf diese Weise schnell verschiedene Varianten testen (Abb. 10.5).

Der Test mit der Chaparral Pro ergibt, dass 16 px für Smartphones eine gute Mindestgröße sind. Das entspricht bereits dem für den body angegebenen Wert von font-size: 100%, wir brauchen hier also nichts zu verändern. Die Überschriften behandeln wir später.

----

5   http://thefella.com/
6   https://github.com/thefella/Responsive-type-references

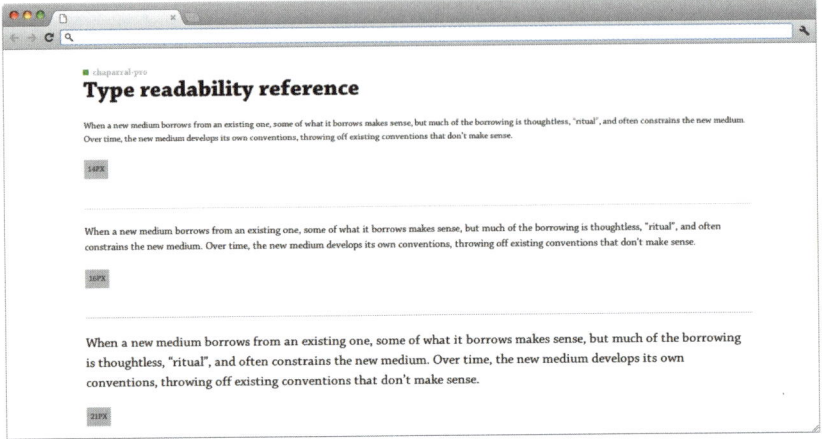

Abb. 10.5 *Schrifttest im Browser*

> **HINWEIS:** Wer stolzer Besitzer eines Smartphones mit hochauflösendem Display
> ist, sollte auf jeden Fall auch auf älteren Geräten testen, da hier die Schriftdarstellung
> bekanntlich wesentlich schlechter ist.

Typecast

Für schnelle Tests ist diese Variante durchaus tauglich. Wer etwas mehr benötigt,
um typografische Details auszuarbeiten, ist bei *Typecast* gut aufgehoben[7]. Dieses
Browser-Programm ermöglicht es schnell und einfach, Schrift zu setzen und zu
bearbeiten (Abb. 10.6).

Dabei können Schriften der Anbieter *Typekit*, *Fontdeck*, *Fonts.com* und *Google Web
Fonts* eingebunden und getestet werden. Schriftgrad, Zeilenhöhe, Abstände, Breite,
Farben usw. können schnell und einfach verändert und in Echtzeit im Browser
begutachtet werden, auf Wunsch auch mit Unterstützung eines Grundlinienrasters.
Je nach Schrift und Browser können sogar OpenType-Funktionen getestet werden.

---

7 http://beta.typecastapp.com/

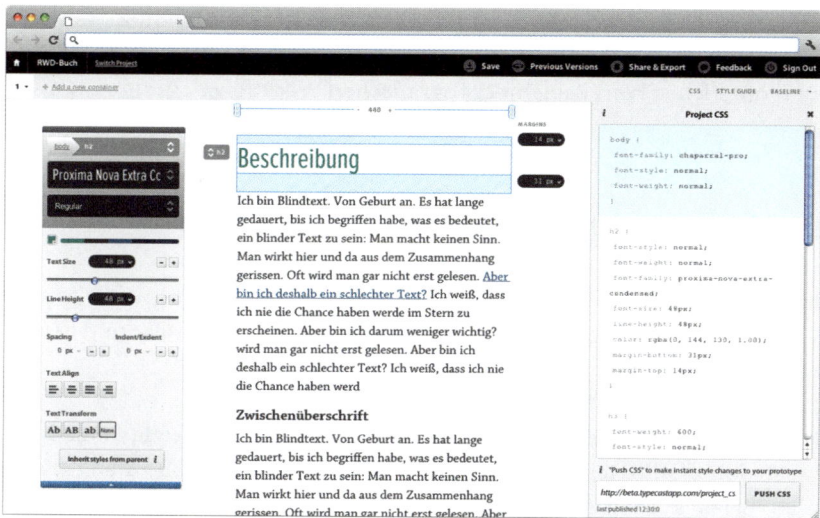

Abb. 10.6 *Schrift und Layouttests mit Typecast*

Alle vorgenommenen Einstellungen werden in CSS umgewandelt, das jederzeit einsehbar ist und über einen Link in den eigenen Website-Prototyp integriert werden kann. Doch damit nicht genug, *Typecast* generiert außerdem per Knopfdruck einen hübschen Styleguide, der bei Zusammenarbeit im Team sehr nützlich sein kann und alle verwendeten Schriftstile und Farben enthält (Abb. 10.7). Sehr praktisch!

Abb. 10.7 *Typecast Styleguide*

Die App befindet sich zum Zeitpunkt dieser Niederschrift im Beta-Stadium, es wird also noch fleißig an weiteren Funktionen gearbeitet. Sie ist aber schon jetzt ein sehr hilfreiches und nützliches Werkzeug im typografischen Workflow.

10.3   Schriftsetzung in flexiblen Layouts

Als Nächstes geht es darum, unsere Texte für die flexible Natur unserer Website zu optimieren. Hier gilt es, einen guten Kompromiss zwischen Schriftgröße und dem zur Verfügung stehenden Platz zu schaffen.

Wenn wir Schrift setzen, achten wir neben einer passenden Schriftgröße und Zeilenabstand auch darauf, die richtige Zeilenlänge einzustellen, um eine gute Lesbarkeit zu erzielen. Bei zu kurzen Zeilenlängen wird der Lesefluss zu oft unterbrochen, bei zu langen Zeilen findet das Auge die nächste Zeile schlechter. Ein guter Mittelweg sind dabei Zeilen zwischen 45 und 75 Zeichen. Das wollen wir auch erreichen, wie stellen wir das an?

Die richtige Zeilenlänge

Bei einer flexiblen Website lehnt sich das Schriftbild an die Bildschirmbreite des verwendeten Geräts an. Wird der Bildschirm breiter, werden auch die Textzeilen länger. Hier müssen wir entsprechend gegensteuern. In unserem reaktionsfähigen Werkzeugkasten haben wir dazu natürlich unsere Mediaqueries, mit denen wir die Breite des Darstellungsbereichs abfragen können:

```
@media only screen and (min-width: 800px) {
    .container {width: 92%}
}
```

Wir können auf diese Weise an den wichtigen Umbruchpunkten im Layout gegensteuern und die Breite der Website im Vergleich zur Bildschirmbreite anpassen, damit die Zeilenlänge nicht zu groß wird. Je größer der Bildschirm, desto mehr nimmt die Website-Breite im Vergleich dazu ab (Abb. 10.8).

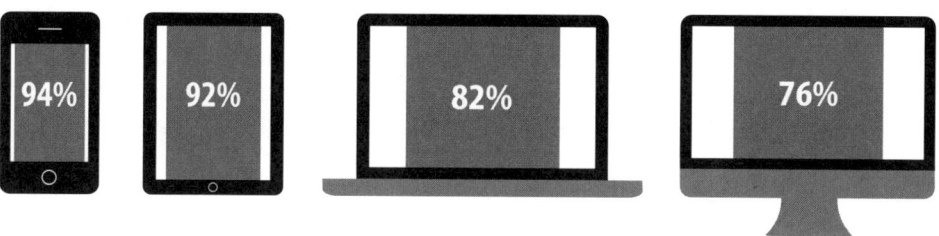

Abb. 10.8 *Unterschiedliche Website-Breite je nach Bildschirm*

Trent Walton hat darüber hinaus noch einen guten Tipp, wie wir prüfen können, ob die ideale Zeichenanzahl in einer Zeile gewahrt bleibt[8]. Dazu nimmt man sich einen kurzen Text um die 100 Zeichen und fügt jeweils nach 45 und nach 75 Zeichen ein Sternchen ein. Wird dieser Text vor dem ersten Sternchen umbrochen, ist die Zeilenlänge zu kurz, wird sie nach dem zweiten Sternchen umbrochen, ist sie zu lang. Wird sie innerhalb der Sternchen umbrochen, ist sie genau richtig (Abb. 10.9).

Zeilenlänge ok:

Lorem ipsum dolor sit amet, consectetur adip*isicing elit, sed do
eiusmod *tempor incididunt ut labore et dolore magna aliqua.

Zeilenlänge zu kurz:

Lorem ipsum dolor sit amet, consectetur
adip*isicing elit, sed do eiusmod
*tempor incididunt ut labore et dolore
magna aliqua.

Zeilenlänge zu lang:

Lorem ipsum dolor sit amet, consectetur adip*isicing elit, sed do eiusmod *tempor incididunt ut labore et dolore magna aliqua.

Abb. 10.9 *Zeichenanzahl pro Zeile leicht überprüfen*

Ist die Zeilenlänge zu kurz oder zu lang, sollten wir das beheben. In diesem Fall ist es ein probates Mittel, die Schriftgröße entsprechend anzupassen. Jetzt kommt es

---

8 http://trentwalton.com/2012/06/19/fluid-type/

uns zugute, dass wir die Schriftgrößen in % und em angegeben haben (Siehe auch Kapitel 3 ab Seite 25). So brauchen wir sie nur im body zu ändern und alle weiteren Schriftangaben passen sich automatisch an. Nehmen wir an, wir setzen bei 600 px den ersten Umbruchpunkt, weil ab hier die Zeilen zu lang werden. Dann können wir gegensteuern, indem wir im body die Schriftgröße ein paar Prozent anheben, bis die Zeichenanzahl je Zeile wieder passt.

```
@media only screen and (min-width: 600px) {
body {font-size: 110%;}
}
```

Irgendwann wird die Zeile wieder zu lang, es wird Zeit für den nächsten Umbruchpunkt und das Spielchen wiederholt sich.

Mehrere Spalten

Als Alternative oder Ergänzung zur Veränderung der Schriftgröße können wir die Zeilenlänge auch beeinflussen, indem wir bei zunehmender Breite die Hauptspalte in mehrere Spalten aufteilen. Das können wir mit der CSS-Eigenschaft column-count erzielen.

```
article {
    column-count: 2; /* Anzahl der Spalten */
    column-gap: 2em; /* Spaltenabstand */
}
```

Über column-gap kann man den Spaltenabstand definieren, die Breite der Spalten passt sich automatisch an. Das Multi-Column-Modul in CSS3 ist noch nicht ganz ausgereift, es müssen deshalb in allen Browsern die Präfixe ergänzt werden. Folgende Dinge sind bei der Verwendung des Spaltenmoduls zu beachten: Die Anzahl der Spalten sollte sich natürlich auch an der optimalen Zeichenzahl pro Zeile orientieren. Je mehr Spalten man wählt, desto kürzer werden die Zeilen und desto häufiger muss das Auge in eine neue Spalte springen. Beides stört den Lesefluss.

Ganz erheblich stört es, wenn die Spalten länger sind als das Darstellungsfenster hoch ist. Dann müssen die Leser zusätzlich zurückscrollen, um zum nächsten Spaltenanfang zu gelangen (Abb. 10.10).

Abb. 10.10 *Die Spalten sind länger, als das Darstellungsfenster hoch ist, das stört den Lesefluss.*

Aber diese Situation können wir zum Glück vermeiden. Wir probieren das mal anhand einer Testdatei aus.[9]

Bisher haben wir Mediaqueries nur die Breite des Darstellungsfensters prüfen lassen, wir können aber auch eine Mindesthöhe als Bedingung mit aufnehmen. Die können wir durch Ausprobieren so einstellen, dass die zweite Spalte erst dann hinzukommt, wenn der Text vollständig dargestellt werden kann. In unserem Beispiel ist das bei ungefähr 700 px Höhe der Fall. Wir rechnen den Wert in em um, damit eine etwaige vergrößerte Schriftdarstellung berücksichtigt wird:

```
@media only screen and (min-width: 700px) and (min-height: 44em) {
    .text {
        -webkit-column-count: 2;
        -moz-column-count: 2;
        -ms-column-count: 2;
        column-count: 2;
        -webkit-column-gap: 2em;
        -moz-column-gap: 2em;
        -ms-column-gap: 2em;
        column-gap: 2em;
    }
}
```

Damit tritt die Zweispaltigkeit erst dann ein, wenn genügend Platz zur Verfügung steht. Wir sehen, das Multi-Column-Modul kann in manchen Fällen ein nützliches Werkzeug im reaktionsfähigen Kontext sein und bereits heute im Sinne eines Pro-

----

9 http://rwd-buch.de/multi-cols-resp.html

gressive Enhancement eingesetzt werden. Browser, die die Anweisungen nicht verstehen, fallen auf eine Spalte zurück. Auch wenn der Lesegenuss dann getrübt sein mag, bleiben zumindest alle Inhalte erhalten.

> **TIPP:** Ausführliche Informationen zu den Möglichkeiten des Moduls sowie den Einschränkungen verschiedener Browser beleuchtet Stephan Heller in einem Webkrauts-Artikel.[10]

Automatische Silbentrennung

Gerade bei der Verwendung mehrerer Spalten ist die Silbentrennung ein interessantes Thema. Dafür steht uns in CSS neuerdings die Eigenschaft hyphens zur Verfügung. Gepaart mit dem Wert auto wird so die automatische Silbentrennung im Browser aktiviert:

```
p {hyphens: auto}
```

Nehmen wir die entsprechenden Browser-Präfixe hinzu, funktioniert das bereits in Firefox, Safari 5.1 unter Lion, iOS ab 4.3 sowie IE 10. Die Unterstützung ist also nicht so rosig, allerdings sorgt eine Verwendung der Eigenschaft auch nicht für Nachteile, außer, dass ein Wort nicht getrennt wird.

Wenn das aber aufgrund schmaler Spalten auf jeden Fall nötig sein sollte, kann man zusätzlich noch die Eigenschaft word-wrap ergänzen und den Wert auf break-word stellen. Damit wird ein Wort auf jeden Fall am Ende einer Zeile umbrochen, wenn der Container schmaler als die Wortlänge ist. Der Nachteil bei jenen Browsern, die keine CSS-Trennstriche beherrschen: leider ohne Trennstrich. Hier muss man abwägen, was die beste Lösung ist.

> **TIPP:** Möchten Sie browserübergreifend auf jeden Fall Trennstriche einsetzen, hilft ein nützliches Tool namens Hyphenator, das die Trennung mittels JavaScript installiert. Einfach der Installationsanleitung (»advanced«) folgen und schon sollte es funktionieren.[11]

- - - - - - - - - - - - - - - - - -

10 http://www.webkrauts.de/2011/12/08/css-3-im-praxistest-multi-column-layout/
11 http://code.google.com/p/hyphenator/

Die richtige Schriftgröße

In Zeiten reaktionsfähiger Websites hat sich auch in Sachen Schriftgröße einiges geändert. Wenn wir uns die Anregungen zum Thema optimale Zeilenlänge vor Augen führen, starten wir dort bereits bei 16 px und können bei großen Monitoren durchaus bei Schriftgrößen jenseits von 20 px für den Bodytext landen. Wenn man das mit früher üblichen Schriftgrößen von 12–14 px für den Bodytext vergleicht, erscheint das ziemlich überdimensioniert.

Bei genauerem Hinsehen relativiert sich das aber. Entscheidend ist nämlich, wie die Schriftgröße vom Betrachter wahrgenommen wird, und hierauf hat der Leseabstand einen sehr großen Einfluss. Je näher das Gerät, desto größer wirkt die Schrift (Abb. 10.11). Im Umkehrschluss heißt das: Je weiter entfernt der Bildschirm ist, desto größer sollte der Schriftgrad ausfallen.

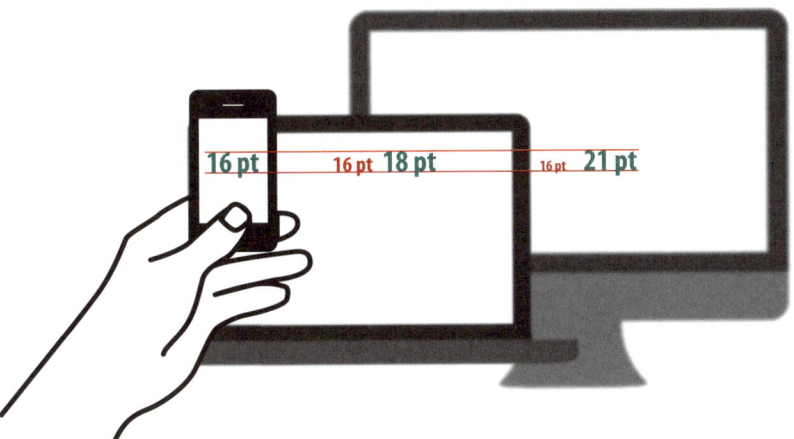

Abb. 10.11 *Für eine ähnliche Wirkung muss die Schriftgröße für weiter entfernt stehende oder gehaltene Geräte angepasst werden.*

Obwohl das A auf jedem Gerät eine andere Schriftgröße aufweist, wirkt es aufgrund der unterschiedlichen Lesedistanz in etwa gleich groß. Denn ein Smartphone oder Tablet wird in der Regel näher am Auge gehalten als ein Laptop, dieses wiederum ist näher am Auge als ein großer Desktop-Monitor. Es besteht also ein Zusammenhang zwischen Bildschirmgröße und Entfernung, womit wir zwei Fliegen mit einer Klappe schlagen können. Wir passen die Schriftgröße nicht nur an, um die optimale Zeilenlänge zu erzielen, sondern auch, um damit den größeren Leseabstand auszugleichen.

Was wir ebenso in Betracht ziehen müssen, ist die Auflösung der Monitore. Sind bei großen Bildschirmen jenseits von 20"-Bildschirmdiagonale Auflösungen um 96 dpi die Regel, erreichen wir bei einigen Laptops Auflösungen jenseits von 110 dpi[12]. Das bedeutet, dass auf diesen Geräten die Schrift kleiner dargestellt wird, wir sollten deshalb mit einem größeren Schriftgrad gegensteuern, was wir mit einer Mindestgröße von 16 px bereits tun.

Weiterhin richtet sich die Schriftgröße auch nach der Schriftart. Schriften mit kleiner x-Höhe wirken bei gleicher Schriftgröße etwas kleiner, eventuell muss man deshalb die Schriftgröße etwas anheben. Serifenschriften verfügen über mehr Details als serifenlose Schriften, die natürlich bei zu kleinen Schriftgrößen (<13 px) den eigentümlichen Charakter der Schrift verwässern. Dies ist speziell bei Webfonts zu berücksichtigen, da diese, anders als ausgewiesene Systemschriften, nicht so detailliert für die Darstellung in kleinen Schriftgraden optimiert sind.

Schriftgrößen und Schriftbild

Ändert sich die Bildschirmgröße, müssen wir auch den Charakter berücksichtigen, der durch unser Schriftbild erzeugt wird. Das ist besonders dann nicht einfach, wenn bei der Desktop-Ansicht mit großen Kontrasten in der Schriftgröße gespielt wird, um zum Beispiel auffällige Überschriften zu erstellen, die überzeugend wirken sollen.

In solchen Fällen müssen wir zwei Dinge abwägen: Versuchen wir eher, den gewünschten Charakter beizubehalten, oder passen wir zu Lasten des Kontrasts die Schriftgrößen an, um den Platz besser auszunutzen. Sehen wir uns dazu mal zwei Beispiele an.

Die Website von *Pelicanfly*[13] wirkt in der Desktop-Variante dank großer Logotypografie und viel Weißraum sehr kontrastreich und interessant, vor allem die Wortmarke *Pelicanfly* sticht heraus (Abb. 10.12).

---

12 http://en.wikipedia.org/wiki/List_of_displays_by_pixel_density
13 http:// pelicanfly.co.uk

Abb. 10.12 *Kontrastreiche Typografie auf der Website von Pelikanfly sowie charaktervolle »Platzverschwendung« in der mobilen Variante*

Diesen Eindruck hat der Gestalter Sam Quayle versucht, auf die mobile Variante zu übertragen. Er hat hier die Logoschrift sogar noch größer gesetzt und füllt dadurch mehr als ein ganzes Darstellungsfenster.

Er hat sich in diesem Fall ganz klar für die Bewahrung der spannungsvollen, aber auch gewagten Darstellung entschieden. Das ist durchaus legitim, denn bei der Website handelt es sich um sein persönliches Portfolio, wo er durch das Abweichen von der Norm auf sich aufmerksam machen kann und so ein selbstbewusstes Auftreten vermittelt. Eine gelungene Umsetzung, wie ich finde, auch wenn die Schrift der Fließtexte etwas größer hätte ausfallen können.

Eine andere Gewichtung ergibt sich bei den folgenden Beispielen. Die Online-Magazine *Think Vitamin*[14] und *Smashing Magazine*[15] verwenden in ihren Desktop-Ansichten solide Überschriften in einer treffenden Größe. Sie stechen gut heraus, um als visueller Anker beim Überfliegen der Seite zu dienen, sind aber nicht zu dominant, als dass sie den Leser ablenken würden (Abb. 10.13).

---

14 http://thinkvitamin.com
15 http://smashingmagazine.com

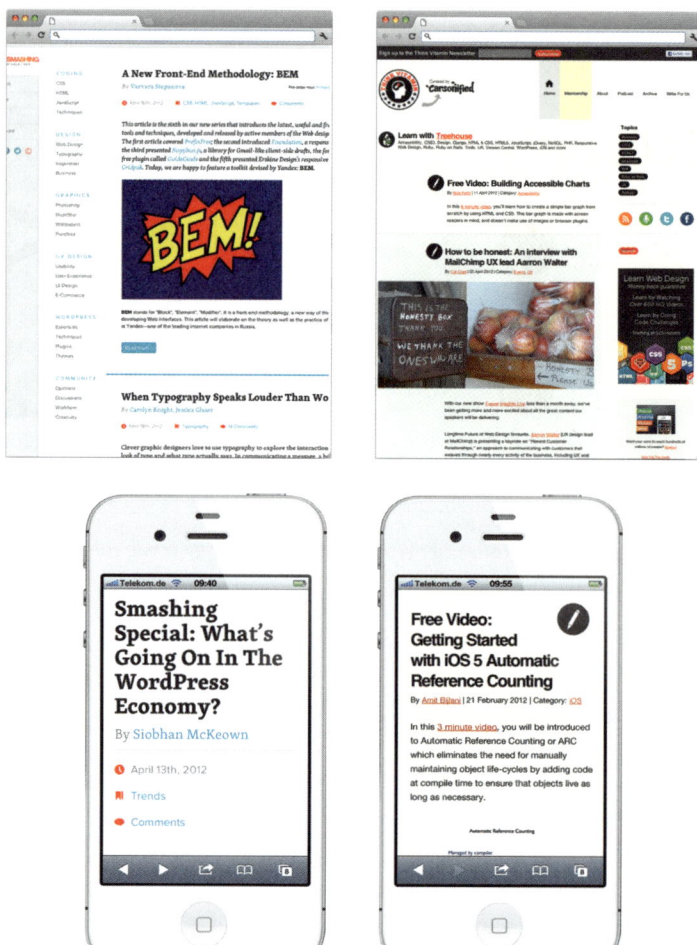

Abb. 10.13 *Sowohl Smashing Magazine als auch Think Vitamin bieten in der Desktop-Ansicht ihrer Online-Magazine eine ausgewogene Typografie. Im mobilen Kontext wirken die Überschriften aufgrund nicht angepasster Schriftgrößen zu dominant.*

Bei den mobilen Varianten verändert sich diese ausgewogene Darstellung allerdings. Durch die geringe Breite mobiler Geräte umbrechen die Überschriften sehr oft und nehmen somit auch vertikal sehr viel Platz ein. Das sorgt dafür, dass die Überschriften übermäßig stark auffallen und die Leser viel scrollen müssen, um die Inhalte zu durchforsten. Hier wäre eine kleine Schriftgröße besser gewesen, um den Lesefluss angenehmer zu gestalten und die geringe Bildschirmgröße effizienter auszunutzen.

Tipps zum Skalieren

Auf Desktop-Bildschirmen haben wir viel Platz zur Verfügung, den wir für ausgeprägte Überschriften und eine charaktervolle Darstellung nutzen können. Auf kleineren Bildschirmen müssen wir eventuell einen Kompromiss eingehen und den Schriftgrößenkontrast etwas reduzieren, um den Platz besser zu nutzen.

Hier sollten wir aber nicht hingehen und die Schriftgrößen willkürlich ändern, sondern darauf achten, dass das Verhältnis der Schriftgrade zueinander harmonisch bleibt. Dabei hilft es, sich an einer modularen Skala, einer Art Tonleiter zu orientieren, die ähnlich einer musikalischen Tonleiter aus harmonischen Proportionen besteht.

Eine solche Abfolge von Schriftgrößen zeigt Abbildung 10.14.

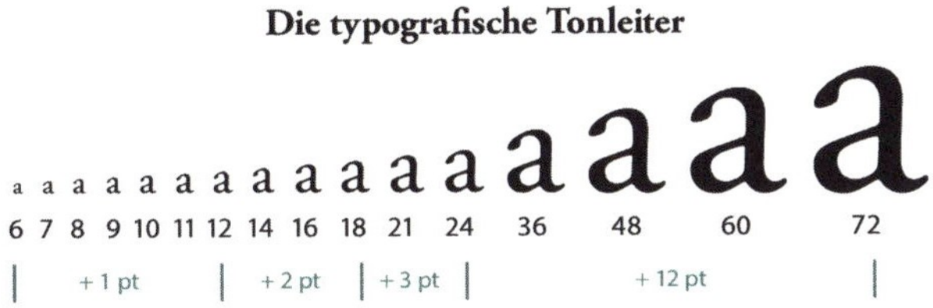

Die typografische Tonleiter
a a a a a a a a a a a a a a a a
6 7 8 9 10 11 12 14 16 18 21 24 36 48 60 72
+ 1 pt
+ 2 pt
+ 3 pt
+ 12 pt

***Abb. 10.14** Die jahrhundertealte typografische »Tonleiter«*

Sie wird seit Jahrhunderten verwendet und man findet sie in gleicher Weise – manchmal ergänzt um ein paar Zwischenschritte – auch heute noch in Layoutprogrammen wie InDesign (Abb. 10.15).

12 Pt
Andere
6 Pt
8 Pt
9 Pt
10 Pt
11 Pt
✓ 12 Pt
14 Pt
18 Pt
24 Pt
30 Pt
36 Pt
48 Pt
60 Pt
72 Pt

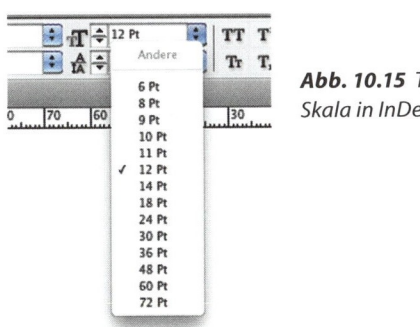

***Abb. 10.15** Typografische Skala in InDesign*

> **TIPP:** Statt der traditionellen Schriftgrad-Skala steht es jedem natürlich frei, eine eigene zu entwickeln, die den Bedürfnissen möglicherweise besser gerecht wird. Mehr zu diesem Thema schreibt Tim Brown in einem lesenswerten Artikel bei A List Apart.[16]

Jetzt können wir basierend auf der Skala eine Bandbreite von Schriftgraden festlegen, die wir je nach Bildschirmgröße für die Überschriften nutzen können (Abb. 10.16).

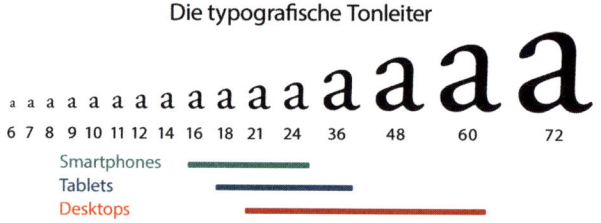

Abb. 10.16 *Schriftgrößen entsprechend der Gerätekategorie*

Die modulare Skala ermöglicht es uns, für die verschiedenen Bildschirmgrößen passende Schriftgrade zu entnehmen.

Dadurch erhalten wir für kleinere Bildschirme kleinere Überschriften, deren Schriftgrad nicht zu stark ansteigt und somit den geringen Platz besser ausnutzt. Auf größeren Bildschirmen steigen die Schriftgrade stärker an und erzeugen mehr Kontrast, womit wir hier aufgrund von ausreichend Weißraum besser umgehen können.

Wir müssen allerdings noch eine Besonderheit bei mobilen Geräten beachten. Aufgrund der höheren Auflösung im Vergleich zu Desktop-Bildschirmen kann die »physische« Schriftgröße auf mobilen Geräten abweichen. Deshalb sollten wir die Schrift auch immer auf den entsprechenden Geräten testen, um festzustellen, ob sie auch groß genug dargestellt wird.

----

16 http://www.alistapart.com/articles/more-meaningful-typography/

Den Zeilenabstand anpassen

Ein weiterer Bereich, den wir unter die Lupe nehmen können, ist der Zeilenabstand. Bei kurzen Zeilen kann der Zeilenabstand kleiner gewählt werden, bei längeren Zeilen sollte er größer werden, damit das Auge sich dann beim Zurückspringen an den Zeilenanfang leichter orientieren kann.

Im Responsive Webdesign können wir mithilfe von Mediaqueries auf verschiedene Breiten eingehen und entsprechend die Zeilenhöhe für Fließtexte in CSS anpassen:

```
p, ol, ul {line-height: 1.4;}
@media screen and (min-width: 480px) {
    p, ol, ul {line-height: 1.45;}
}
@media screen and (min-width: 600px) {
    p, ol, ul {line-height: 1.5;}
}
```

Das gilt natürlich nur für den Fall, dass die Zeilen mit steigender Viewport-Breite auch länger werden und nicht etwa durch Layoutänderungen mehrere Spalten verwendet werden, die für kürzere Zeilen sorgen. In diesem Fall müssten Sie dann wieder mit kleinerer Zeilenhöhe gegensteuern.

> **TIPP:** Praktisch wäre es, wenn die Zeilenhöhe in CSS nicht an die Schriftgröße, sondern an die Zeilenlänge gekoppelt wäre. In einem ausführlichen Artikel namens »Molten Leading« (»geschmolzener Zeilenabstand«) macht sich Tim Brown Gedanken darüber.[17] Lösungsansätze liefern Mat Marqis in Form eines JavaScripts[18] samt Demo[19] und Jim Jeffers als jQuery-Erweiterung.[20]

--- --- --- --- ---

17 http://nicewebtype.com/notes/2012/02/03/molten-leading-or-fluid-line-height/
18 https://github.com/Wilto/Molten-Leading
19 http://wilto.github.com/Molten-Leading/
20 https://github.com/jimjeffers/jQuery-minLineHeight

Moderne Einheiten für Schriftgrößen

Wir haben im Grundlagenkapitel bereits angesprochen, dass es sinnvoll ist, Schriftgrößen in relativen Einheiten wie em anzugeben. Damit stehen die Schriftgrößen in Bezug zueinander und können leichter für unterschiedliche Bildschirmgrößen geändert werden.

Ems haben allerdings einen gewissen Nachteil. Die Größenangabe bezieht sich bei Schrift immer auf die Schriftgröße des Elternelements. Das kann dann zum Problem werden, wenn das Elternelement eine vom body abweichende Schriftgröße erhält. Nehmen wir an, wir hätten folgende HTML-Struktur:

```
<body>
    <p>Ich bin ein Absatz</p>
    <div>
            <p>Ich bin ein Absatz innerhalb eines div</p>
    </div>
</body>
```

Wenn wir jetzt das folgende CSS zuweisen, ergeben sich für die beiden Absätze unterschiedliche Schriftgrößen:

```
body {font-size: 100%;} /* 16px */
p {font-size: 1 em;} /* 16px */
div {font-size: 1.5 em;} /* 24px */
div p {font-size: 1 em;} /* 24px */
```

Ein Absatz, der Kindelement eines div ist, wird plötzlich größer dargestellt als ein Absatz, der nicht innerhalb eines div platziert ist, obwohl beiden die Schriftgröße 1 em zugewiesen wurde. So kann es passieren, dass Inhaltsblöcke eine andere Schriftgröße erhalten, wenn sie innerhalb der Seitenstruktur verschoben werden. Um diesen Elementen dann wieder die ursprüngliche Größe zuzuweisen, ist umständlicher Rechenaufwand nötig. (In unserem Fall müsste die Schriftgröße für div p auf 0.666666667 em gesetzt werden, damit die Schrift wieder in der gleichen Größe wie der andere Absatz dargestellt wird.)

Dieses Problem ist ein Grund dafür, warum Pixel als Einheit für Schriftgrößen so beliebt sind. Seit einiger Zeit gibt es aber eine neue Einheit rem, die das angesprochene Problem behebt, indem es sich stets auf die Schriftgröße des Root-Elements bezieht, statt auf das Elternelement.

Es ist also egal, ob eine Schriftgröße für das Elternelement angegeben wurde oder nicht, die Basis für die Schriftgröße ist die Schriftgröße des body-Elements. Die Browser-Unterstützung für diese Einheit ist recht gut, allerdings funktioniert es nicht in älteren IE der Version 8 und abwärts sowie in Opera Mini und Opera Mobile[21]. Als Fallback kann man für diese Browser einfach die Pixelwerte voranstellen:

```
body {font-size: 100%;} /* 16 px */
h1 {font-size: 36px; font-size: 2.25rem;}
h2 {font-size: 24px; font-size: 1.5rem;}
h3 font-size: 18px; {font-size: 1.3125rem;}
p {font-size: 16px; font-size: 1rem;}
```

Mit rem haben wir nun eine leicht anzuwendende Einheit für die Schriftgröße, die die Vorteile von Pixelwerten und ems vereint und gut auf einen veränderten Kontext im Responsive Design reagieren kann.

> **TIPP:** Ein Tool, das beim Umrechnen von Pixeln in em/rem hilft, bietet die Website pxtoem.[22]

Für die Zukunft

Es gibt noch eine weitere interessante Einheit für Schriftgröße, die wir in Zukunft nutzen können, um Schrift flexibler zu machen, nämlich die Viewport-abhängigen Größen vw, vh und vmin/vmax.

---

21 http://caniuse.com/rem
22 http://pxtoem.com/

- 1 vw entspricht dabei 1% der Breite des Darstellungsfensters.
- 1 vh entspricht dabei 1% der Höhe des Darstellungsfensters.
- 1 vmin entspricht 1 vw oder 1 vh, je nachdem, welche der beiden Größen die kleinere ist.
- 1 vmax entspricht 1 vw oder 1 vh, je nachdem, welche der beiden Größen die größere ist.

Das bringt uns folgende Vorteile:

1. Wir hatten weiter oben das Thema optimale Zeilenlänge und Zeichen pro Zeile besprochen. Mit den neuen Einheiten können wir die Schriftgröße mit der Breite eines Containers in Beziehung setzen und so die Zeichenanzahl je Zeile konstant halten. Eine willkommene Erleichterung.
2. Wenn einzelne Wörter oder typografische Eye-Catcher so gestaltet werden, dass sie immer eine bestimmte Breite ausfüllen sollen, führt das bei Veränderung der Containergröße zu Schwierigkeiten, da Texte, anders als Bilder, keine min- oder max-width annehmen können, um sich anzupassen. Dank der neuen Einheiten wird es aber möglich, die Schriftgröße proportional anzupassen.

Leider ist die Browser-Unterstützung noch recht schwach. Der IE 10 kann damit umgehen. Chrome 20 kann die Einheit zwar interpretieren, berechnet den Wert bei einer Größenveränderung des Darstellungsfensters aber nicht neu. Firefox, Opera und Safari haben noch das Nachsehen, vielleicht tut sich dank der schnellen Weiterentwicklung bald etwas.

Wörter skalieren mit FitText

Solange die Viewport-abhängige Schriftgrößenänderung noch nicht hinreichend funktioniert, können wir uns mit FitText behelfen[23]. Dieses Tool ermöglicht es, dass ein Schriftzug immer eine bestimmte Breite ausfüllt. Es sollte allerdings nur für kurze Schriftzüge genutzt werden. Designer Trent Walton verwendet es zum Beispiel gerne für die Überschriften in seinen Artikeln (Abb. 10.17).

---

23 http://fittextjs.com/

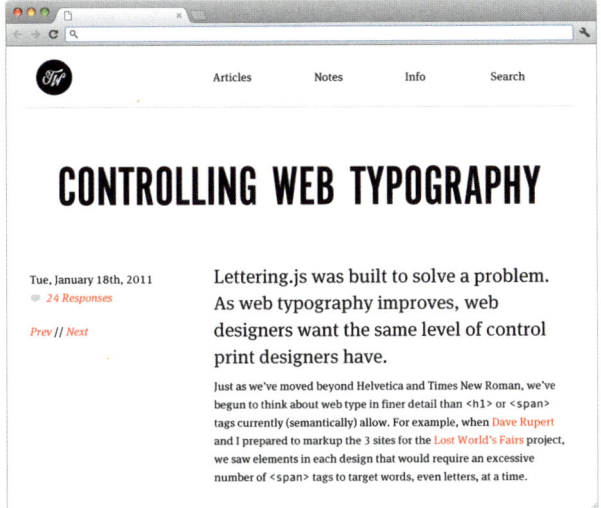

Abb. 10.17 *Trent Waltons Blog[24] mit Überschriften über die gesamte Breite*

Kontrast

Mobile Geräte werden überall verwendet – ja, auch dort –, weshalb unsere Gestaltung ziemlich robust sein sollte. Das schließt natürlich auch das Schriftbild mit ein. Neben der Schriftgröße und einer gut lesbaren Schrift spielt natürlich auch der Kontrast eine Rolle. Einige Designer sind anfällig dafür, bei der Wahl der Schriftfarbe einen zu hellen Farbton zu wählen. Es wirkt natürlich oft eleganter und hochwertiger, kann aber dazu führen, dass starker Lichteinfall das Lesen stark erschwert oder sogar ganz unmöglich macht. Hier sollte man also vorsichtig sein.

TIPP: In einem Tool von Jonathan Snook kann man eine Vorder- und Hintergrundfarbe definieren und testen, ob der Kontrast hoch genug ist, um zum Beispiel die WCAG-Zugänglichkeitsrichtlinien zu erfülle.[25]

---

24 http://trentwalton.com
25 http://snook.ca/technical/colour_contrast/colour.html

10.4 @font-face und Fallback-Schriften

Für die Überschriften der Begleit-Website soll die *Proxima Nova Extra Condensed* zum Einsatz kommen. Dank ihrer extrem schmalen Schriftbreite und der geometrischen Anmutung setzt sie sich kontrastreich vom Fließtext ab und sorgt für ein abwechslungsreiches Schriftbild.

Damit sie auch gut lesbar ist, braucht sie eine ausreichende Schriftgröße. Wir hatten zunächst für die Fallback-Schrift *Arial* in der h2 eine Größe von 1.5 em im CSS definiert. Bei dieser Größe wirkt die Überschrift in der Proxima Nova allerdings recht verloren (Abb. 10.18).

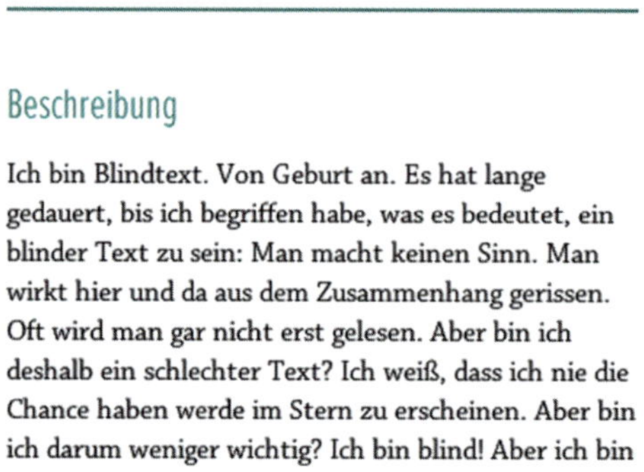

─────────────────

Beschreibung

Ich bin Blindtext. Von Geburt an. Es hat lange
gedauert, bis ich begriffen habe, was es bedeutet, ein
blinder Text zu sein: Man macht keinen Sinn. Man
wirkt hier und da aus dem Zusammenhang gerissen.
Oft wird man gar nicht erst gelesen. Aber bin ich
deshalb ein schlechter Text? Ich weiß, dass ich nie die
Chance haben werde im Stern zu erscheinen. Aber bin
ich darum weniger wichtig? Ich bin blind! Aber ich bin

Abb. 10.18 *Die Überschrift wirkt verloren.*

Deshalb erhöhe ich sie auf 2.25 em (36 px), was schon besser aussieht. Dadurch ergibt sich aber ein Problem: Wenn die Proxima-Nova nicht dargestellt oder geladen werden kann und stattdessen die Ersatzschrift Arial angezeigt wird, übernimmt diese aber die Schriftgröße 2.25 em, was natürlich zu groß ist. Wir brauchen also eine Möglichkeit, um zu testen, ob der Browser in der Lage ist, mit `@font-face` umzugehen, um daraufhin die Schriftgröße anzupassen.

Gehen wir etwas weiter zurück und erinnern uns an *Modernizr*, ein kleines Tool, das wir zu Beginn im `head` untergebracht haben (Siehe Kapitel 7 ab Seite 110). Dieses überprüft einzelne CSS-Funktionen und gibt dann entsprechende Klassennamen im HTML-Start-Tag aus. Funktioniert `@font-face`, wird die Klasse `fontface` ausgegeben. Damit können wir nun die Schriftgröße gezielt für beide Fälle steuern:

```
h2 {font-size: 1.5em;}
.fontface h2 {font-size: 2.25em;}
```

Typekit beinhaltet den sogenannten *Webfont Loader*, mit dem weitere Klassen hinzugefügt werden, die zur besseren Kontrolle der Schriften während des Ladens genutzt werden können. Ist die Schrift geladen, wird die Klasse `.wf-active` ausgegeben, über die die Schriftgröße für die Typekit-Schrift gesteuert werden kann:

```
h2 {font-size: 1.5em;}
.wf-active h2 {font-size: 2.25em;}
```

> **TIPP:** Zum Testen von Fallback-Fonts gibt es ein nettes Tool names *ffffallback*[26], mit dem man bequem die gewünschte Fallback-Schrift und -Schriftgröße eintragen und anschließend das Ergebnis mit der Wunschschrift vergleichen kann.

10.5 **Fazit**

Im Zusammenhang mit Responsive Design gibt es einige Stellschrauben, an denen man drehen kann, um auch das typografische Erscheinungsbild reaktionsfähig zu machen. Wichtig ist, dass Sie Schrift und ihre Wirkung immer auch auf verschiedenen Geräten testen. Und das nicht nur im Büro, sondern unter verschiedenen Bedingungen, zum Beispiel im Sonnenlicht. Idealerweise wirft man auch mal einen Blick auf die Website mit dem Smartphone eines anderen Herstellers. Wer selbst keine umfangreiche Testsuite hat, kann sicher im Freundes- und Bekanntenkreis nachfragen.

Gute Typografie ist die Grundlage für eine erfolgreiche Website, deshalb sollten wir auch im reaktionsfähigen Kontext dafür Sorge tragen.

---

26 http://ffffallback.com/

11

Anpassungsfähige Bilder, Hintergrundbilder und Icons

Nachdem wir in den vergangenen Kapiteln der Typografie auf den Zahn gefühlt haben, wollen wir uns jetzt intensiver mit Bildern und Icons auseinandersetzen.

Darüber hinaus müssen wir uns auch überlegen, wie wir Hintergrundbilder und Icons besser im reaktionsfähigen Kontext anpassen können.

11.1 Herausforderungen im reaktionsfähigen Kontext

Wir haben im Grundlagenkapitel zu Responsive Webdesign eine einfache Möglichkeit beschrieben, wie wir Bilder ganz leicht an ein flexibles Gestaltungsraster anpassen können, nämlich mit der folgenden Anweisung:

```
img {
height: auto
max-width: 100%;
}
```

Die Bildgröße passt sich dabei wunderbar an, aber es bleiben mehrere Probleme bestehen, die wir bisher nicht beleuchtet haben:

1. **Datenmenge**. Auch bei verkleinerter Bilddarstellung mittels CSS bleibt die ursprüngliche Dateigröße bestehen, egal ob das Bild 800, 400 oder 200 px breit

skaliert wird. Bei verkleinerter Bilddarstellung vor allem im mobilen Bereich wird unnötigerweise ein überdimensioniertes Bild vom Server geladen und herunterge-schrumpft. Das sorgt für längere Ladezeiten und erfordert mehr Rechenleistung, wodurch das Surf-Vergnügen merklich getrübt wird.

2. **Datenrate**. Die Entscheidung, ob ein kleines oder großes Bild geladen wird, hängt nicht nur von der Bildschirmgröße oder -auflösung ab, sondern auch davon, wel-che Netzverbindung gerade besteht. Wer ohne 3G oder WiFi im Netz surft, möchte wahrscheinlich eher kleinere Bilder herunterladen, auch wenn die Qualität leidet.

3. **Bildaussage**. Bei Verkleinerung eines Bilds ist das Bildmotiv möglicherweise nicht mehr wie gewünscht zu erkennen. So kann es besser sein, für unterschiedliche Bildschirmgrößen unterschiedliche Bildausschnitte oder gänzlich andere Motive zu verwenden. Dies ist auch mit der Frage verknüpft, was genau mit dem Bildmotiv ausgedrückt werden soll.

4. **Hochauflösende Displays**. Mittlerweile sind hochauflösende Bildschirme wie das *Retina Display* von Apple auf dem Vormarsch und neben Smartphone und Tablet auch in die Kategorie der Laptops vorgedrungen. Aufgrund ihrer hohen Pixeldichte erfordern auch sie gesonderte Bilddaten mit doppelter Auflösung.

Um diese Herausforderungen zu lösen, bedarf es mehrerer Schritte: Zum einen brauchen wir eine Technik, die die Bildschirmgröße auslesen (ähnlich wie Media-queries in CSS) und darauf abgestimmt ein anderes Bild laden kann. Ebenso benö-tigen wir eine Möglichkeit, die aktuelle Download-Geschwindigkeit auszulesen und daraufhin mit angepassten Bilddaten zu reagieren. Ist das Bildmotiv nicht für alle Bildschirmgrößen geeignet, müssen wir darüber hinaus noch in der Lage sein, »manuell« für die unterschiedlichen Bildschirmgrößen einen alternativen Bildpfad mit dem passenden Bildausschnitt im HTML zu hinterlegen.

Das alles unter einen Hut zu bekommen, ist sehr kompliziert und es werden wohl noch einige Jahre ins Land ziehen, bis wir die eierlegende Wollmilchsau geboren haben, die all diese Problemfälle abdeckt.

Die Schwierigkeit dabei: HTML ist nicht dazu konzipiert worden, derartige Pro-blemstellungen zu bewältigen. Bisher galt immer der Grundsatz, dass die Inhalte von Designentscheidungen getrennt sind und sich davon nicht beeinflussen lassen. Jeder Nutzer soll unabhängig von Layout oder Gerät auf die gleiche Inhaltsbasis zugreifen können.

Zu allem Unglück sind moderne Browser auch so konstruiert, dass bei einem Seitenaufruf möglichst viele Dateien parallel heruntergeladen werden und Bilder als größte Datenblöcke einer Website möglichst schnell geladen werden. Weil das passiert, bevor wir mit irgendwelchen clientseitigen Scripten darauf reagieren können, ist es natürlich doppelt schwer, das Laden nicht benötigter Bilder zu verhindern.

Schön und gut, die oben geschilderten Problemfälle erfordern dennoch, dass wir je nach Kontext verschiedene Bildressourcen laden, also konkret den Inhalt beeinflussen können.

Bisher sind wir wie gesagt noch weit von einer nativen HTML-Lösung entfernt, es ist aber auch nicht so, dass wir komplett im Regen stehen. Denn viele schlaue Leute haben sich daran gemacht, auf Basis von JavaScript und serverseitigen Scripten Lösungen zu entwickeln, mit denen wir bereits jetzt das gewünschte Verhalten erzielen können. Allerdings mit der Einschränkung, dass immer nur Teilprobleme beseitigt werden.

Mittlerweile ist dabei eine beachtliche Liste mit über 20 Vorschlägen zusammengekommen, die Chris Coyier und Christopher Schmitt in einem Google-Dokument gesammelt haben (Abb. 11.1).

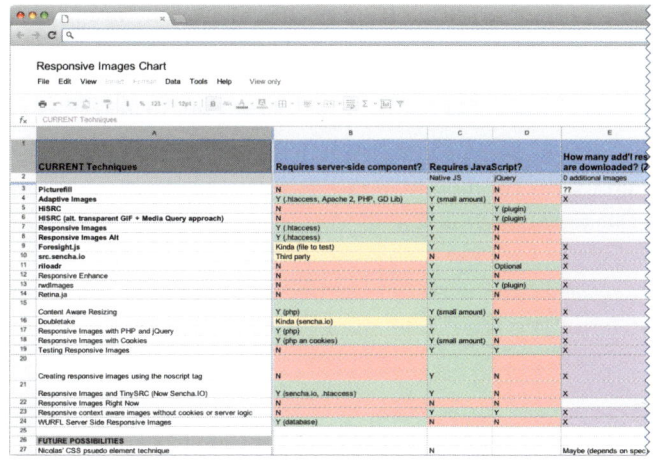

Abb. 11.1 *Übersicht aktueller Methoden für anpassungsfähige Bilder.*[1]

----

1   https://docs.google.com/spreadsheet/ccc?key=0AI0lI17fOI9DdDgxTFVoRzFpV3VCdHk2NTBmdVI2OXc#g
    id=0

Bei dieser großen Anzahl an Möglichkeiten drängt sich natürlich zwangsläufig die Frage auf: Welche davon soll ich denn jetzt verwenden?

Die Antwort ist abhängig von verschiedenen Voraussetzungen, Projektanforderungen und nicht zuletzt den persönlichen Vorlieben. Im Folgenden werden wir deshalb einmal drei Möglichkeiten herauspicken und ihre Vor- und Nachteile besprechen.

11.2 Adaptive Images

Bei dieser von Matt Wilcox[2] erstellten Variante handelt es sich um eine Kombination aus server- und clientseitigen Abfragen, die dafür sorgen, dass je nach Bildschirmbreite ein Bild in der passenden Größe ausgeliefert wird.

Der große Vorteil dieser Methode besteht darin, dass der HTML-Code für die Einbettung der Bilder nicht angefasst werden muss. Das kommt Ihnen vor allem dann zugute, wenn Sie auf einer bestehenden Website bereits zahlreiche Bilder integriert haben oder wenn aufgrund eines CMS der Code der Bildausgabe nicht verändert werden kann.

Zur korrekten Funktion braucht es serverseitig PHP5, die GD-Bibliothek und ModRewrite, was heutzutage aber Standard sein sollte.

Sehen wir uns die Funktionsweise anhand eines Beispiels an. Auf der Website zum Buch sind auf der Startseite einige Bilder, die bisher lediglich per CSS verkleinert wurden, aber von den Bildmaßen her für mobile Geräte reichlich überdimensioniert daher kommen (Abb. 11.2). Das werden wir nun ändern.

Wir laden die Dateien für *Adaptive Images* herunter, entweder von der Website oder von GitHub[3], und folgen den leicht verständlichen Anweisungen der deutschen Installationsanleitung.

- - - - - - - - - - - - - - - - - -
2   http://adaptive-images.com/
3   https://github.com/mattwilcox/Adaptive-Images

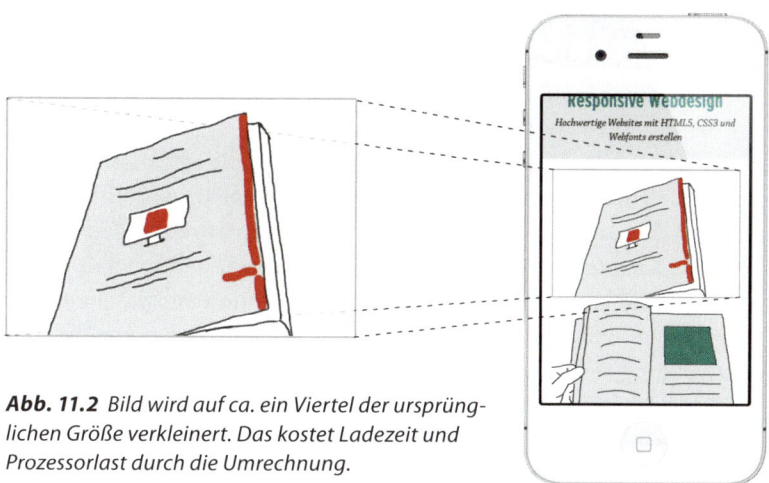

Abb. 11.2 *Bild wird auf ca. ein Viertel der ursprüng-*
lichen Größe verkleinert. Das kostet Ladezeit und
Prozessorlast durch die Umrechnung.

Als Erstes binden wir ein Schnipsel JavaScript möglichst weit oben im head ein,
damit es vor allen anderen Dingen aufgerufen wird:

```
<script>document.cookie='resolution='+Math.max(screen.width,screen.height)+';
path=/';</script>
```

Damit wird ein Cookie erstellt, in dem die Bildschirmdimensionen des verwendeten Geräts gespeichert werden. Als Nächstes fügen wir die *adaptive-images.php* dem
Root-Verzeichnis hinzu.

Diese Datei können wir so konfigurieren, dass sie zum übrigen Aufbau des Projekts
passt. Entscheidend ist vor allem die erste Zeile, in der kommagetrennt die verschiedenen Auflösungen hinterlegt werden, für die jeweils ein neues Bild erstellt
werden soll. Dabei wird später immer das Bild erzeugt und übertragen, das der via
Cookie übertragenen Monitorauflösung am ehesten entspricht.

Die angegebenen Werte können sich nach den Werten der Mediaqueries im CSS
richten, aber auch davon abweichen, ganz so, wie es für die Website am besten passt.
In unserem Fall haben wir noch keine Mediaqueries definiert, weshalb wir erst mal
die eingetragenen Standardwerte übernehmen. Sie können auch später noch angepasst werden:

```
$resolutions = array(1382, 992, 768, 480);
```

Die übrigen fünf Konfigurationswerte betreffen beispielsweise die Pfadangabe zum Cache-Verzeichnis für die dynamisch erzeugten Bilder sowie diverse Cache-Einstellungen, welche allesamt in der Standardeinstellung übernommen werden können.

Als letzte wichtige Zutat im Adaptive-Images-Cocktail kommt die mitgelieferte .htaccess-Datei ins Spiel. Wir kopieren sie ebenso ins Root-Verzeichnis. Sollte bereits eine *.htaccess*-Datei bestehen, ergänzen wir dort einfach den entsprechenden Code, Näheres dazu finden Sie auch in der Anleitung. In den meisten Fällen kann die Datei 1:1 übernommen werden, sie bietet allerdings Konfigurationsmöglichkeiten für Situationen, in denen man bestimmte Verzeichnisse auf dem Server von der dynamischen Bilderzeugung ausnehmen möchte.

```
RewriteCond %{REQUEST_URI} !assets
```

Diese Anweisung konfiguriert den Apache-Webserver so, dass das Verzeichnis /assets von der Bildumrechnung ausgeschlossen wird. Möchte man mehrere Verzeichnisse ausnehmen, erzeugt man für jedes eine neue Anweisung und stellt dem Verzeichnisnamen jeweils das Ausrufezeichen (!) voran.

Wenn Sie jetzt noch ein Cache-Verzeichnis names *ai-cache* im Root anlegen und die Benutzerrechte so vergeben, dass der Webserver Daten dort hineinschreiben kann (777), haben Sie's geschafft.

Was passiert da jetzt genau?

Falls Sie eher aus der Designer-Ecke kommen, ist es möglicherweise verwirrend, dem Prozess zu folgen. Dröseln wir das Ganze deshalb noch einmal auf, um nachzuvollziehen, was genau durch *Adaptive Images* in Gang gesetzt wird:

Wie bereits erwähnt, wird zunächst durch das JavaScript im head ein Cookie erzeugt, in dem die Bildschirmdimensionen des verwendeten Geräts gespeichert werden. Wichtig zu wissen ist in diesem Zusammenhang, dass nicht die Fenstergröße des Browsers übertragen und gespeichert wird, sondern die Bildschirmgröße des aktuellen Systems. Ein Funktionstest von *Adaptive Images* kann also nicht durchgeführt werden, indem Sie einfach die Größe des Browser-Fensters ändern!

Wird die HTML-Seite aufgerufen, sendet der Browser eine Anfrage an den Server, um in der Seite enthaltene Bilder zu laden, gleichzeitig wird das Cookie mitgesendet.

Der Server erhält die Anfrage, bevor er aber etwas unternimmt, wirft er einen Blick in die *.htaccess*-Datei, ob darin spezielle Instruktionen enthalten sind. In der *.htaccess*-Datei sind solche Anweisungen enthalten, die dem Server mitteilen, die Bilder nicht an den Browser zurückzusenden, sondern die Anfrage an die *adaptive-images.php* weiterzuleiten. Diese PHP-Datei liest dann die Bildschirmdimensionen aus dem Cookie aus und vergleicht diese mit allen $resolution-Angaben, die wir in der *adaptive-images.php* hinterlegt haben.

Nehmen wir an, wir surfen mit einem Gerät mit 480 px Bildschirmbreite, dann würde aus der $resolution-Liste der Wert 480 gewählt werden, der für eine maximale Bildbreite von 480 px steht. Anschließend wird im Cache-Ordner geschaut, ob bereits ein Bild in dieser Größe vorhanden ist und – falls ja – dieses dann an den Browser gesendet. Falls nein, wird das Bild aus der Originaldatei neu berechnet, fürs nächste Mal in den Cache-Ordner abgelegt und an den Browser gesendet.

So erhalten wir je nach verwendetem Gerät eine Bildgröße, die auch dazu passt und nicht unnötig überdimensioniert ist. Wir machen einen Funktionstest mit einem Smartphone und stellen fest, dass ein entsprechend verkleinertes Bild im Cache-Ordner abgelegt wurde und das Script somit funktioniert (Abb. 11.3).

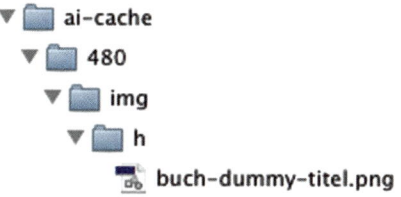

Abb. 11.3 *Im Cache-Ordner werden automatisch die erzeugten Bilder abgelegt.*

Zusammenfassung

Auch wenn es jetzt möglicherweise komplizierter geklungen hat, als es ist, haben wir mit diesem Script eine schöne und schnell einsatzfähige Methode, um Bilder je nach verwendetem Gerät in Dimensionen und Dateigröße anzupassen, vor allem für bestehende Websites.

Neben den eingangs erwähnten Vorteilen ist die Methode außerdem rückwärts kompatibel. Ist JavaScript deaktiviert, kann zwar das Cookie nicht erzeugt werden, die Auslieferung der Bilder erfolgt dann aber einfach gemäß der herkömmlichen

Weise. Somit ist bereits an eine Fallback-Lösung gedacht. Für den Fall eines fehlenden Cookies gibt es außerdem eine Logik, die anhand des User-Agent erkennen kann, ob die Anfrage von einem mobilen oder einem Desktop-Gerät stammt; für die erste wird dann das kleinste, für Letztere das größte Bild ausgeliefert.

> **TIPP:** *Adaptive Images* bietet auch noch eine alternative Möglichkeit, das Cookie zu erzeugen, nämlich via PHP. Auf der zugehörigen Website wird dazu die zusätzliche Datei adaptive-cookie.php vorgestellt, die ebenfalls auf den Server geladen wird. Der Nachteil ist aber: Der Aufruf einer serverseitigen Datei ist zwangsläufig langsamer als eine lokale und laut Matt Wilcox ist fast sicher davon auszugehen, dass das Cookie beim ersten Seitenaufruf nicht korrekt gesetzt wird.

An die Grenzen stößt dieses Konzept, wenn es darum geht, individuelle Bildausschnitte für die einzelnen Kontexte anzulegen, also das Motiv gänzlich auszutauschen Ein weiterer Nachteil besteht darin, dass das größte Bild die Ausgangsposition ist. Funktioniert das Script nicht, ist zwar ein Fallback da, der Nutzer leidet dennoch unter langen Ladezeiten.

11.3   Responsive Enhance

Die zweite Möglichkeit, die ich an dieser Stelle vorstellen möchte, hört auf den Namen *Responsive Enhance*[4]. Dabei handelt es sich um eine Variante, die rein auf JavaScript basiert und keine weiteren Dateien auf dem Server benötigt. Zugrunde liegt das Mobile-First-Konzept, sein Projekt also erst für die mobile Variante anzulegen, um es dann nach und nach gemäß dem Prinzip des Progressive Enhancement hin zur Desktop-Ansicht zu entwickeln. Bei *Responsive Enhance* wird grundsätzlich zunächst die verkleinerte und damit mobilfreundliche Version eines Bilds geladen. Damit sind auch ohne JavaScript schnelle Ladezeiten garantiert.

Neben dem kleinen Bild wird eine weitere Quelle angegeben, die auf die größere Version verweist. Wird die Seite mit einem größeren Bildschirm aufgerufen, wird mittels JavaScript zusätzlich dieses größere Bild angefordert und das zuvor geladene kleinere Bild ersetzt.

----

4 https://github.com/joshje/Responsive-Enhance

Es werden also auf größeren Geräten immer zwei Bilder geladen. Da man aber annehmen kann, dass der Zugriff via Desktop wahrscheinlich gleichbedeutend ist mit einer besseren Bandbreite, ist das eigentlich überflüssige – aber nicht vermeidbare – Laden der kleinen Version vertretbar. Es besteht sogar ein zusätzlicher Charme darin. Denn gefühlt lädt die Seite schneller, weil sehr schnell das kleinere Bild sichtbar wird und dann erst nach einiger Zeit durch das größere Bild, das länger zum Laden braucht, ausgetauscht wird.

Werfen wir hier mal einen Blick auf ein Beispiel[5] (Abb. 11.4).

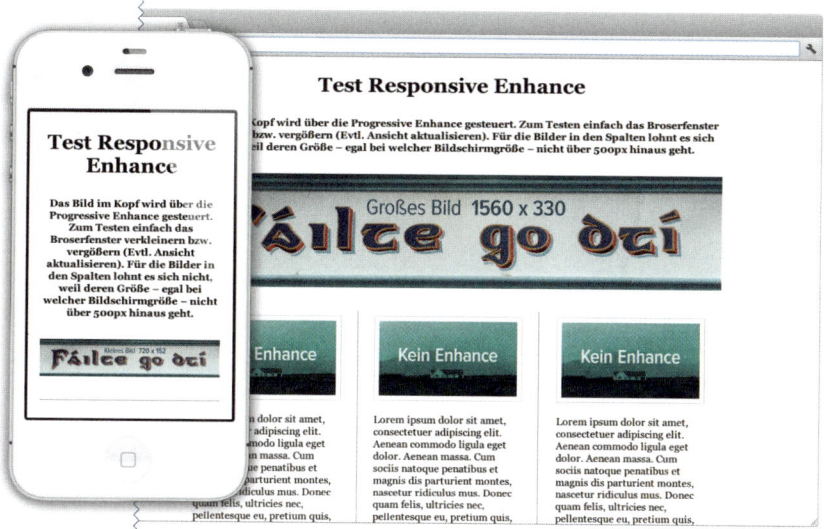

Abb. 11.4 *Die mobile Darstellung zeigt eine kleinere Version des Bilds, das am Desktop durch ein größeres ersetzt wird.*

Wenn wir das Browser-Fenster klein ziehen (und anschließend die Seite neu laden) oder mit einem Smartphone die Seite aufrufen, erscheint im oberen Bereich ein kleines Bild einer Ladenbeschriftung. Wenn wir das Browser-Fenster vergrößern, wird dieses Motiv irgendwann durch ein höher aufgelöstes Bild ersetzt. Wie läuft das genau ab?

---

5 http://rwd-buch.de/responsive-enhance.html

Funktionsweise

Als Erstes wird die Datei responsive-enhance.js eingebunden, die für das Nachladen des größeren Bilds und den Bildaustausch verantwortlich ist. Das Paket ist bei *GitHub* verfügbar.[6]

```html
<html>
    <head>
        <title>Responsive Enhance</title>
        …
        <script src="responsive-enhance.js"></script>
        …
</head>
```

Darüber hinaus müssen wir dem betreffenden Bild eine ID zuweisen, in unserem Fall einfach demo. Neben der normalen Bildquelle müssen wir außerdem noch eine weitere für das größere Bild angeben. Das machen wir über ein sogenanntes Data-Attribut. Dieses in HTML5 eingeführte Attribut ermöglicht es, weitere Informationen im Quellcode zu hinterlegen, auf die wir dann beispielsweise mit JavaScript zugreifen können. Hinter dem Präfix data- wird dann ein beliebiger Name in kleiner Schreibweise ergänzt, in unserem Fall fullscr als Name für die Quelle des großen Bilds:

```html
<img id="demo" src="img/resp-enhance-klein.jpg" data-fullsrc="img/resp-enhance-
gross.jpg" alt="Reaktionsfähiges Bild">
```

Auch wenn es erst mal ungewohnt aussieht, haben wir so eine im Rahmen von HTML5 valide Erweiterung unseres herkömmlichen img-Elements.

Damit das Ganze jetzt funktioniert, müssen wir für die betreffenden Bilder das CSS noch anpassen. In einer reaktionsfähigen Umgebung weisen wir Bildern in der Regel ein max-width: 100% zu. Damit verkleinern sie sich, wenn der Platz eng wird, sie vergrößern sich aber anders herum nicht über ihre eigene Größe hinaus.

Aber genau diesen Fall, dass das ursprüngliche Bild größer wird, als es eigentlich ist, brauchen wir hier, da sonst kein Bedarf bestehen würde, das größere nachzuladen. Wir ändern deshalb für betreffende Bilder das CSS etwas ab:

---

6 https://github.com/joshje/Responsive-Enhance

```
img #demo {
    width: 100%;
}
```

Damit wär's fast geschafft. Zum Schluss wird die `responsiveEnhance`-Funktion auf-gerufen, mit dem Namen der ID (`demo`) sowie der Bildbreite, ab der der Bildwechsel stattfinden soll (`720`).

```
<script>responsiveEnhance(document.getElementById ('demo'), 720);</script>
</body>
</html>
```

> **HINWEIS:** Alternativ zur Standardversion mit `getElementById` kann man auch `getElementsByClassName` gepaart mit einer CSS-Klasse im `img`-Element verwenden für den Fall, dass es auf einer Seite mehrere Bilder gibt, die auf die gleiche Art angepasst werden sollen.

Ruft man die HTML-Seite nun mit einem verkleinerten Browser-Fenster oder einem mobilen Gerät auf, wird zunächst das kleinere Bild dargestellt. Wenn Sie das Fenster vergrößern, bis das Bild eine Breite von 720 px übersteigt, wird die große Bildvariante nachgeladen und sie ersetzt das kleinere Bild. Der eingetragene Wert für den Wechsel des Bilds ist also *nicht* etwa die Bildschirm- oder Fensterbreite.

Bilder ausschließen

In unserem Beispiel sehen wir sehr schön, dass längst nicht jedes Bild einer Web-seite unbedingt reaktionsfähig in Bezug auf die Dateigröße sein muss. Wenn bei größeren Bildschirmen mehrere Spalten eingefügt werden, kann es sogar sein, dass die Bilder kleiner werden. Ein größerer Bildschirm bedeutet also nicht zwangsläufig größere Bilder.

Für solche Fälle passt Responsive Enhance ganz gut, weil durch die Vergabe einer ID/Klasse gezielt Bilder angesteuert bzw. solche ausgeklammert werden können, die nicht verändert werden sollen.

Sollen mehrere Bilder über eine Klasse angesteuert werden, ist darauf zu achten, dass die angewählten Bilder ungefähr gleich groß sind, weil ja pro Klassenname nur eine Bildbreite im Script hinterlegt werden kann.

Fazit

Im Gegensatz zu *Adaptive Images* kommt *Responsive Enhance* ohne serverseitige Skripte aus. Es wird im Sinne des Progressive Enhancement zunächst das kleine Bild angezeigt, was ein Vorteil dieser Methode ist.

Der Nachteil dieser Methode liegt neben dem Laden zweier Bilder auf größeren Bildschirmen darin, dass jedes img-Element in der oben beschriebenen Weise erweitert werden muss. Arbeitet man mit einem CMS, hat man nicht immer ohne weiteres Zugriff auf die Art und Weise, wie Bilder im Code eingebunden werden; in diesen Fällen ist die Responsive-Enhance-Methode ungeeignet.

Darüber hinaus bietet sie lediglich zwei Bildvarianten an, klein und groß. Je nach Projekt möchte man aber mehrere Zwischenstufen einbinden, weshalb wir uns noch nach einer weiteren Methode umsehen werden.

11.4 Bildmotiv oder -ausschnitt ändern

Sehen wir uns das vorherige Motiv noch einmal an, stellen wir hier noch ein weiteres Problem fest. Es wird Ihnen wohl schon aufgefallen sein, dass das Landschaftsbild im oberen Bereich auf Smartphones sehr klein wirkt, was durch die folgenden größeren Motive noch verstärkt wird (Abb. 11.5).

Auf großen Bildschirmen hingegen kann das Bild als auffälliger Eye-Catcher glänzen. Nicht nur durch die Größe selbst, sondern auch, weil es im richtigen Größenverhältnis zu den anderen Bildern steht (siehe Abb. 11.4).

Hauptmotiv
zu klein

Nebenmotiv
zu groß

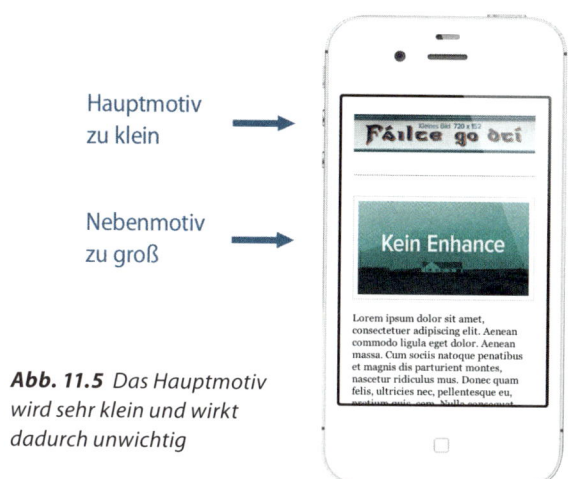

Abb. 11.5 *Das Hauptmotiv
wird sehr klein und wirkt
dadurch unwichtig*

Hierbei stoßen wir auf ein grundsätzliches Problem im Responsive Webdesign, dass Bilder je nach verwendeter Bildschirmgröße die Gewichtung verändern. Besonders auffällig ist das bei extrem querformatigen Bildern. Da Smartphones beim Surfen häufig hochkant gehalten werden, muss das Bild stark verkleinert werden und wirkt dann durch die geringe Höhe sehr klein und unscheinbar. Je nach Motiv kann es außerdem sein, dass wichtige Details nicht mehr oder nur noch schlecht erkennbar sind.

Eine Lösung des Problems besteht also darin, das Bildformat nicht zu extrem zu wählen oder je nach Motiv und Situation auf ein Hochkantformat auszuweichen. Auch der Bildausschnitt könnte verändert werden, um bei kleinen Bildschirmen die wichtigen Bildelemente besser hervorzuheben. Hier stößt *Responsive Enhance* allerdings an seine Grenzen. Weil das kleine Bild immer zuvor geladen wird, kann es zu unschönen Bildwechseln kommen, wenn es ein anderes Format oder einen anderen Bildausschnitt als das größere Bild hat.

Mehr zum Thema Hierarchie finden Sie im Kapitel 14 (Seite 283).

11.5   Angriff der Retina-Displays

Eine weitere Komplexitätsstufe hat Apple der Bilddiskussion hinzugefügt, als mit dem iPhone 4 erstmalig das sogenannte Retina-Display vorgestellt wurde. Die Retina, die menschliche Netzhaut, ist dabei nicht mehr in der Lage, einzelne Pixel des Displays zu erkennen und die Darstellung wirkt gestochen scharf. Das iPhone 4 hat dabei einen Bildschirm mit 960 x 640 Pixeln, was bei der gleichen Fläche wie beim Vorgängermodell einer Auflösung von 326 dpi entspricht. Analog dazu ist auch bei der dritten Generation des iPads (2048×1536 Pixel = 264 dpi) und den jüngsten Macbook-Pro-Modellen (2880×1800 Pixel = 220 dpi) ein Retina-Display verbaut. Es vermittelt so beispielsweise beim Lesen von Text den Anschein gedruckter anstelle pixeliger Buchstaben. Wenn man sich vorstellt, dass beim 15-Zoll-Modell des jüngsten Macbook Pro viermal mehr Pixel auf dem gleichen Raum vorhanden sind als beim Vorgängermodell, wirkt diese Tatsache wenig überraschend (Abb. 11.6).

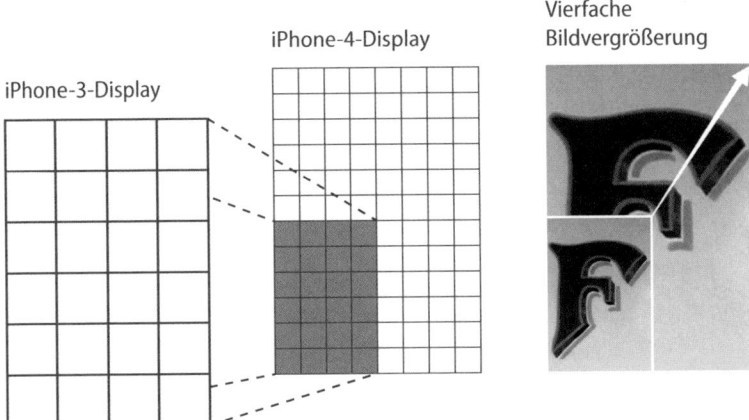

Abb. 11.6 *Vierfache Pixel-Zuzunahme sorgt für vierfach größere Bilder.*

Leider bedeutet das aber auch, wie Abbildung 11.6 zeigt, dass vierfach größere Bilder mit entsprechend höherer Datenmenge ausgeliefert werden müssen, um den Anforderungen des Displays gerecht zu werden. Denn herkömmliche Bilder werden auf diesen Bildschirmen auf die *vierfache* Größe skaliert und dadurch unscharf in der Darstellung, was wir natürlich vermeiden wollen.

Für das Thema Responsive Images bedeutet das, dass im Hinblick auf diese Technologie ein kontextabhängiges Laden der korrekten Bildgrößen noch wichtiger wird.

Möchte man einerseits den Besitzern von Retina-Display-Geräten die bestmögliche Bildqualität ausliefern, gleichzeitig aber allen anderen vertretbare Datenmengen zumuten, muss man die Bildschirmauflösung mit in die Entscheidung einbeziehen.

> **TIPP:** Bei Adaptive-Images gibt es dafür ein alternatives JavaScript, das neben der aktuellen Bildschirmgröße auch noch die Pixeldichte in das zum Server übertragene Cookie speichert und das ausgelieferte Bild darauf abstimmt:[7]
>
> ```
> <script>document.cookie='resolution='+Math.max(screen.width,screen.
> height)+("devicePixelRatio" in window ? ","+devicePixelRatio : ",1")+';
> path=/';</script>
> ```

Responsive Enhance berücksichtigt das leider nicht. Wenden wir uns deshalb nun der bereits angekündigten dritten Möglichkeit zu.

11.6 Neue HTML-Elemente braucht das Land

Die bisherigen Lösungen funktionieren im Rahmen ihrer Möglichkeiten recht gut, aber mittelfristig ist es das Ziel, solche Scripte, wie wir sie gerade vorgestellt haben, durch einen HTML-Standard zu ersetzen. Dadurch kann man sich wieder auf eine Sprache beschränken und so die Dinge für die Entwickler vereinfachen.

Auf dem Weg dahin wurde im letzten Jahr heftig über die mögliche Ausrichtung der HTML-Erweiterung für reaktionsfähige Bilder diskutiert, mit teils großer Verärgerung seitens der Entwicklergemeinde über die (vorläufig) getroffenen Entscheidungen.

---

7 http://adaptive-images.com/details.htm#alternate-js

> **TIPP:** Einen lesenswerten Artikel von Anselm Hannemann bezüglich des Hergangs der Auseinandersetzung rund um reaktionsfähige Bilder finden Sie in Peter Kröners Blog.[8] Eine ausführliche Beschreibung der zugrunde liegenden Probleme liefert Matt Wilcox.[9]

srcset

Lassen wir hier aber die politischen Diskussionen außen vor und konzentrieren uns auf das Ergebnis. Seitens der WHATWG, der initialen Arbeitsgruppe hinter HTML5, wurde folgender Vorschlag ins Rennen geschickt:

```
<img alt="Bildbeschreibung" src="/path/to/fallbackimage.jpg" srcset="/path/to/
image.jpg 800w 400h 1x, /path/to/otherimage. jpg 600w 300h 2x">
```

Dabei wird das `img`-Element um ein neues `srcset`-Attribut ergänzt, das Bildquellen für andere Bildschirmgrößen und -auflösungen bereithält. Ältere Browser, die die Ergänzung nicht verstehen, binden einfach das normale Bild aus dem src ein. Das Gute an dieser Lösung ist die prägnante Schreibweise, die vor allem dann zum Tragen kommt, wenn viele Bilder auf einer Seite vorhanden sind.

Demgegenüber stehen aber auch einige Nachteile. So wird innerhalb des `srcset`-Attributs eine komplett neue Mikrosyntax erschaffen, die nicht leicht zu verstehen ist. Im Rahmen einer Bildeinbettung könnte man auf den naheliegenden Gedanken kommen, dass die Werte 800w oder 400h etwas mit den Bilddimensionen zu tun haben. Sie bezeichnen in diesem Fall aber die Bildschirmbreite in Pixeln. Ob es sich um die Mindest- oder Maximalbreite handelt, geht ebenso nicht aus der Schreibweise hervor. Verwirrung und Fehler sind also vorprogrammiert.

picture

Die Responsive Images Community Group hingegen hat unter Mitwirkung einiger namhafter Webentwickler folgenden Vorschlag zutage gefördert:

----

8 http://www.peterkroener.de/die-responsive-images-story/
9 http://dev.opera.com/articles/view/responsive-images-problem/

```
<picture alt="Bildbeschreibung">
    <source src="mobile.jpg" />
    <source src="medium.jpg" media="min-width: 600px" />
    <source src="fullsize.jpg" media="min-width: 900px" />
    <img src="mobile.jpg" /><!-- Fallback für ältere Browser -->
</picture>
```

Dieser Vorschlag lehnt sich an die bekannte Syntax für Video- und Audioelemente an und ist daher für Neulinge leichter verständlich. Ebenso gewohnt wie selbst erklärend ist die Verwendung von Mediaqueries für die Abfrage der Bildschirmbreite. Darüber hinaus kann, anders als bei der srcset-Methode zwischen Mindest- und Maximalbreite unterschieden werden.

Leider hat die Methode auch ihre Nachteile. Der benötigte Quellcode für ein einziges Bild ist schon gewaltig. Für mehrere Bilder kommt außerdem hinzu, dass der Mediatest bezüglich der Fensterbreite für jedes Bild durchgeführt wird. Die integrierten Mediaabfragen basieren auf CSS und da CSS keine Bandbreitentests durchführen kann, wird diese Methode außerdem in dieser Form nicht auf langsame Netzwerkverbindungen reagieren können.

Beide Methoden haben außerdem noch einen gemeinsamen Nachteil. Sowohl scrset als auch picture haben den Test bezüglich der Bildschirmdimensionen im HTML integriert. Dadurch leidet die Performance, außerdem steigt der Pflegeaufwand, weil Mediatests sowohl im CSS als auch im HTML integriert sind.

Quintessenz: eine gute Mischung

Florian Rivoal von Opera hat eine Mischung der beiden letztgenannten Methoden vorgeschlagen, die einige Vorteile bietet[10]. Dieser Vorschlag sieht wie folgt aus:

```
<picture alt="Bildbeschreibung">
    <source srcset="small.jpg 1x, small-highres.jpg 2x">
    <source media="(min-width: 18em)" srcset="med.jpg 1x, med-highres.jpg 2x">
    <source media="(min-width: 45em)" srcset="large.jpg 1x, large-highres.jpg 2x">
    <img src="small.jpg" alt="Description of image subject.">
</picture>
```

----
10 http://lists.whatwg.org/htdig.cgi/whatwg-whatwg.org/2012-May/036160.html

Wir haben jetzt also einige Elemente beider Varianten kombiniert und uns fällt direkt auf, dass der Code leider noch umfangreicher geworden ist. Außerdem mag es verwirrend sein, dass zwei unterschiedliche Attribute verwendet werden für recht ähnliche Aufgaben.

Dafür haben wir aber auch mehr Möglichkeiten für eine optimale Bildausgabe. Zum einen kann der Browser anhand der Mediaqueries prüfen, welches Bild gewählt wird. Darüber hinaus kann dann aus dem srcset das passende Bild entsprechend der Auflösung ausgewählt werden. Wenn Browser in Zukunft noch in der Lage sind, die Netzwerkverbindung zu prüfen, können sie je nach Geschwindigkeit entscheiden, welches Bild am besten geladen werden soll. Außerdem könnten Nutzer in den Browser-Einstellungen angeben, dass bei schwacher Netzwerkverbindung nur niedrig auflösende Bilder geladen werden sollen. Zurzeit ist das leider noch ein Wunschkonzert.

Dank eines JavaScript-Polyfill von Mathew Marquis[11] auf Basis der Vorgängerversion von Scott Jehl[12] können wir die oben beschriebene Syntax aber bereits verwenden, wenn auch ohne die noch nicht mögliche Geschwindigkeitsprüfung des Netzwerks.

Damit haben wir auch den Nutzungsfall für veränderte Bildausschnitte eingeschlossen, den wir weiter oben erläutert haben. So kann gezielt für kleinere Bildschirme ein Hochformat angegeben werden, weil wir ja gezielt für einzelne Umbruchpunkte eine andere Bildquelle angeben können.

Mathew zeigt die Funktionsweise auf einer Beispielseite[13], die zum Vergleich anschließend auch das Original-PictureFill von Scott Jehl enthält. Den Unterschied stellt man fest, wenn man mit einem Retina-Display-Gerät die Seite ansteuert, dann wird das obere Bild durch die Highres-Version ersetzt, die im unteren picture-Element fehlt (Abb. 11.7).

Die Highres-Version ist kenntlich gemacht durch das 2x in der Bildecke oben rechts, im Bild selbst ist der Qualitätsunterschied vor allem im Baum zu erkennen.

- - - - - - - - - - - - - - - - -

11 https://github.com/Wilto/picturefill-proposal
12 https://github.com/scottjehl/picturefill
13 http://wil.to/picturefill/

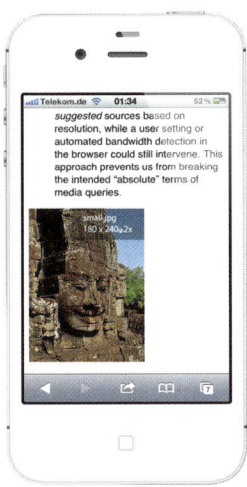

Abb. 11.7 *Hochauflösende Displays laden ein spezielles Bild.*

Fazit

Mathew Marquis empfiehlt, mit dem Einsatz noch zu warten, bis es mindestens einen Browser gibt, der Unterstützung für das `picture`-Element bietet. Alternativ kann auch die abgespeckte ursprüngliche Version von Scott Jehl[14] eingesetzt werden. Sie arbeitet in der Standard-Version mit `divs` statt picture und fühlt sich dadurch etwas vertrauter an, wenn auch die Erkennbarkeit verloren geht, dass es sich bei dem Codeblock um ein Bild handelt. Sollten Sie das Script auf einer Live-Website einsetzen, ist selbstverständlich ausgiebiges Testen angesagt.

Vorteil dieser Methode sind die große Kontrolle und die vielen Möglichkeiten, wann was angezeigt werden soll. Das verursacht natürlich Vorüberlegungen und zusätzliche Arbeit. Im Rahmen von CMS dürfte der Einsatz sehr fraglich sein, es sei denn, die Redakteure kennen sich mit HTML und speziell mit dieser Methode aus.

- - - - - - - - - - - - - - - - - -

14 https://github.com/scottjehl/picturefill

11.7   Qual der Wahl

Verallgemeinernd lässt sich nicht sagen, welche Methode die beste ist. Es kommt immer auf die Anforderungen und Voraussetzungen an.

Als kleine Entscheidungshilfe habe ich folgende Tabelle zusammengestellt:

	Adaptive Images	**Responsive Enhance**	**Picture Polyfill**
Technik	PHP, .htaccess	JavaScript	JavaScript
Eingriff ins HTML nötig	nein	ja, gering	ja, umfangreich
Fallback-Bild	groß	klein	klein
Bilder für Retina-Displays	ja	nein	ja
Anzahl möglicher Umbruchpunkte/ Bildgrößen	beliebig	zwei	beliebig
Anderen Bildausschnitt je nach Kontext wählen	nein	ja	ja
CMS-tauglich	Ja	ja, mit Anpassungen am CMS	eher schwierig

11.8   Responsive Slider

In den vorherigen Abschnitten haben wir uns mit der Darstellung einzelner Bilder beschäftigt. Im Gestalteralltag wird man es jedoch auch mit komplexeren Aufgabenstellungen zu tun haben, wie beispielsweise dem Einbinden von Bild-Slidern. Es ist ja gut und schön, Bildvarianten je nach Kontext unterschiedlich zu laden, aber wie verhalten sich ganze Bildgalerien in diesem Zusammenhang?

Auf der Startseite im Buch haben wir ebenfalls vier Bilder, die in einem Slider dargestellt werden sollen, der natürlich auch bei steigender Bildschirmgröße reaktionsfähig sein soll. Glücklicherweise gibt es schlaue Menschen, die sich darüber bereits

Gedanken gemacht haben, und so gibt es mit dem *Flex Slider 2* eine gelungene und recht einfache Umsetzung[15]. Dabei wird nicht nur an die Bildschirmgröße gedacht, sondern je nach Nutzungsumgebung werden auch unterschiedliche Bedienkonzepte wie Wischgesten auf Smartphones berücksichtigt.

Integrieren wir *Flex Slider 2* also in die Startseite. Die Anleitung der Website ist selbst erklärend, wir binden das benötigte JavaScript, CSS und die HMTL-Angaben wie beschrieben in die Seite ein und sehen, was passiert. Der Slider funktioniert, hat aber die Bilder auf die gesamte verfügbare Breite ausgedehnt. Das liegt an einer Anweisung im beigefügten CSS, die den Bildern ein `width: 100%` zuweist. Wir können das anpassen, indem wir den Bild-Container (`.flexslider`) in seinen Dimensionen auf die gewünschte Bildgröße beschränken.

Auf Smartphones funktioniert der Slider nun wunderbar über Wischgesten, am Desktop auch über die Tastatur. Die Bilder werden dank dem zuvor eingebundenen *Adaptive Image* klein gerechnet, so dass auch für die Geschwindigkeit gesorgt ist, insgesamt eine runde Sache (Abb. 11.8).

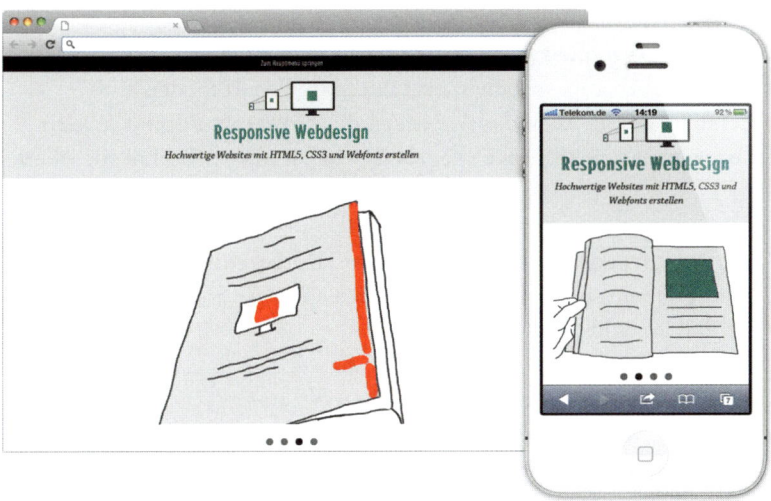

Abb. 11.8 *Der Slider auf Desktop und Smartphone*

---

15 http://www.woothemes.com/flexslider/

An der Gestaltung muss noch gefeilt werden, aber das soll uns jetzt erst mal nicht aufhalten. Auf der Projekt-Website finden sich noch diverse weitere Einstellungsmöglichkeiten, die man in einer ruhigen Minute mal durchforsten kann.

11.9 Hintergrundbilder

Nachdem wir nun einige Methoden zur Größenanpassung von im HTML eingebundenen Bildern besprochen haben, sollten wir auch noch mal einen Blick auf die Hintergrundbilder werfen.

Hier ist der Austausch einer Datei wesentlich leichter, weil wir mit Mediaqueries arbeiten können und je nach Anwendungsfall einen anderen Bild-Link für den Hintergrund definieren.

jQuery Anystretch

Im Grundlagenkapitel zu Responsive Webdesign hatten wir auch schon die CSS-Eigenschaft `background-size` angesprochen, mit der man die Größe der Bilder beeinflussen kann (ab Seite 30). Auch das Anpassen des Hintergrundbilds an den Container ist mit `background-size: cover` gegeben, wie wir auch schon besprochen haben.

Die Technik ist zum Beispiel dann hilfreich, wenn der Hintergrund sich zusammen mit den übrigen Elementen der Website anpassen soll, wie es bei der Website *wearyoubelong*[16] der Fall ist (Abb. 11.9).

Hier ist die Technik allerdings mit einem jQuery-Plug-in namens *jQuery Anystretch*[17] umgesetzt, einem Plug-in, das Elliot Jay Stocks ausführlich in seinem Blog vorstellt[18]. Es steht anders als `background-size: cover` auch älteren Browsern zur Verfügung und bietet darüber hinaus weitere Funktionen. Nach Einbindung der jQuery-Bibliothek und dieses Plug-ins ist man in der Lage, jedem Blocklevel-Element ein Hintergrundbild zuzuweisen, das sich automatisch in der Größe anpasst.

----

16 http://wearyoubelong.com/
17 https://github.com/danmillar/jquery-anystretch
18 http://elliotjaystocks.com/blog/better-background-images-for-responsive-web-design/

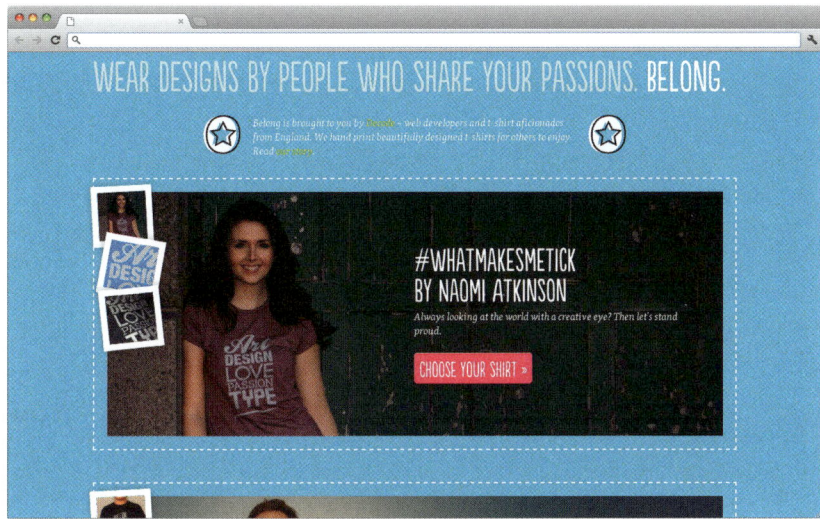

Abb. 11.9 *Das Hintergrundbild muss sich bei Verkleinerung des Bildschirms anpassen, damit der Text im rechten Bereich nicht das Motiv links überdeckt.*

Hochauflösende Hintergrundbilder

Auch bei der Einbindung von Hintergrundbildern gibt es ein paar Dinge im Zusammenhang mit hochauflösenden Displays zu bedenken. Aber auch hier gilt natürlich, dass wir, wenn möglich, eine bessere Version der Bilddaten für solche Geräte bereitstellen.

Die Mediaabfrage

Bei einer Größenänderung eines Bilds für eine andere Bildschirmgröße reichen die Mediaqueries in Bezug auf die Bildschirmbreite oder -höhe aus, wenn es aber um die Auflösung geht, kommen wir damit nicht weiter. Hier wird die Frage nach der Pixeldichte des Geräts gestellt, wozu Webkit sich folgende Idee hat einfallen lassen:

```
@media only screen and (-webkit-min-device-pixel-ratio: 2) {}
```

Einige Browser haben diese Eigenschaft übernommen, allerdings leider mit einigen Inkonsistenzen:

```
@media only screen and (-webkit-min-device-pixel-ratio: 2),
       only screen and (-o-min-device-pixel-ratio: 2/1),
       only screen and (min--moz-device-pixel-ratio: 2) {}
```

Ja, Opera braucht diese Schreibweise mit Bruchzahl und nein, es handelt sich bei der Mozilla-Variante nicht um einen Rechtschreibfehler. Als wäre der Term min-device-pixel-ratio nicht schon kompliziert genug.

Es gibt aber glücklicherweise eine Alternative. Seit längerer Zeit unterstützen die Nicht-Webkit-Browser die Eigenschaft resolution, die auch auf Mindest- und Maximalwerte getestet werden kann. So können wir einfach schreiben

```
@media (-webkit-min-device-pixel-ratio: 2), /* Webkit */
       (min-resolution: 192dpi)             /* Firefox, Opera, IE10 */ {
...
}
```

und haben alle Browser abgedeckt, wenn wir die Pixeldichte abfragen möchten. Der Wert 192 dpi für min-resolution kommt zustande, indem die Standardauflösung für klassische Monitore, 96 dpi, mit dem Wert der device-pixel-ratio, in diesem Fall 2, multipliziert wird.

Um in Zukunft die Rechnerei zu sparen, ist eine neue Einheit dppx, *Dots Per PX unit* geplant, die ebenso wie min-device-pixel-ratio ein Verhältnis ausdrückt:[19]

```
@media only screen and (min-resolution: 2dppx) {}
```

Im Gegensatz zu min-device-pixel-ratio ist die resolution-Abfrage im W3C-Standard bereits integriert und auch die Tatsache, dass alle übrigen Browser darauf setzen, zeigt, wohin die Reise geht. Wahrscheinlich zieht also auch Webkit irgendwann nach. Bis sich die Wogen geglättet haben, schreiben wir also folgende Regel, hier mal mit dem Verhältnis 1,5 als Beispiel:

```
@media (-webkit-min-device-pixel-ratio: 1.5), /* Webkit */
       (min-resolution: 144dpi)  /* die übrigen Browser (96dpi x 1.5) */ {
...
}
```

----

19 http://www.w3.org/blog/CSS/2012/06/14/unprefix-webkit-device-pixel-ratio/

Ein Beispiel

Wir nehmen ein paar Icons, die wir bezüglich der Auflösung testen möchten. Wir stecken sie in eine Datei mit 100 x 20 px Größe und nehmen diese als Hintergrundbild eines Containers.

```
<div class="icon">…</div>
```

Im CSS stünde dann folgende Anweisung:

```
.icon {
    background: url(img/icons-test.png) no-repeat;
    height: 118px;
    width: 300px;
}
```

Für die hochauflösende Variante leiten wir die Mediaabfrage ein und ändern den Code wie folgt:

```
@media only screen and (-webkit-min-device-pixel-ratio: 2),
    only screen and (min-resolution: 192dpi) {
    .grafik {
            background: url(img/icons-test-2x.png) no-repeat;
            background-size: 100px 20px;
            height: 118px;
            width: 300px;
    }
}
```

Zum einen haben wie die Icon-Grafik durch die hochauflösende Variante mit doppelter Kantenlänge ausgetauscht, die demnach 200 x 40 px misst. Der Container ist aber nach wie vor 100 x 20 px breit (in CSS-Pixel gerechnet), weshalb wir das Bild mit background-size anpassen müssen. Laden wir noch in einen zweiten Container das ursprüngliche Bild, so dass wir einen Vergleich haben[20] (Abb. 11.10).

---

20 responsive-webdesign-buch.de/highres-bg.html

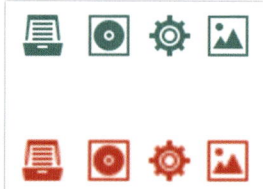

Abb. 11.10 *Die grünen Icons mit dem hochauflösenden Bild sind schärfer als die roten in der Standardauflösung.*

Wir sehen, dass die grünen Icons wesentlich schärfer dargestellt werden als die roten, die aufgrund ihrer zu geringen Größe skaliert werden müssen und dadurch an Qualität einbüßen. Dieser Unschärfe-Effekt tritt vor allem bei kleineren Icons und filigranen Bildelementen auf.

Hochauflösende CSS-Sprites

Jetzt werden Icons und andere kleine Bildelemente gerne zu CSS-Sprites zusammengefasst, um http-Requests zu sparen und somit eine Seite schneller laden zu können. In unserem Fall könnte das Sprite so aussehen (Abb. 11.11, links). Für das hochauflösende Sprite brauchen wir jetzt einfach eine Datei, die viermal so groß ist, mit Icons, die ebenfalls viermal so groß sind. Unser Highres-Sprite muss also so groß sein, wie in Abb. 11.11 rechts gezeigt.

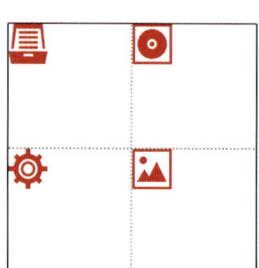
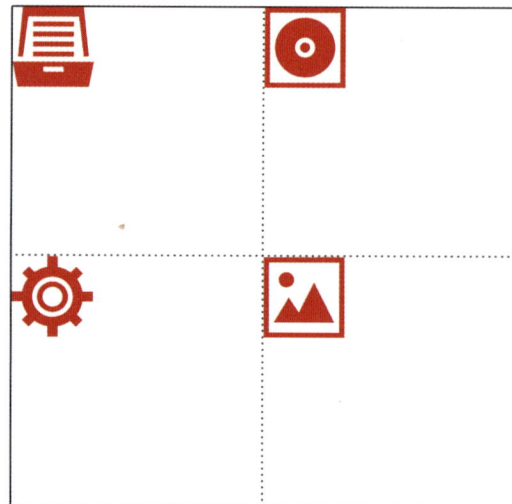

Abb. 11.11 *Standard-Icon-Sprite (links) und hochauflösende Version (rechts)*

Damit können wir jetzt ähnlich wie bei der Einbindung eines einzelnen Bilds arbeiten. Nehmen wir folgendes HTML-Schnipsel:

```
<ul>
        <li><i class="img"></i> Bilder</li>
        <li><i class="cd"></i> CDs</li>
        <li><i class="archive"></i> Archiv</li>
        <li><i class="settings"></i> Einstellungen</li>
</ul>
```

Dann würde dieses CSS dazu passen und der Liste ein paar Icons vergeben, die alle aus der Datei *icons-sprite.png* stammen:

```
i {
        background: url(img/icons-sprite.png) no-repeat;
        display: block;
        float: left;
        height: 16px;
        margin: .4em .5em 0 0;
        width: 16px;
}

.img {
        background-position: -50px -50px;
}
.cd {
        background-position: -50px 0;
}
.archive {
        background-position: 0 0;
}
.settings {
        background-position: 0 -50px;
}
.referenz {
        display: none;
}
```

Für die hochauflösende Version muss nur das Sprite ausgetauscht und die Hintergrundgröße auf den ursprünglichen Wert gesetzt werden

```
@media only screen and (-webkit-min-device-pixel-ratio: 2),
        only screen and (min-resolution: 196dpi) {
        i {
                background: url(img/icons-sprite-2x.png) no-repeat;
                background-size: 100px 100px;
        }
}
```

und schon haben wir ein hochauflösendes Sprite (Abb. 11.12).

Abb. 11.12 *Hochauflösende CSS-Sprites im Einsatz*

> **HINWEIS:** Wer mit großen Sprites arbeitet und diese als JPEG speichert, sollte auf die Bildgröße achten. Duncan Davidson weist in einem Artikel[21] auf ein Problem bei zu großen JEPGs hin und Eric Runyon liefert ein Beispiel dazu[22]. Die Lösung ist, das JPEG als progressiv abzuspeichern, was als Einstellung in den jeweiligen Bildeditoren zu finden ist.

11.10 Pixelperfekte Icons

Ein wichtiger Punkt in Zusammenhang mit Icons ist die Frage, wie gut oder schlecht sie sich skalieren lassen. Bei einfachen Icons geht das noch ganz gut, je komplexer aber die Formen werden, desto weniger ist es möglich, für ein großes

---

21 http://duncandavidson.com/blog/2012/03/webkit_retina_bug
22 http://weedygarden.net/demos/hi-res-retina-sprites/

Icon um die 100px dieselbe Form zu verwenden wie für ein 16 px großes Icon. Ein Beispiel anhand der von Jon Hick gezeichneten Emoticons für Skype[23] verdeutlicht das (Abb. 11.13).

Abb. 11.13 *Probleme beim Skalieren von Icons*

Anhand der einzelnen Icons ist ein Unterschied nicht so zu erkennen. Verkleinert man allerdings das größte Icon auf die Größe des kleinsten und umgekehrt, wird deutlich, wo die Probleme liegen, wie die untere Bildhälfte zeigt. Je grober das Pixelraster für die Darstellung des Icons ist, desto mehr Handarbeit ist für eine gute Darstellung erforderlich. Ein Artikel von Kirill Grouchnikov[24] steigt tiefer in die Thematik ein und zeigt einige anschauliche Beispiele.

Mit der oben genannten CSS-Sprite-Methode wäre es zumindest möglich, Anpassungen diesbezüglich einzubauen, anders als bei den weiteren Methoden, die wir uns im Folgenden noch ansehen werden. Beim Skalieren von Icons und auch bereits beim Erstellen sollten wir diese Dinge im Hinterkopf behalten.

TIPP: Zu diesem Thema ist auch ein Artikel von »Simurai« Simon sehr interessant.[25]

11.11 Iconfonts

Eine recht neue und sehr elegante Methode, Icons einzubetten, sind Iconfonts. Sie haben wie CSS-Sprites den Vorteil, dass nur eine Datei, die Schriftdatei, geladen werden muss, um sämtliche Icons einzusetzen. Darüber hinaus kann man die Icons aber auch mit CSS beeinflussen und wie bei jeder anderen Schrift leicht die Größe

23 http://hicksdesign.co.uk/work/skype-emoticons
24 http://www.pushing-pixels.org/2011/11/04/about-those-vector-icons.html
25 http://simurai.com/post/19895985870/icon-sharpness-limbo

und Farben ändern oder einen Schatten zuweisen, wie Chris Coyier mit einem interaktiven Tool anschaulich demonstriert[26]. Das macht sie auch unabhängig von Bildschirmgrößen und -auflösungen.

Auch das Einbinden eines solchen Iconfonts geht leicht von der Hand. Dazu wird die Schrift genau wie ein Webfont über `@font-face` eingebunden, hier verkürzt ohne die weiteren Formate dargestellt:

```
@font-face {
font-family: 'Iconfont';
src: url('IconFont.eot');
 … }
```

Um das Icon zu integrieren, brauchen wir – weil es sich ja um eine Schrift handelt – auch ein Zeichen. Hier greift man am besten auf Unicode-Zeichen zurück, die als HTML-Entität in einem Data-Attribut hinterlegt werden:

```
<span class="icon" aria-hidden="true" data-icon="&#x2711;"></span>
```

Das `aria-hidden`-Attribut dient dazu, das Zeichen vor einem Screenreader zu verstecken, denn es könnte passieren, dass es sonst vorgelesen wird. Zusammen mit speziellen Unicode-Zeichen wird das aber verlässlich verhindert.

Um das Icon sichtbar zu machen, brauchen wir etwas CSS:

```
.icon:before {
    font-family: 'Iconfont';
    content: attr(data-icon);
    margin-right: .2em;
}
```

Das war's auch schon. Stellt sich nur noch die Frage, wo bekomme ich einen Iconfont her und wie finde ich die passenden Unicode-Zeichen?

Genialerweise gibt es für das ganze Thema einen Service namens *IcoMoon*, der einem sämtliche Arbeit diesbezüglich abnimmt[27]. Der Service ist zwar kosten-

----

26 http://css-tricks.com/examples/IconFont/
27 http://keyamoon.com/icomoon/

pflichtig (39$), bietet für das Geld aber einiges. Er hält eine steigende Anzahl mehrerer hundert Icons bereit, aus denen man sich einen Iconfont zusammenstellen kann. Wahlweise kann man aber auch eigene Icons oder Iconfonts hochladen. Eine Auswahl solcher Iconfonts bietet Chris Coyier[28]. Nicht nur ein Font wird aus den Icons generiert, sie können auch in den Formaten SVG, PDF, AI, PNG heruntergeladen werden.

> **TIPP:** Wer mehr über IcoMoon erfahren möchte, kann sich umfassend auf der Projekt-Website informieren, einen detaillierten Artikel bezüglich Iconfonts bietet (wieder mal) Chris Coyier.[29]

Ein weiteres gut ausgebautes Iconset soll hier nicht unerwähnt bleiben. Es handelt sich dabei um *Font Awesome*[30], das zur Verwendung mit Twitter Bootstrap gefertigt wurde (Abb. 11.14).

Abb. 11.14 *Einige Iconbeispiele aus fontawesome.com*

Wer Andy Clarkes *320andup* verwendet, wird es auch dort antreffen. Die Projekt-Website zu *Font Awesome* bietet eine tolle Übersicht aller Icons sowie eine Anleitung zum Einbau.

Nachteile

Auch wenn Iconfonts sehr praktisch sind und viele Vorteile bieten, sollten wir zu guter Letzt nicht die Nachteile unterschlagen. Es gibt Iconfonts nur in monochromer Form, wer komplexere Icons braucht, muss sich anderweitig umsehen. Mitunter können die Schriftdateien größer sein, als es einzelne Bilder wären, auch

---

28 http://css-tricks.com/flat-icons-icon-fonts/
29 http://css-tricks.com/html-for-icon-font-usage/
30 http://fortawesome.github.com/Font-Awesome/

hier sollte man abwägen. Außerdem können die Icons ähnlich wie auch jede andere Schrift an den Kanten unscharf wirken, was passiert, wenn die Umrisslinie eines Icons nicht genau auf eine Pixelkante trifft. Dies ist aber ein generelles Problem vektorbasierter Formate und lässt sich nur durch Pixelbilder beheben.

Fazit

Unter dem Strich bleiben tolle Werkzeuge für praktische Iconfonts, mit denen man schnell ein Iconset für das nächste Webprojekt zusammenstellen kann.

11.12 **SVG**

Zum Schluss dieses Kapitels greife ich noch kurz eine weitere Möglichkeit auf, die trotz zahlreicher Versuche, sie ans Licht zu zerren, immer noch ein Schattendasein fristet. Dabei gibt es SVG-Dateien – *Scalable Vector Graphics* – schon seit geraumer Zeit, ohne dass die Webgemeinde sie richtig ins Herz schließt. Ich konnte mich bisher wie viele andere ebenso wenig dafür erwärmen, dabei scheinen sie aufgrund ihrer uneingeschränkten Skalierbarkeit wie geschaffen zu sein für den Einsatz in einer reaktionsfähigen und pixelunabhängigen Umgebung.

SVG ist das einzige offizielle Grafikformat fürs Web, das mit Vektoren anstatt Pixeln arbeitet. Vektoren spielen immer dann ihre Stärken aus, wenn die abgebildeten Formen aus Kurven und Füllungen bestehen, deren Aufbau sich mit möglichst wenig mathematischem Aufwand beschreiben lässt. Anders also als bei pixelbasierten Bildern, bei denen in der Datei die Farbe jedes einzelnen Pixels gespeichert wird, werden in der vektorbasierten Datei nur die Funktionen abgelegt, aus denen die Formen berechnet werden. Je größer die Bilddimensionen, desto aufgeblähter wird eine Pixelgrafik, da eine Verdoppelung von Höhe und Breite hier zu dem Vierfachen an Pixeldaten führt. Eine Vektorgrafik hat dieses Problem nicht – es überzieht eben einfach die vierfache Menge Pixel mit der unverändert abgespeicherten Zeichenfunktion. Sprich: Je simpler und plakativer das Motiv und je größer das Motiv, desto besser eignet es sich für das SVG-Format.

Nachfolgend hab ich ein paar (wunderschöne) SVG-Motive von *http://www.open clipart.org* herausgesucht und gegen 24/8-Bit-PNG-Versionen in den Größen 200, 400 und 800 Pixel antreten lassen:

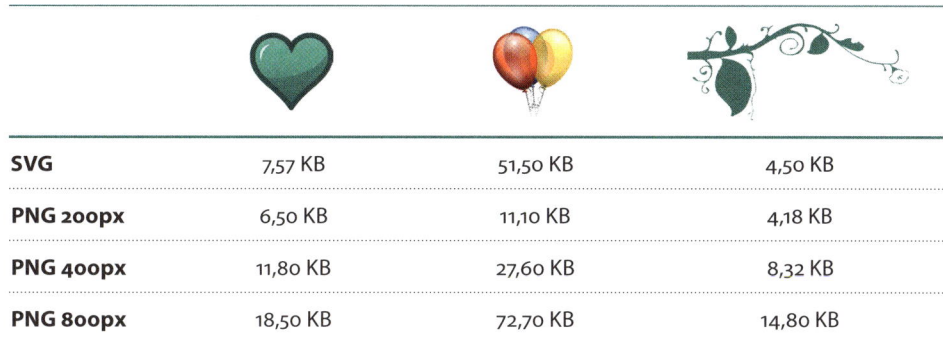

SVG	7,57 KB	51,50 KB	4,50 KB
PNG 200px	6,50 KB	11,10 KB	4,18 KB
PNG 400px	11,80 KB	27,60 KB	8,32 KB
PNG 800px	18,50 KB	72,70 KB	14,80 KB

Die Dimensionsgrenze, ab der man über die SVG-Einbettung einer Grafik nachdenken kann, weil sie ihre Vorteile ausspielt, liegt demnach bei ca. 300 Pixel oder größer. Speziell bei Grafiken für Retina-Displays durchbricht man diese Mauer recht schnell, weshalb SVGs für die Darstellung auf Retina-Displays wie geschaffen sind.

Erstellen lassen sich solche Vektorgrafiken mit Programmen wie Adobe Illustrator oder dem kostenlosen Inkscape. Beide Programme bieten auch die Möglichkeit, Bitmap-Bilder einzuladen und sie in Vektorbilder umzuwandeln, die dann als SVG ablegt werden können.

Folgendermaßen geht's mit Inkscape: Erstellen Sie ein neues Dokument, gehen Sie dann im Menü *Datei* auf *Importieren...* und wählen Sie die zu vektorisierende Bilddatei aus. Wählen Sie die Grafik an und gehen Sie jetzt oben im Menü *Pfad* auf *Bitmap vektorisieren...* Es öffnet sich ein Dialogfenster, in dem Sie die Vorgehensweise festlegen und eine Vorschau des Ergebnisses sehen können (Abb. 11.15).

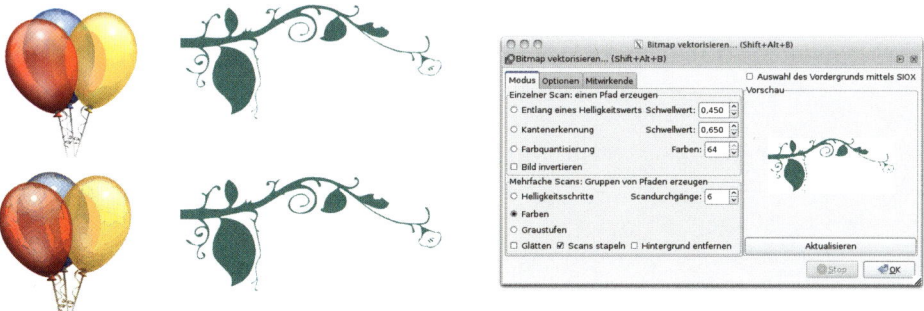

***Abb. 11.15** Pixelgrafiken (oben) mit Inkscape vektorisieren (unten)*

Als Modus hat sich bei mir »Farben« bewährt, zusammen mit einer Erhöhung der Scandurchgänge bei vielfarbigen Objekten. Allerdings erhöht eine größere Zahl Scandurchgänge auch die Dateigröße, weshalb hier ein bisschen Ausprobieren angesagt ist, um einen guten Mittelweg zu finden. Ideal geeignet sind einfarbige Objekte mit klar abgrenzenden Konturen, wie die Ranke in der Abbildung. Die Ballons machen hingegen mehr Probleme, weil die Vektorumwandlung sich mit Farbverläufen schwer tut und jeden Farbton in eine separate Form packt, was unschön aussieht und zudem die Größe nach oben treibt. Im Zweifelsfall stellen Sie halt fest, dass das Motiv doch besser als pixelbasiertes PNG bestehen bleibt.

> **TIPP:** Manche Browser, z.B. der Firefox, orientieren sich beim Zeichnen von SVGs danach, in welcher Pixelgröße das SVG ursprünglich im Grafikprogramm angelegt wurde. Wurde es auf einer 400 x 300 px großen Fläche erstellt, im Browser aber auf 800 x 600 px skaliert, versäumt es der Browser anschließend, die Konturen auf Basis der neuen Fläche scharfzuzeichnen, was komplett der Idee eines auflösungsunabhängigen Bildformats widerspricht. In diesem Fall hilft es, die SVG-Datei in einem Texteditor zu öffnen und im öffnenden `<svg>`-Tag die `width`- und `height`-Attribute (proportional) zu erhöhen und die Datei dann zu überspeichern. Bei iOS5/6-Geräten ist aber darauf zu achten, dass Breite x Höhe nicht 5 Megapixel übersteigt, sonst zeigen sie das Bild einfach nicht mehr an. Bei iOS4-Geräten liegt die Grenze sogar bei nur 2 Megapixeln.

Einem breitflächigen Einsatz von SVG stehen eigentlich nur die alten Internet Explorer im Weg, denn erst der IE9 kann mit dem SVG-Format etwas anfangen. Mit ein bisschen mehr Arbeit ist aber auch dieses Problem aus der Welt geschafft. Mittels Modernizr können wir herausfinden, ob ein Browser SVGs unterstützt. Tut er das nicht, wird die Klasse no-svg ausgegeben, an die wir unser Fallback in Form einer PNG knüpfen können. Im CSS sieht das dann wie folgt aus:

```
body {
    background-image: url(bild.svg);
}
.no-svg body {
    background-image: url(bild.png); /* Falls kein SVG unterstützt wird */
}
```

Geht es darum, SVG-Bilder ins HTML einzubetten, dann hilft Ihnen ein anderes Werkzeug, nämlich ein JavaScript-Polyfill namens SIE (SVG in IE).[31]

Der Einsatz ist kinderleicht: Kopieren Sie die in dem Download enthaltene Datei sie-mini.js in Ihr JavaScript-Verzeichnis, sagen wir /js. Betten Sie dann die SVGs in Ihre Seite mit Hilfe des object- anstatt des img-Elements ein:

```
<object data="beispiel.svg" type="image/svg+xml" width="550" height="600">
</object>
```

Ganz am Schluss Ihres Quelltextes, vor dem schließenden body, binden Sie nun das SIE-JavaScript ein, umgeben von Conditional Comments, die dafür sorgen, dass es nur die IEs bis Version 8 laden:

```
<!--[if lte IE 8]>
<script src="sie-mini.js"></script>
<![endif]-->
```

Und schon läuft es! Zugegeben, es sieht nicht hundertprozentig identisch aus, aber das dürfte für die alten Internet Explorer gut genug sein, oder? (Abb. 11.16)

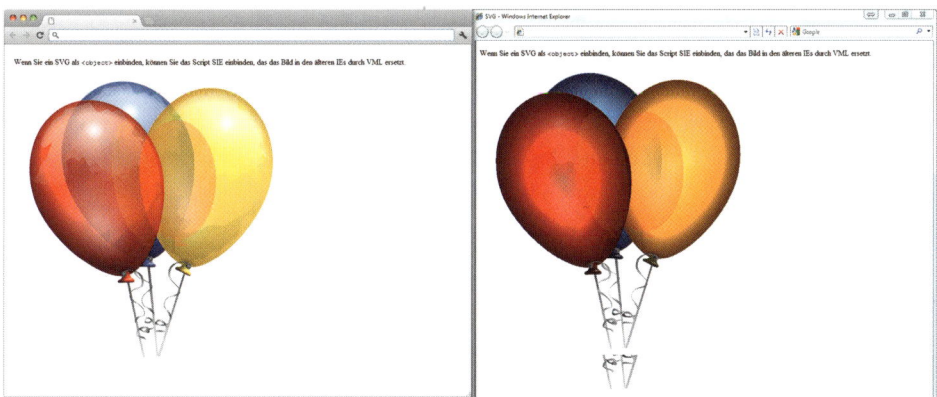

Abb. 11.16 *Links ein SVG im modernen Browser, rechts ein SIE-VML im IE 8*

---

31 http://sourceforge.jp/projects/sie/releases/

Wer neugierig ist und sich dem Thema SVG weiter annähern möchte, dem empfehle ich einen sehr ausführlichen Artikel im Smashing Magazine[32] von David Bushell, der auch in seinem Blog einige Artikel zum Thema bereithält.[33]

11.13 Zusammenfassung

Wir haben in diesem Kapitel viele Möglichkeiten erörtert, Bilder, Hintergrundbilder und Icons entsprechend der Bildschirmgröße und -auflösung an den Browser auszuliefern. Weil Bilder den Großteil einer Website ausmachen – zumindest in Bezug auf die Ladezeit –, ist es wichtig und sinnvoll, sich ausgiebig mit den Möglichkeiten auseinanderzusetzen, damit Nutzer neben einer hochwertigen Bilddarstellung auch von schnellen Ladezeiten profitieren können.

Wichtig zu beachten ist, dass filigrane Icons und Motive nicht ohne Weiteres von klein nach groß und von groß nach ganz klein transformiert werden können. Hier bedarf es meist noch manueller Anpassungen an das Pixelraster, um die Qualität zu erhalten.

Weil HTML bisher nicht dafür vorgesehen war, kontextbedingte Inhalte zu laden, wird es noch etwas dauern, bis eine fertige und bequem nutzbare Lösung für Bilder auf dem Tisch liegt, die flächendeckend eingesetzt werden kann. Dafür sind aber die Möglichkeiten bei den Hintergrundbildern schon sehr ausgereift und dank der Iconfonts gibt es auch in diesem Bereich schon leichtgängige Einsatzmöglichkeiten durch Services wie IcoMoon oder Anbieter wie Fontawesome, die uns den Großteil der Arbeit abnehmen und für einen bequemen Einbau sorgen.

Und wer weiß, vielleicht erleben im Zeitalter der Loslösung von Pixelmaßen auch SVG-Dateien ihren Durchbruch.

----

32 http://coding.smashingmagazine.com/2012/01/16/resolution-independence-with-svg/
33 http://dbushell.com/

Mobile Navigation

Nachdem wir nun ausführlich über Bilder gesprochen haben, ist es an der Zeit, unseren Seitenaufbau weiter voranzutreiben. Ein großer Baustein in diesem Bereich sind die Haupt- und Unternavigationen einer Website. Nicht nur, weil sie für die Bedienung einer Website von zentraler Bedeutung sind, sondern auch, weil sie vor allem auf mobilen Geräten viel Platz einnehmen, ist es wichtig, sich über die Anordnung und Funktion der Navigation im Rahmen einer reaktionsfähigen Website ausgiebig Gedanken zu machen. Der Fokus in diesem Kapitel liegt dabei auf den mobilen Navigationen und wie wir sie in eine altbekannte Desktop-Navigation umwandeln können.

Sammeln wir zunächst einmal ein paar Punkte, was für eine mobile Navigation wichtig ist, und sehen uns dann verschiedene Möglichkeiten an, wie wir die Navigation umsetzen können.

12.1 Was ist wichtig für mobile Navigationen?

Inhalte vor Navigation

Ein wichtiger Grundsatz bei der Ausarbeitung einer mobilen Navigation lautet: *Content First*, Inhalte zuerst! Gerade auf Smartphones ist der verfügbare Platz sehr begrenzt, kein Nutzer möchte deshalb beim Aufrufen einer Seite erst mal langweilige Menüpunkte sehen, an denen vorbei er dann zum wichtigen Inhalt kommt.

Schon eine gute Handvoll Menüpunkte können den Großteil des Bildschirms ausfüllen (Abb. 12.1, rechts). So würde man beim Anklicken einer Seite vor lauter immer gleichen Menüpunkten kaum oder gar nicht merken, dass sich neue Inhalte unterhalb davon geladen haben. Websites werden wegen ihrer Inhalte aufgerufen und nicht, um erst mal Navigationen zu wälzen. Gerade im mobilen Kontext ist es wichtig, dem Nutzer schnell und schnörkellos das zu geben, weswegen er die Seite aufgerufen hat.

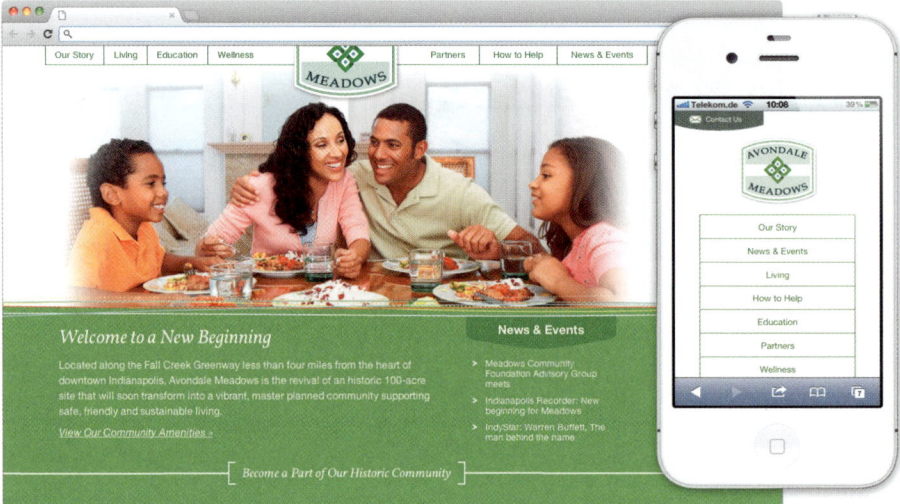

Abb. 12.1 *Die Website Avondale Meadows[1] ist ganz hübsch umgesetzt, die mobile Version verhindert aber mit der Navigation als Einstieg eine ähnlich emotionale Wirkung wie die Desktop-Ansicht.*

Daraus ergeben sich schon die ersten Konsequenzen: Entweder, wir schieben die Navigation ans untere Ende der Website (Abb. 12.2) oder wir blenden sie aus und machen sie über einen Button sichtbar (Abb. 12.3). In manchen Fällen kann die Navigation, sofern sie aus nur wenigen Menüpunkten besteht, auch stehen bleiben (Abb. 12.4).

----

1   http://avondalemeadows.org/

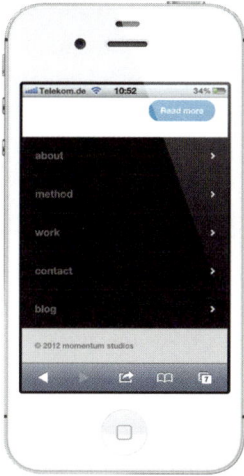
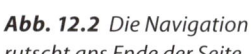

Abb. 12.2 *Die Navigation rutscht ans Ende der Seite.*

Abb. 12.3 *Das Menü wird per Knopfdruck eingeblendet.*

Abb. 12.4 *Genügend Platz für die Navigation im Header*

Keine gute Idee ist es hingegen, einfach aus Platzmangel Teile der Navigation zu entfernen, was die Nutzer verwirren könnte (Abb. 12.5). Wenn Navigationselemente auf mobilen Geräten überflüssig sind, haben sie wahrscheinlich auch keine Daseinsberechtigung am Desktop, könnten demnach ganz entfallen oder aus der Hauptnavigation heraus an anderer Stelle platziert werden.

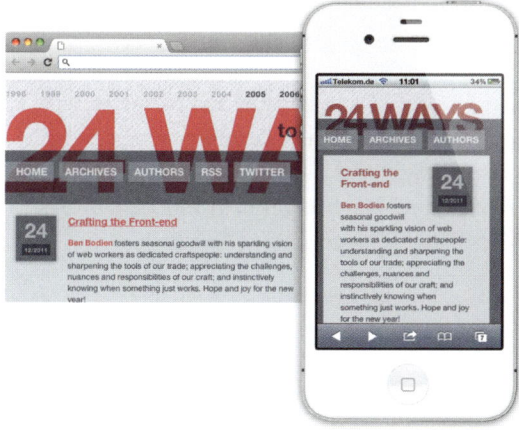

Abb. 12.5 *Wo sind die RSS- und Twitter-Menüpunkte?*

Eine Ausnahme können solche Navigationselemente bilden, die auf vielen Websites für gängige Aufgaben üblich sind oder sehr häufig genutzt werden, wie ein Anmelde-, Login-Button oder ein Suchfeld/-Icon. Wenn solche Navigationselemente zentrale Bedeutung für die Website haben, sollten sie auch sichtbar im oberen Bereich der Website untergebracht werden. Bei Starbucks ist zum Beispiel der Suchlink für das nächstgelegene Kaffeestübchen immer im Header präsent (Abb. 12.6).

Abb. 12.6 Suchlink zum nächsten Coffee House ist immer sichtbar.

Die richtige Größe macht's

Darüber hinaus ist es wichtig, für Navigationselemente die richtige Größe einzuplanen. Smartphones werden in der Regel mit dem Finger bedient, der bei weitem nicht die nadelspitze Genauigkeit eines Mauszeigers aufweist. Aufgrund der Größe eines Fingers wird das, was angeklickt werden soll, meistens vollständig verdeckt, man befindet sich kurz vor dem Klick quasi im Blindflug. Deshalb sollte auch genug Raum um den Klick herum sein. Noch ungenauer und ungelenker ist die Bedienung mit dem Daumen, der meist dann hinzu kommt, wenn man eh nur eine Hand (und ein Auge) frei hat. Insofern sollten wir gewisse Mindestgrößen für Klickflächen berücksichtigen.

Apple empfiehlt eine Mindestgröße von 44 x 44 px (bezogen auf das Non-Retina-iPhone-Display sind das ca. 7 mm), Windows empfiehlt eine Größe von 34 x 34 px bzw. 9 mm, mindestens sollten es 26 x 26 px bzw. 7 mm sein , mit einem minimalen Abstand zwischen den Elementen von 8 px/2 mm. Nachfolgende Abbildungen aus den User Experience Guide Lines von Microsoft[2] erläutern das (Abb. 12.7).

----

2 http://msdn.microsoft.com/en-us/library/hh202889(v=vs.92)

Abb. 12.7 *Klickflächengrößen aus den Micorsoft User Experience Guide Lines*

Außerdem empfehlen sie, den klickbaren Bereich immer etwas größer zu machen, also das zu klickende Element selbst, um so die Treffsicherheit zu erhöhen. Das macht sich besonders bei Textlinks bemerkbar, die von der Schriftgröße her selten die empfohlenen Mindestgrößen erreichen. So wird die Wahrscheinlichkeit verringert, aus Versehen den falschen Link anzutippen.

Nokia orientiert sich an der durchschnittlichen Fingerspitzengröße von ungefähr 1 x 1 cm. Eine Studie zur einhändigen Gerätenutzung mit dem Daumen kam 2005 zu dem Ergebnis, eine Mindestfläche von 9,2 mm für einzelne Links und 9,6 mm für Linkgruppen zu verwenden.[3]

Unterm Strich landen wir also bei einer Mindest-Klickfläche von 7–10 mm. Bezogen auf die Pixelgröße ändert sich dieser Wert natürlich entsprechend der Geräteauflösung. Wir sollten diese Werte auf jeden Fall ernst nehmen. Wie leicht man sich beim Antippen auf Touch-Geräten vertut, merkt man spätestens beim Schreiben mit der Tastatur. Bei Websites, die beim versehentlichen Danebentippen den falschen Link ansteuern, ist das mindestens genauso ärgerlich.

---

3 http://hcil2.cs.umd.edu/trs/2006-11/2006-11.htm

Zusammenfassung

Folgende Liste führt noch einmal die wesentlichen Punkte in Zusammenhang mit mobilen Navigationen auf:

- Die Hauptnavigation auf die wichtigsten Punkte beschränken (gilt für die gesamte Website)
- Inhalt ist wichtiger als Navigation.
- Deshalb ist die Navigation eher nachrangig.
- Im Header nur Navigationselemente für wichtige Aufgaben (Login/Suche)
- Sonst Navigation im Footer oder per Knopfdruck einblenden
- Navigation nicht doppelt ausgeben
- Auf Mindestgröße der Klickflächen (min. 7–10 mm) achten

Damit sind wir nun gerüstet, uns den verschiedenen Navigationskonzepten mit ihren Vor- und Nachteilen zuzuwenden.

12.2   Navigationskonzepte

Auch wenn ein Smartphone-Bildschirm recht klein ist (oder gerade deshalb) haben sich in letzter Zeit einige Methoden für mobile Navigationen entwickelt, die wir nun besprechen wollen. Auf Basis dieser Methoden können Sie die für Ihr Projekt sinnvollste Variante auswählen. Wie so oft gibt es keinen klaren Favoriten, je nach Umfang und Struktur eines Projekts ist mal die eine, mal die andere Variante besser geeignet. Umso besser, wenn man dann einige Möglichkeiten kennt, aus denen man auswählen kann.

Top-Nav: Es bleibt, wie es ist

Diese Methode funktioniert nach dem »Ich mach' mir wenig Mühe«-Prinzip. Weil sie so einfach und zeitsparend ist, findet man sie aktuell auf vielen reaktionsfähigen Websites. Geeignet ist diese Methode allerdings nur für Websites mit wenigen Menüpunkten, wie bei der Website von *Colbow Design*[4] (Abb. 12.8). Man muss beim

----

4 http://www.colbowdesign.com/

Einsatz auf jeden Fall auf verschiedenen Geräten testen, weil die Gefahr besteht, dass ein Menü aufgrund anderer Schriften oder Schriftgrößen unschön umbrochen wird.

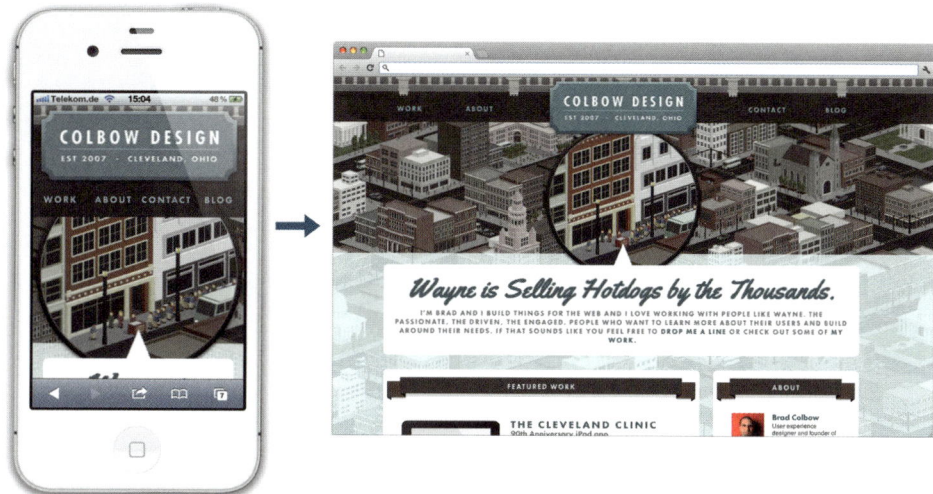

Abb. 12.8 *Top-Nav-Methode kann bei wenigen Menüpunkten gut funktionieren.*

Vorteile

- Leicht anzuwenden
- Spart Entwicklungszeit
- Kaum CSS-Anpassungen für die verschiedenen Umbruchpunkte
- Keine Abhängigkeit von JavaScript

Nachteile

- Wichtiger Bildschirmplatz im Kopfbereich geht verloren
- Gefahr, den gesamten Startbildschirm an das Menü »zu verlieren« (siehe Abb. 12.1)
- Schlecht erweiterbar, falls Menüpunkte hinzukommen
- Nicht so große Klickflächen möglich, weil Platz gespart werden muss

Weitere Beispiele

http://riothq.com/, http://www.javierlo.com/, http://createdm.com/

Tutorial

http://designshack.net/articles/css/code-a-responsive-navigation-menu/

Icon-Navigation

Diese Variante ist nur für äußerst kreative Anwendungsfälle oder als Notnagel für extremen Platzmangel nützlich. Das Problem dabei ist, dass Icons nicht immer eindeutig ausdrücken können, was sich hinter ihnen verbirgt, weshalb sie nahezu immer auch von Text begleitet werden. Einen kreativen Einsatz der Icons als Navigation zeigen die *United Pixelworkers* in der mobilen Hauptnavigation[5] (Abb. 12.9). Hier entsteht durch die Navigation ein interessantes Gestaltungselement, das die Seite ungemein aufwertet.

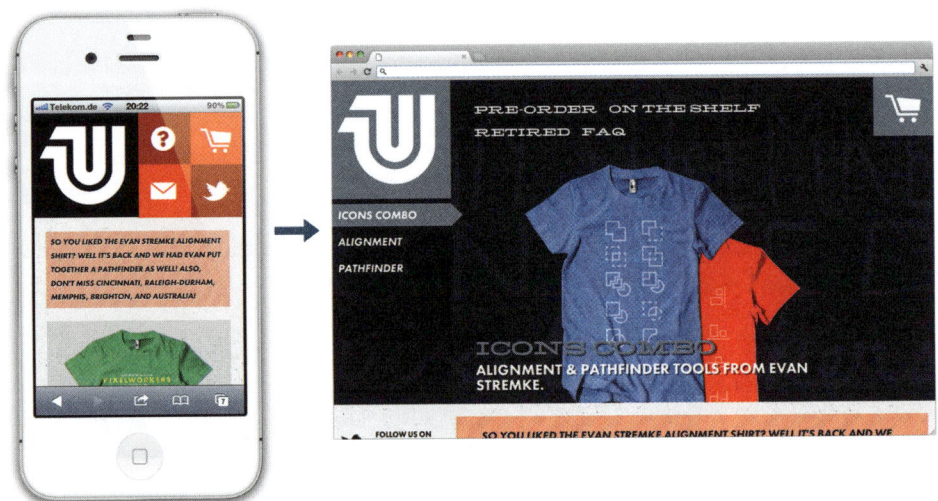

Abb. 12.9 *Kreativer Umgang mit Icons als Navigation*

- - - - - - - - - - - - - - - - - -

5   http://www.unitedpixelworkers.com/

Vorteile

- Sie sparen Platz.
- Eyecatcher – wirken als Bildelement interessanter als Texte.

Nachteile

- Nicht eindeutig
- Verlangt ein Nachdenken vom Nutzer über die mögliche Bedeutung
- Nur für ganz spezielle Navigationsmenüs geeignet

Ein weiteres Beispiel liefert *47 media*[6] auf der Startseite. Mit einer Fleischkeule für Videos führen sie die Interpretierbarkeit von Icons humorvoll ad absurdum (Abb. 12.10).

Abb. 12.10 *Die Icons sind ohne Text nur schwer interpretierbar.*

Footer-Navigation

Diese Variante schafft Raum im Kopfbereich einer Seite, indem die Navigation ans Ende gestellt wird, ganz nach dem Motto »Inhalte zuerst«. Im Kopf wird dann über einen Anker-Link die Navigation angesteuert. Die Methode eignet sich dann, wenn Website-Besucher zum Stöbern und Entdecken vorbeikommen oder wenn die Inhalte der Startseite die wichtigsten Funktionen der Website abdecken. Sie erfordert mehr Eingriff in den Code als die erste Methode, ohne jedoch zu kompliziert zu werden. Die Methode eignet sich besonders gut bei umfangreichen Menüs und Untermenüs, die dann über ausklappbare Bereiche angezeigt werden können.

---

6 http://fortysevenmedia.com/

Das Beispiel (Abb. 12.11) zeigt die Website von Momentum[7]. Durch die Verlagerung der Navigation in den Footer (siehe Abb. 12.2) wirkt der Kopfbereich prägnant und aufgeräumt.

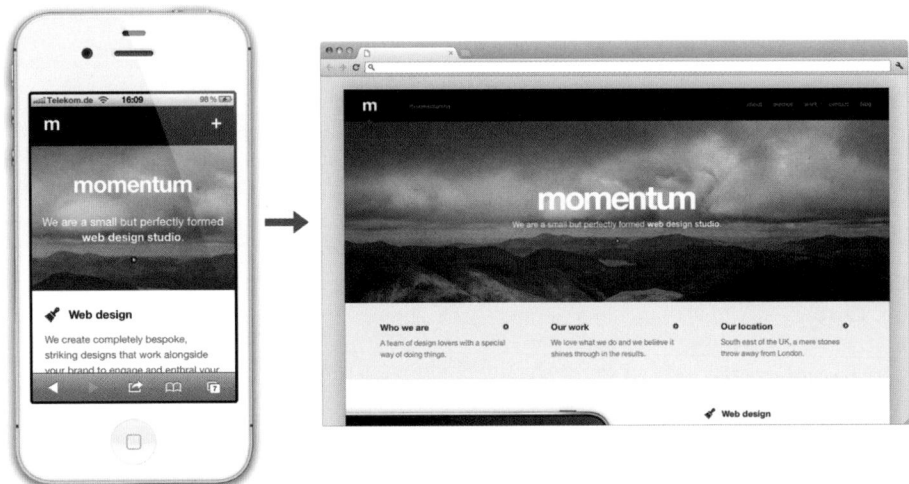

Abb. 12.11 *Klarer Kopf bei der mobilen Ansicht: Navigation im Footer*

Vorteile

- Viel Platz im Kopfbereich
- Leicht erweiterbar für weitere Menüpunkte
- Viel Platz für großzügige Menü-Buttons
- Kein JavaScript

Nachteile

- Es kann verwirrend wirken, wenn man plötzlich ans andere Ende der Website springt
- Wirkt daher auch nicht so elegant wie nachfolgende Methoden

----

7   http://builtwithmomentum.com/

Weitere Beispiele

https://bagcheck.com/, http://www.lukew.com/ff/, http://unicef.se/

Bei manchen Websites mit Footer-Navigation wird der Anker-Link weggelassen, ob bewusst oder aus Bequemlichkeit, kann ich nicht beurteilen. Einziger Vorteil ist noch mehr Freiraum im Header, der allerdings mit einem sehr umständlichen Zugang zur Navigation erkauft wird. Deshalb Finger weg! Beispiele dafür:

http://pea.rs/, http://fray.com/

Select-Menü

In den Anfangszeiten reaktionsfähiger Websites kam irgendwann die Idee auf, das `select`-Element, bekannt aus Formularen, für Navigationen zu verwenden. Es gibt ein kleines jQuery-Plug-in, das Navigationslisten zu `select`- und `option`-Elementen umwandelt[8]. Zahlreiche Websites nutzen diese Technik, so auch *Design Intellection*[9] (Abb. 12.12).

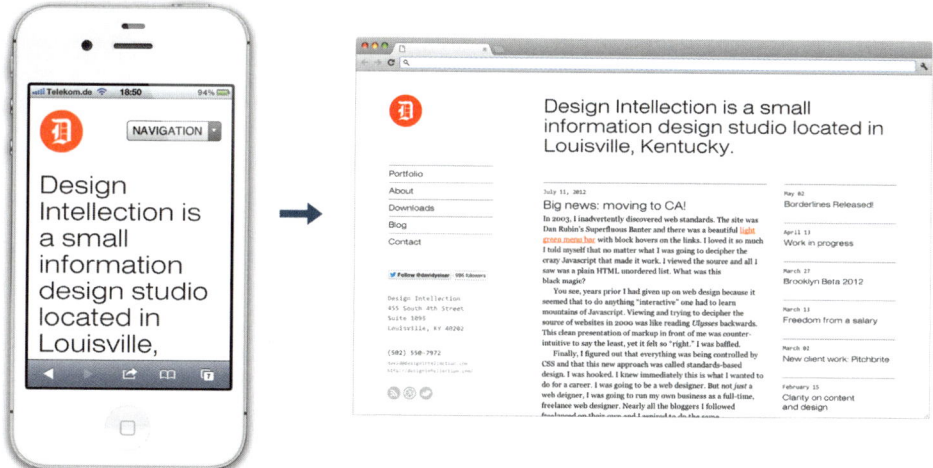

Abb. 12.12 *Platzsparend und schnell, aber schwer zu stylen*

----

8 http://tinynav.viljamis.com/
9 http://designintellection.com/

Vorteile

- Schnell und einfach dank Plug-in
- Spart Platz
- Behält die gesamte Navigation im Header

Nachteile

- Ein Auswahlmenü als Navigation könnte für die Nutzer verwirrend sein.
- Es lässt sich nicht oder nur schwer stylen.
- Es wirkt wie ein Fremdkörper. Es passt nicht zur übrigen Gestaltung und wird beim Anwählen aus der Seite heraus in die Gestaltungsumgebung des jeweiligen Betriebssystems überführt, wodurch die Verbindung zur Website verloren geht.
- Abhängig von JavaScript

Weitere Beispiele

http://www.atommica.com/, http://fortysevenmedia.com/, http://www.hanselman.com/

Auch wenn diese Variante aufgrund ihrer schnellen und leichten Verwendbarkeit verführerisch wirkt, sollten wir besseren Möglichkeiten den Vorzug geben.

Das Toogle-Menü

Mit fortschreitender Zeit scheint sich eine Navigationsform immer mehr durchzusetzen, die mit Abstand die eleganteste der bisher vorgestellten Methoden ist. Wem die Footer-Variante nicht elegant genug ist und die Nachteile des Select-Menüs zu gravierend sind, wird früher oder später bei dieser Variante landen. Hierbei wird durch einen Umschalter (*toggle*), das Menü ausgefahren. Verwendet wird es zum Beispiel bei Fringe Development[10] (Abb. 12.13). Mittlerweile gibt es auch einige Tutorials (dazu später mehr) die die Funktionsweise Schritt für Schritt erklären und so leicht einen Nachbau ermöglichen. Sicherlich zählt diese Variante zu den aufwendigeren, macht das aber durch eine elegante Integration in die Website wieder wett.

----

10 http://fringewebdevelopment.com/

Abb. 12.13 *Das Toggle-Menü fügt sich schön in die übrige Gestaltung ein.*

Vorteile

- Gestaltungsfreiheit – gliedert sich nahtlos in die Website ein.
- Wirkt und fühlt sich elegant an.
- Der Nutzer wird nicht durch einen Sprung ans Seitenende überrascht, sondern bleibt, wo er ist.
- Die Animation verdeutlicht dem Nutzer, was passiert.

Nachteile

- Das Mehr an gestalterischer Kontrolle verursacht auch Mehrarbeit.
- Die Toggle-Animation kann auf schwächeren Geräten ruckeln.
- Nur bedingt für Subnavigationen geeignet
- Je nach Methode abhängig von JavaScript

Weitere Beispiele

http://www.starbucks.com/

Tutorials

Filament Group: Super ausführliche Schritt-für-Schritt-Anleitung[11]. Demo[12]
Always Twisted: Ausführliche Schritt-für-Schritt-Anleitung[13]. Demo[14]
Roger Johansson: Alternative zu Filament-Beispiel[15]. Demo[16]
azadcreative: Ausführliches Tutorial für Toggle mit mehreren Hierarchien, die in der Desktop-Version mit Flyouts eingeblendet werden[17]. Demo[18]
Aaron Gustafson: Eine reine CSS-Toggle-Lösung[19]. Dazu weiter unten mehr.

Plug-ins

Jason Weaver hat ein jQuery-Plug-in gebastelt, mit dem ein Toggle-Menüs erstellt werden kann. Es berücksichtigt auch Submenüs. Das Projekt ist zu finden auf Git-Hub[20], eine Demo gibt es auch[21]. Nick La stellt ebenso ein Toggle-Menü mit jQuery vor.[22]

Toggle-Varianten

Bei den beiden bisher erwähnten Beispielen schließt das ausklappende Menü an den Button an, fährt nach unten aus und überdeckt den Inhalt. Das muss aber nicht zwangsweise so sein und so haben sich mit der Zeit einige Varianten entwickelt. Der Kreativität der Webworker sind keine Grenzen gesetzt, weshalb wir hier ein paar weitere Formen präsentieren.

----

11 http://filamentgroup.com/lab/responsive_design_approach_for_navigation/
12 http://filamentgroup.com/examples/rwd-nav-patterns/
13 http://alwaystwisted.com/post.php?s=2012-05-14-create-a-responsive-mobile-first-menu
14 http://alwaystwisted.com/playground/1.html
15 http://www.456bereastreet.com/archive/201206/an_alternative_to_select_elements_as_navigation_in_narrow_viewports/
16 http://www.456bereastreet.com/lab/narrow-navigation-menu/
17 http://azadcreative.com/2012/07/responsive-mobile-first-navigation-menu/
18 http://azadcreative.com/demo/responsive-nav/
19 http://www.netmagazine.com/tutorials/build-smart-mobile-navigation-without-hacks
20 https://github.com/indyplanets/flexnav
21 http://jasonweaver.name/lab/flexiblenavigation/
22 http://webdesignerwall.com/tutorials/mobile-navigation-design-tutorial

Hover von Links

Bei dieser Variante schließt das Menü nicht an den
Button an, sondern es wird von der Seite reingescho-
ben. Das ist dann sinnvoll, wenn Sie viele Menüpunkte
unterbringen müssen, wie im Fall der *Sycamore School*[23]
(Abb. 12.14). So beeinflusst die Länge der Menüliste
nicht den Animationsvorgang.

Abb. 12.14 *Das Menü
schwebt auf Knopfdruck
von links rein*

Einschub

Bei dieser Variante wird die Seite nicht durch das Menü
überlagert, sondern auf der gleichen Ebene eingescho-
ben, so wie ein Akkordeon-Effekt, wie das Beispiel von
Brickartist Nathan Sawaya zeigt[24] (Abb. 12.15). Dadurch
wird das Menü stärker als bei einem Hover mit der
Website verknüpft. Welche Variante man bevorzugt, ist
eher Geschmackssache. Ein weiteres Beispiel für diese
Vorgehensweise liefert *The Copper Tree.*[25]

Abb. 12.15 *Die linke Seite zeigt
das eingeklappte, die rechte Seite
das ausgeklappte Menü*

- - - - - - - - - - - - - - - - - -

23 http://sycamoreschool.org/
24 http://brickartist.com/
25 http://thecoppertree.org/

Verdecktes Menü

Hier bewegt sich beim Tippen auf den Menü-Button die
komplette Website nach unten und gibt das darunterliegende Menü frei. Es wirkt also so, als sei das Menü
von der Website verdeckt gewesen. Ein interessanter
und eleganter Effekt, der in dieser Form sehr schön
von der 2012er *dConstruct*-Website umgesetzt wurde[26]
(Abb. 12.16). Ein weiteres Beispiel liefert das Blog von
Happy Cog.[27]

Abb. 12.16 *Die gesamte
Webseite rutscht nach unten
und gibt das Menü frei*

Off-Canvas-Menü

Bei diesem Konzept handelt es sich fast um ein ganzes Layoutkonzept statt nur
einer Menüvariante. Dabei ist die Layoutfläche, zu der auch das Menü gehört, breiter als die Darstellungsfläche des Monitors und liegt deshalb teilweise außerhalb
davon, also *off canvas*. Durch Auslösen des Menü-Buttons wird dann die gesamte
Layoutfläche nach rechts verschoben und gibt im sichtbaren Bereich das Menü preis.
Damit der Nutzer im Klaren bleibt, was da vor sich geht, bleibt am rechten Rand ein
Stück des Inhaltsbereichs stehen. Abb. 12.17 verdeutlicht das anhand der Website
von Barack Obama, die diese Methode verwendet.

Vorteile

- Viel Platz für umfangreiche Menüs
- Die Technik wirkt imposant und hochwertig.

----

26 http://2012.dconstruct.org/
27 http://cognition.happycog.com/

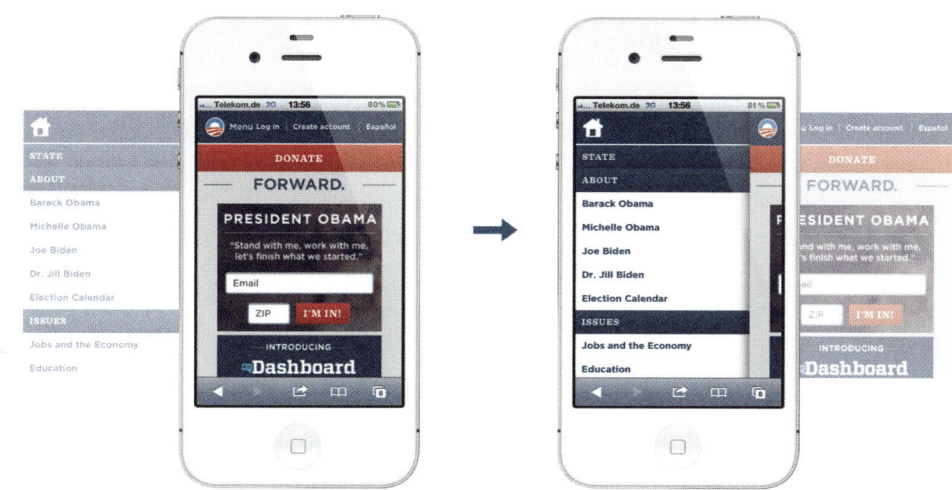

Abb. 12.17 *Das Menü wird sichtbar, indem sich das gesamte Layout verschiebt.*

Nachteile

- Sehr performanceintensiv
- Komplexere Technik, die nur auf modernsten Geräten fehlerfrei funktioniert
- Möglicherweise verwirrend, falls nicht direkt klar wird, was passiert

Weitere Beispiele

http://www.facebook.com/, *http://www.kaemingk.com/de/* oder auch in Apps wie Sparrow[28]

Tutorials

Wer an diesem Menü- und Layoutkonzept interessiert ist, dem empfehle ich eine Lektüre des Off-Canvas-Projekts von Jason Weaver.[29]

- - - - - - - - - - - - - - - - - -

28 http://itunes.apple.com/us/app/sparrow/id492573565?mt=8&ign-mpt=uo%253D4
29 http://jasonweaver.name/lab/offcanvas/

»Pull down for Navigation«

Bei einigen iPhone-Apps wird die Technik »Pull down to refresh« mittlerweile eingesetzt, um Inhalte zu aktualisieren, zum Beispiel Twitter. Tom Kenny inspirierte diese Vorgehensweise dazu, eine ähnliche Variante für mobile Menüs zu implementieren. Sein Beispiel funktionierte bei meinem Test nicht, wer sich aber für diese Methode interessiert, kann sich den dazugehörigen Artikel ansehen.[30]

Swipe

Besser zu funktionieren scheint ein Plug-in von Torkil Johnson namens Swipe.[31] Statt das Menü durch ein Ziehen nach unten sichtbar zu machen, wird hier durch einen Klick auf den Menü-Button der Inhalt nach rechts verschoben und gibt so das darunterliegende Menü frei[32]. Bei Touch-Displays kann das Menü ebenso durch eine Wischgeste eingeblendet werden. Eine nette und praktische Sache, die eine Mischung aus den Toggle-Varianten und dem Off-Canvas-Menü darstellt.

Fazit

So, nun haben wir einen ausführlichen Rundgang durch einige verbreitete Navigationsmethoden im mobilen Kontext gemacht. Alle haben ihre Vor- und Nachteile und für Ihre nächsten Projekte ist sicher ein passender Kandidat dabei. Auch auf der Begleit-Website soll eine passende Navigation integriert werden. Darum werden wir uns jetzt kümmern.

---

30 http://inspectelement.com/tutorials/pull-down-for-navigation-a-responsive-solution/
31 https://github.com/torkiljohnsen/swipe
32 http://www.torkiljohnsen.com/demo/layered-mobile-nav/

12.3   Eine mobile Navigation erstellen

Schreiten wir also zur Tat und möbeln die Begleit-Website weiter auf. Der recht
rudimentäre Stand, auf dem sich die Seite aktuell befindet, ist das, was ältere und
weniger fähige mobile Geräte zu sehen bekommen. Um sie vor den weiteren CSS-
Angaben zu »schützen«, setzen wir eine erste Mediaabfrage:

```
@media only screen and (min-width: 320px) {
    …
}
```

Dabei gehen wir davon aus, dass jene älteren Geräte die Mediaabfrage nicht interpretieren können und daher die enthaltenen Angaben ignorieren. Die gewählte
Mindestbreite sollte aber auch so gewählt werden, dass ab da angereicherte Layoutangaben sinnvoll sind, wie zum Beispiel zwei Spalten nebeneinander zu platzieren.

Die Position der Navigation verändern

Im HTML-Quelltext steht unser Navigationsblock ganz unten, unsere erste Aufgabe
besteht nun darin, diesen Block nach oben zu bekommen. Das geht ganz einfach
mit einem position: absolute. Wir definieren einfach

```
nav.main {
    left: 0;
    position: absolute;
    top: 0;
}
```

und schon springt die Navigation nach oben. Allerdings ist sie jetzt aus dem Dokumentfluss genommen, so dass nachfolgende Elemente, in diesem Fall der Header,
ein margin in der Höhe der Navigation benötigen, um an der richtigen Stelle zu landen (Abb. 12.18).

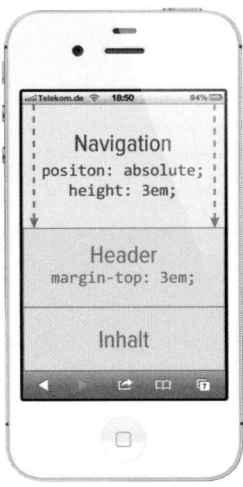

Abb. 12.18 *Absolute Positionierung der Navigation*

Die Navigation ein- und ausblenden

Als Nächstes geht es darum, die Navigation so zu verpacken, dass sie wenig Platz wegnimmt und trotzdem schnell erreichbar ist. Damit wir im Kopfbereich richtig viel Platz sparen können, habe ich mich deshalb für ein Toggle-Menü entschieden und zwar eines, das komplett ohne JavaScript auskommt.

Aaron Gustafson hat das Konzept in einem Tutorial beim *.net magazine* vorgestellt, das wir weiter oben schon mal erwähnt haben[33]. Die Lösung funktioniert leider nicht im Opera Mini auf Geräten > 320px, was sie für die Alltagstauglichkeit weniger »kugelsicher« macht. Ich finde den Ansatz aber zu interessant, um ihn einfach unter den Tisch zu kehren, weshalb er hier dennoch präsentiert wird.

Das ganze Geheimnis der CSS-Lösung dreht sich um die CSS-Pseudoklasse `:target`, die man zusammen mit den altbekannten Sprungmarken verwenden kann:

http://irgendeinewebsite.de/unterseite#dasollstduhin

Die im HTML gekennzeichnete Stelle (z.B. `<p id="dasollstduhin">…</p>`) ist nun das Zielelement des oben stehenden URL und kann mit der Pseudoklasse `:target` im CSS angesprochen werden, wenn dieser Link aufgerufen wird:

- - - - - - - - - - - - - - - - - -

33 http://www.netmagazine.com/tutorials/build-smart-mobile-navigation-without-hacks

```
#dasollstduhin:target {
    background: yellow;
}
```

Statt einer Hintergrundfarbe können wir auch definieren, dass ein Element ein-oder ausgeblendet wird, und schon haben wir unsere Toggle-Navigation.

Wir benötigen also eine Sprungmarke und einen Link, der darauf verweist. Die Sprungmarke id="menu-open" setzen wir in das body-Starttag. So können wir beim Aufruf der Sprungmarke alle Bereiche der Website beeinflussen.

Für den Link fügen wir etwas Markup hinzu:

```
<div class="menu-btn">
        <a class="open" href="#menu-open"></a>
</div>
```

Sie können auch auf bestehende Sprungmarken und Sprunglinks zurückgreifen, falls diese im Rahmen Ihrer Gestaltungszwecke an einer geeigneten Stelle im Quelltext stehen.

Das Prinzip ist jetzt ganz einfach. In unserem Layout ist die Navigation zunächst ausgeblendet, nur ein schwarzer Rand oben verrät die Navigation. Dazu setzen wir die Höhe sehr klein, um nur eine schwarze Linie am oberen Rand übrig zu lassen (siehe Abb. 12.19), und ergänzen ein overflow:hidden, damit die Elemente innerhalb von nav ausgeblendet werden:

```
nav.main {
    height: .375rem;
    overflow: hidden;
}
```

Abb. 12.19 Die Navigation ist zunächst versteckt, am oberen Rand bleibt nur eine schwarze Linie.

Wird nun der Sprunglink aufgerufen, wird die Navigation eingeblendet:

```
#menu-open:target nav.main {
    height: 12.575em;
}
```

Damit sie nicht die übrigen Inhalte überlagert, ergänzen wir für das nachfolgende Element, den Header, einen Abstand in der Höhe der Navigation:

```
#menu-open:target header.main {
    margin-top: 12.575em;
}
```

Zu guter Letzt können wir das Ganze noch butterweich animieren, indem wir für die beiden Elemente eine Übergangsdauer definieren (Browser-Präfixe nicht vergessen!):

```
nav.main,
header.main {
    transition: .5s;
}
```

Die Vorteile dieser Lösung

- Sie ist in Windeseile gebaut.
- Sie funktioniert auch bei abgeschaltetem JavaScript.
- Man benötigt keinerlei Animationsbibliotheken à la jQuery.
- Eine CSS-Animation läuft flüssiger als eine JavaScript-Animation.

Ein Nachteil ist allerdings, dass wir das Menü nicht über einen nochmaligen Knopfdruck wiederbekommen. Dazu benötigen wir noch einen Link, der die aktuelle Sprungmarke wieder aufhebt, wozu ein einfaches `<a href="#"></a>` genügt. Wir ergänzen also unser Button-Markup:

```
<div class="menu-btn">
    <a class="open" href="#menu-open"></a>
    <a class="close" href="#"></a>
</div>
```

Jetzt müssen wir noch bewerkstelligen, dass diese beiden Links zum richtigen Zeitpunkt ein- bzw. ausgeblendet sind, was mit ein paar Zeilen CSS gelingt. Ist das Menü geschlossen, muss der Öffnen-Link sichtbar, der Schließen-Link jedoch versteckt sein:

```css
a.open {
    display: block;
}
a.close {
    display: none;
}
```

Ist das Menü eingeblendet, wird die Darstellung getauscht:

```css
#menu-open:target a.open {
    display: none;
}
#menu-open:target a.close {
    display: block;}
```

Damit haben wir ein funktionsfähiges Menü, das auf Knopfdruck ein- und ausgeklappt werden kann, ganz ohne JavaScript (Abb. 12.20).

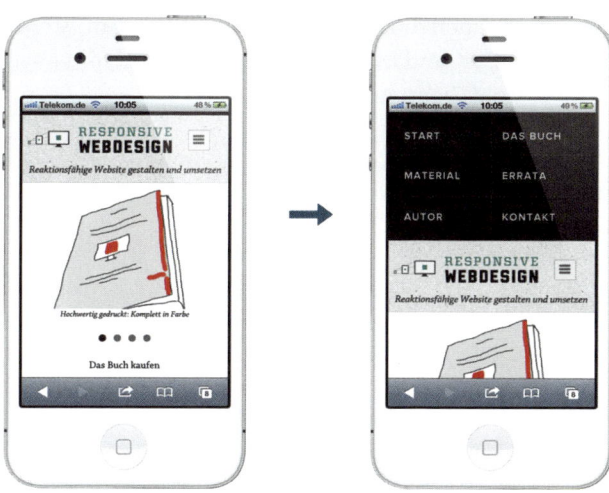

Abb. 12.20 *CSS-Menü zum Ein- und Ausklappen*

Das Menü funktioniert in allen modernen Mobilbrowsern. Auf weniger fähigen Geräten, die entweder keine Mediaqueries verstehen oder ein Display kleiner als 320 px besitzen, setzt das Fallback-CSS ein.

> **HINWEIS:** Zurzeit gibt es noch kein einheitliches Symbol, um eine Navigation zu kennzeichnen. Andy Clarke hat dieses Thema in einem Artikel aufgegriffen und macht dabei einen Favoriten aus, der auch hier zum Einsatz kommt[34]. Je nach Zielgruppe sollte man dennoch erwägen, neben dem Symbol einen Button-Text zu ergänzen, um Zweifel auszuräumen.

12.4 Fazit

Das Thema Navigationen ist eines der komplexesten im Zusammenhang mit reaktionsfähigen Websites. Nicht nur gibt es zahlreiche Möglichkeiten, wie wir gesehen haben, auch die Umsetzung ist nicht immer leicht und muss vielen verschiedenen Browsern standhalten. Wichtig ist also, das Ergebnis ausgiebig zu testen.

Die meisten der hier vorgestellten Methoden offenbaren im Einsatz kleinere Wehwehchen und Tücken. Um also ein wirkliches Gefühl für die einzelnen Varianten zu bekommen und herauszufinden, mit welchen man am besten zurechtkommt, sollte man sie einfach mal testen. Das kostet Zeit und Mühe, erweitert den Horizont aber ungemein. Insofern wünsche ich viel Spaß beim Ausprobieren.

Wer dann noch nicht genug hat, findet eine nützliche Zusammenstellung von Plugins und Tutorials bei *Ginva.com*.[35]

----

34 http://www.stuffandnonsense.co.uk/blog/about/we_need_a_standard_show_navigation_icon_for_
    responsive_web_design
35 http://ginva.com/2012/05/responsive-navigation-menu/

13

Mediaqueries

Bevor es nun in den Schlussakt mit Tipps rund ums Thema Layout geht, werfen wir noch mal einen Blick auf die Mediaqueries. Im Grundlagen-Kapitel und an einigen anderen Stellen im Buch haben wir schon häufiger darauf hingewiesen und einige Beispiele gezeigt. In diesem Kapitel fassen wir die möglichen Eigenschaften zusammen und gehen auf ein paar interessante Aspekte rund ums Thema Mediaqueries ein, die wir bisher noch nicht aufgegriffen haben.

13.1 Nützliche Eigenschaften

Dimensionen

Es liegt in der Natur der Sache, dass in den meisten Fällen Mediaqueries zum Einsatz kommen, die die Fenstergrößen des Browsers (`min-width`, `max-width`) oder die Bildschirmdimension des Geräts abfragen (`min-device-width`, `max-device-width`). Die Eigenschaften können auch ohne die Präfixe `min-` und `max-` verwendet werden, um gezielte Dimensionen abzufragen, was aber eher selten der Fall sein dürfte.

Seitenverhältnis und Ausrichtung

Es mag Fälle geben, in denen das Seitenverhältnis des Bildschirms wichtig ist. In diesem Fall kann man das mit `device-aspect-ratio`, zum Beispiel `16/9`, erfragen.

Zudem kann auch ermittelt werden, ob sich das Gerät im Hoch- oder Querformat befindet: (orientation:portrait) bzw. (orientation:landscape).

Pixeldichte und Auflösung

Ebenso kann die Pixeldichte des verwendeten Geräts ausgelesen werden. In Zeiten von hochauflösenden Bildschirmen eine zunehmend wichtige Abfrage: (min-device-pixel-ratio: 2). Zu beachten sind beim Einsatz dieser Eigenschaft die Browser-Präfixe sowie unterschiedliche Schreibweisen, siehe auch Kapitel 11 (ab Seite 217). Das W3C möchte hingegen eine andere Eigenschaft stattdessen etablieren, nämlich die Auflösung. Zusammen mit der neuen Einheit dppx, Dots Per Pixel unit, kann so ebenfalls die Pixeldichte bestimmt werden: (min-resolution: 2dppx).

Farbe

Auch die Farbe kann eine Rolle spielen. Das *Kindle* von Amazon ist beispielsweise ein Gerät mit Schwarz-Weiß-Bildschirm. Dummerweise gibt es sich selbst aber als Farbgerät aus, aber das steht auf einem anderen Blatt. Folgende Werte können abgefragt werden:

- Es handelt sich um einen Farbbildschirm: (color).
- Der Bildschirm verfügt über eine Mindestanzahl Farben: (min-color-index: 256).
- Es handelt sich um einen monochromen Bildschirm: (monochrome).

Ausblick: Maus oder Finger?

Neben den zuvor genannten Möglichkeiten wird bereits fleißig an weiteren Ideen gearbeitet. So sieht die nächste Version der Mediaqueries eine Eigenschaft namens pointer vor, die abfragen soll, ob ein Zeigegerät, beispielsweise eine Maus, vorhanden ist und wie akkurat die Eingabemethode ist. Folgende Werte sind möglich:

- Kein Zeigegerät vorhanden: `(pointer: none)`
- Das Zeigegerät ist nur eingeschränkt akkurat, zum Beispiel ein Finger: `(pointer: coarse)`.
- Ein akkurates Zeigegerät, z.B. eine Maus, ist vorhanden: `(pointer: fine)`.

Ebenso kann getestet werden, ob mit dem Zeigegerät ein `:hover`-Status ausgegeben werden kann: `(hover)`.

> **TIPP:** Bis wir die neuen Mediaqueries nutzen können, bietet sich ein *Modernizr*-Test mittels JavaScript an.[1]

13.2 Mediaqueries kombinieren

Mediaqueries können nicht nur einzeln, sondern auch in Kombination genutzt werden. Auch das haben wir schon bei dem ein oder anderen Beispiel gesehen. Im Typografie-Kapitel sind wir auf den Einsatz von mehreren Spalten eingegangen, der nur dann sinnvoll ist, wenn wir neben einer Mindestbreite des Browserfensters auch eine Mindesthöhe abfragen (Seite 178):

```
@media only screen and (min-width: 700px) and (min-height: 44em) {
    .text {
            column-count: 2;
    }
}
```

Mit dem and -Operator können also mehrere Bedingungen verkettet werden, die alle erfüllt sein müssen. Neben dem Einsatz der Mehrspaltigkeit ist diese Verkettung dann sinnvoll, wenn ein bestimmter Inhaltsabschnitt an prominenter Stelle auf dem Bildschirm zu sehen sein soll, ohne scrollen zu müssen.

Noch nicht vorgestellt haben wir den or-Operator, der bei den Mediaqueries mittels Komma dargestellt wird:

---

[1] http://modernizr.com/docs/#touch

```
@media only screen and (min-width: 700px), (min-height: 44em) {
    .text {

        …

}
```

In diesem Fall genügt es, wenn eine der beiden Bedingungen zutrifft. Damit erhalten wir insgesamt eine mächtige Möglichkeit, unser Layout an viele mögliche Kontexte anzupassen.

13.3 Mediaqueries planen und strukturieren

Planung

Zu Beginn eines neuen Projekts steht nach wie vor eine Planungsphase. Hier sollten wir auch schon erste Überlegungen zu möglichen Umbruchpunkten anstellen. Zwar werden die genauen Werte für den richtigen Umbruchpunkt erst später bei der Umsetzung festgelegt, es schadet aber nicht, bereits vorher eine gewisse Vorstellung davon zu haben, wo die Reise hingeht. Auch wenn wir uns bei der Festlegung der Umbruchpunkte nicht an aktuellen Gerätedimensionen und -auflösungen orientieren sollten, kann ein Überblick über die aktuelle Situation nicht schaden. Viljami Salminen hat zu diesem Zweck ein Diagramm erstellt, das einige Geräte und ihre Bildschirmauflösungen veranschaulicht[2] (Abb. 13.1).

Wem die grobe Einteilung Featurephones, Smartphones, Tablets und Desktops zu grob erscheint, kann sich hier genauer orientieren.

Stephen Hay empfiehlt ebenfalls, in der Planungsphase ein Umbruchpunkt-Diagramm anzulegen[3]. Neben einer groben Einteilung an Gerätekategorien kann man außerdem auch grobe Züge einer späteren Struktur ergänzen. Gerade bei komplexeren Projekten erhält man so eine Art Roadmap, wo die Reise hingeht.

----

2   http://viljamis.com/blog/2012/responsive-workflow/device-map-2012.pdf
3   http://www.slideshare.net/stephenhay/responsive-design-workflow

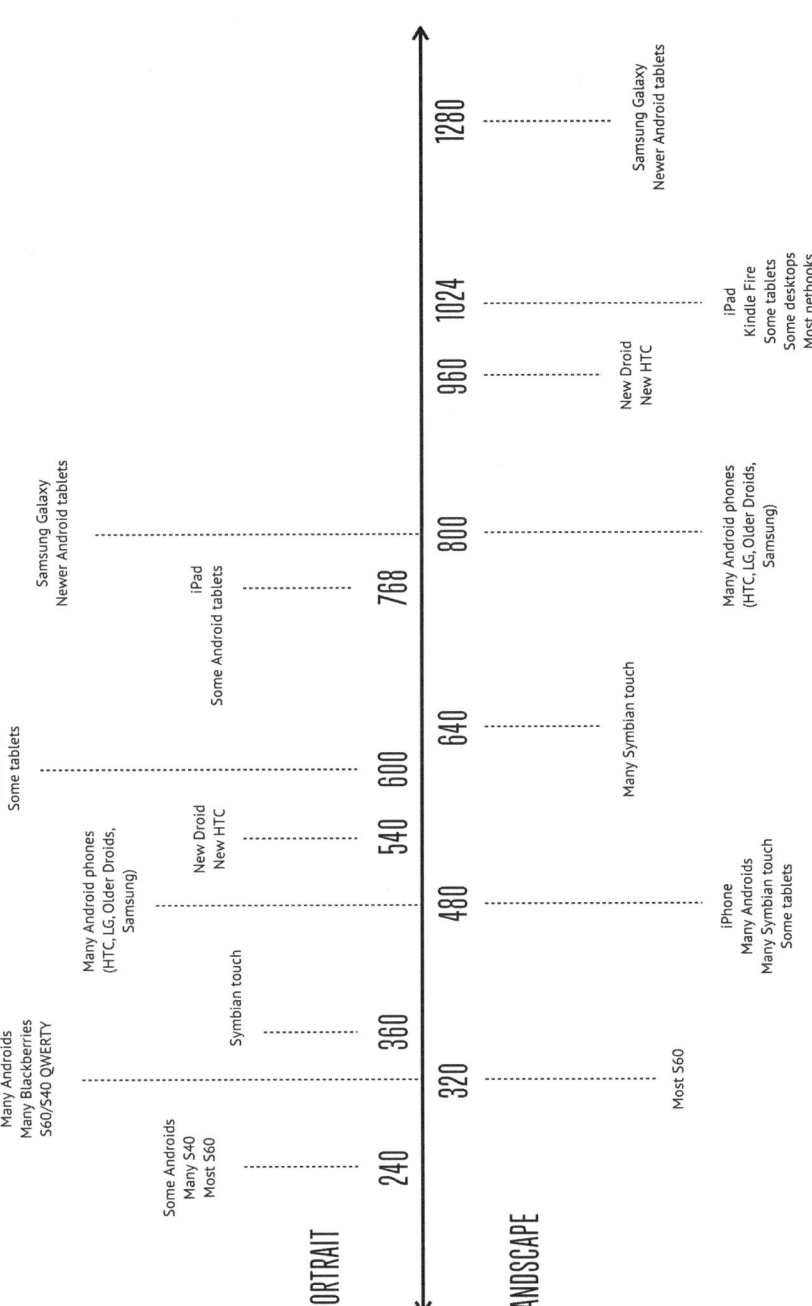

Abb. 13.1 *Einige Geräte und ihre Bildschirmauflösungen, dargestellt von Viljami Salminen*

Struktur

Bei kleineren Projekten muss man sich um die Struktur von Umbruchpunkten wenig Gedanken machen. Man setzt für die entscheidenden Stellen zwei, drei Mediaqueries und kann die gesamte Website damit abdecken. Je umfangreicher und komplexer aber das Layout ist, desto höher ist die Wahrscheinlichkeit, dass zusätzliche Mediaqueries für einzelne Bereiche gesetzt werden müssen, die überwiegend kleinere Anpassungen enthalten. So können im Laufe des Projekts einige Umbruchpunkte zusammenkommen, so dass man leicht den Überblick verlieren kann.

Hier hilft dann eine sinnvolle Struktur. Dabei werden Umbruchpunkte in zwei Kategorien eingeteilt. Zum einen gibt es die Hauptumbruchpunkte, die die großen Layoutanpassungen beinhalten. Hier kann man sich an den verschiedenen Gerätekategorien wie Smartphone, Tablet und Desktop orientieren. Die einzelnen Umbruchpunkte können dabei jeweils eine eigene CSS-Datei erhalten und im HTML verlinkt werden:

```
<link rel="stylesheet" media="only screen and (min-width: 20em)" href="css/
smartphone.css" />
<link rel="stylesheet" media="only screen and (min-width: 40em)" href="css/
tablet.css" />
<link rel="stylesheet" media="only screen and (min-width: 60em)" href="css/
desktop.css" />
```

Innerhalb dieser groben Umbruchpunkte können dann weitere kleinere Anpassungen vorgenommen werden, dabei ist es auch möglich, Mediaqueries zu verschachteln.

```
@media only screen and (min-width: 20em) {
    …
    @media (max-width: 30em) {
        …}
}
```

Auf diese Weise erhält man mehr Ordnung und Überblick und kann die einzelnen Anpassungen gut nachverfolgen. Stephanie Rieger zeigt in einer Präsentation, wie so was aussehen kann.[4]

----

4 http://www.slideshare.net/yiibu/pragmatic-responsive-design

13.4 Mediaqueries mit em angeben

Im Grundlagenkapitel und in den Beispielen danach haben wir Mediaqueries immer in Pixel angegeben. Das ist sehr intuitiv, weil wir uns an den Pixeln des Bildschirms orientieren, um einen passenden Umbruchpunkt zu finden.

Jetzt haben wir aber Pixel als Einheit bei nahezu allen übrigen CSS-Anweisungen entfernt und durch flexiblere Prozent und (r)em-Werte ersetzt. Da liegt es nahe, auch bei Mediaqueries zu prüfen, ob eine Angabe mit em nicht sinnvoller sein kann und welche Vorteile es uns bringt.

Von der theoretischen Seite betrachtet ist es zumindest konsequent, denn während wir unsere Gestaltung mit (r)ems basierend auf den Inhalten ausrichten, wirkt eine Umbruchpunkt-Angabe in Pixeln eher wie eine äußere Beschränkung. Denn em-Werte passen sich beim Zoomen der Seite an, Pixelwerte tun dies nicht.

Wir haben im Typografie-Kapitel zum Beispiel über inhaltsbezogene Dimensionen wie die optimale Zeilenlänge von 45 bis 75 Zeichen gesprochen, die stark mit der Schriftgröße, also der Einheit rem zusammenhängt. Wenn diese sich ändert und mit ihr auch die Breite des Inhaltscontainers, scheint es auch für Mediaqueries konsequent, wenn sie sich ebenfalls anpassen. Setzen wir das mal in die Praxis um.

Wenn wir Mediaqueries in em umrechnen möchten, brauchen wir eine Bezugsgröße. Das ist die Standardschriftgröße des Browsers, die in der Regel 16 px beträgt. Wir müssen also, wenn wir beispielsweise eine pixelbasierte Mindestbreite umwandeln möchten, einfach den Pixelwert durch 16 teilen und schon haben wir den passenden em-Wert:

```
@media only screen and (min-width: 320px) {…}
@media only screen and (min-width: 20em) {…}
```

> **HINWEIS:** Der em-Wert bezieht sich immer auf die Standardschriftgröße, auch dann, wenn je nach Bildschirmbreite die Schriftgröße im body angepasst wird.

Nun wollen wir ausprobieren, inwiefern uns die em-Schreibweise konkrete Vorteile bringt. Dazu sehen wir uns die Seite mit Pixelangaben in den Mediaqueries einmal an, hier im Chrome bei einem Browserfenster mit 718 px Breite (Abb. 13.2).

Alles ist an Ort und Stelle. Was aber passiert, wenn wir die Schriftgröße im Browser erhöhen? Ab einer bestimmten Größe rutscht die Navigation rechts aus dem Browserfenster, passt also nicht mehr vollständig in eine Zeile (Abb. 13.3).

 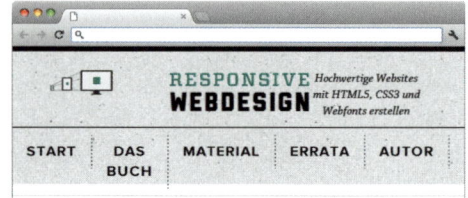

Abb. 13.2 *Die Navigation passt vollständig in eine Zeile.*

Abb. 13.3 *Die Navigation rutscht aus dem Fenster.*

Die Pixelwerte in den Mediaqueries reagieren nicht auf die vergrößerte Schriftdarstellung, der Browser ist immer noch der Meinung, das Layout habe genug Platz. Ersetzen wir jetzt die Pixelwerte durch em-Angaben, sieht das Ganze (nach einem Reload) schon besser aus (Abb. 13.4). Der Firefox-Browser ist hier schon schlauer und ändert die Darstellung erstens ohne Reload und zweitens auch bei Pixelwerten. Neuere Chrome- und Safari-Versionen und auch der IE werden hier sicher nachziehen.

Abb. 13.4 *Der Browser wechselt die Darstellung.*

Doch auch Geräte wie das Kindle-Touch profitieren von em-basierten Mediaqueries, wie Lyza Gardner von *Cloud Four* herausstellt[5]. Denn der voreingestellte Textzoom des Geräts sorgt dafür, dass Pixelwerte anders als bei vielen anderen Smartphones und Tablets kalkuliert werden. Das Gerät gibt eine Auflösung von 600 x 800 px an, weshalb pixelbasierte Mediaqueries für diese Größe geladen werden. Durch den größeren Textzoom wirkt die Darstellung aber so ähnlich, wie bei unserem obigen Browser-Beispiel mit vergrößertem Text. Mit em-basierten Mediaqueries funktioniert es aber auch hier.

----

5   http://blog.cloudfour.com/the-ems-have-it-proportional-media-queries-ftw/

13.5   Mediaqueries und JavaScript

Manchmal möchte man auf seiner Website etwas JavaScript basierend auf bestimmten Umbruchpunkten ausführen, zum Beispiel um ein Script nur für Desktop-Bild-
schirme zu laden. Wir könnten uns dann an den Mediaqueries im CSS orientieren,
diese in JavaScript übertragen und dort ebenfalls eine Mediaabfrage starten. Etwas
unschön ist allerdings, dass wir dann sowohl die Werte der Mediaqueries im CSS
pflegen müssen als auch die im JavaScript.

Jeremy Keith hat deshalb nach Wegen gesucht, den Status einer CSS-Mediaquerie
mit JavaScript auszulesen, um so die doppelte Pflege der Umbruchpunkte zu erspa-
ren[6]. Dazu fügt er einfach eine unsichtbare CSS-Anweisung in den gewünschten
Mediaquery-Bereich ein:

```
@media all and (min-width: 45em) {
    body:after {
        content: 'widescreen';
        display: none;
    }
}
```

Diese CSS-Eigenschaft hat keinen Einfluss auf das Layout, ist aber mit JavaScript
auslesbar. Ein funktionierendes Beispiel dieser Methode hat Chris Coyier zur Verfügung gestellt.[7]

Josh Barr von *springload* hat ein JavaScript-Schnipsel entwickelt, das in diesem
Zusammenhang nützlich ist[8]. Wer das für sein nächstes Projekt in Betracht zieht,
bekommt nähere Information zur Funktion sowie die benötigten Dateien bei
GitHub.[9]

- - - - - - - - - - - - - - - - - -

6   http://adactio.com/journal/5429/
7   http://css-tricks.com/conditional-content-via-css-media-queries/
8   http://www.springload.co.nz/love-the-web/responsive-javascript
9   https://github.com/JoshBarr/js-media-queries

14

Layouts umsetzen

Wir haben nun schon viele wichtige Themen rund um reaktionsfähiges Webdesign angesprochen. Die Umsetzung des Layouts ist ein Bereich, bei dem überwiegend auf gutes altes CSS zurückgegriffen werden kann, angereichert mit einigen CSS3-Eigenschaften. In diesem Kapitel werden wir einige Tipps aufführen, die bei der Umsetzung eines reaktionsfähigen Layouts nützlich sein können.

14.1 Reaktionsfähige Gridsysteme

Layouten auf Basis von Gestaltungsrastern ist nach Webmaßstäben fast schon ein alter Hut. Vor Jahren sind Gestaltungsraster à la *960gs* wie Pilze aus dem Boden geschossen, um unterschiedliche Spaltenanzahlen und Abstände zu bedienen. Wenn wir Grids im reaktionsfähigen Kontext beleuchten, kommt es weniger auf solche Dinge an, sondern vielmehr darauf, wie es auf unterschiedliche Bildschirmgrößen reagiert. Werfen wir mal einen Blick auf verschiedene Lösungen. Eines vorweg, ich bin prinzipiell kein großer Freund von vorgefertigten Lösungen, weil meiner Meinung nach jede Website unterschiedliche Erfordernisse hinsichtlich Spaltengröße und -anzahl hat. Mal richtet sich ein Raster an Bedürfnissen von Werbeanzeigen aus, mal bestimmt die Typografie die Spaltenbreite. Manchmal müssen bestehende Inhalte wie Bilder berücksichtigt werden, so dass deren Dimensionen Einfluss auf das Raster haben.

Dennoch lohnt es sich, die verschiedenen Ansätze näher kennenzulernen, weil sie Anregungen für die eigene Umsetzung liefern können, sowohl gestalterisch als auch technisch.

Golden-Grid-System

Vielleicht erinnern Sie sich noch an den Anfang des Buchs, wo wir erwähnt haben, dass Gestaltungsraster im Print oft von äußeren Gegebenheiten wie der Seitengröße abgeleitet werden (ab Seite 16). Genau diesen Ansatz verfolgt das Golden-Grid-System von Joni Korpi, indem der gesamte Bildschirm in 18 gleichmäßige Spalten eingeteilt wird, von denen die äußeren beiden den Außenabstand bilden und die verbleibenden 16 die Layoutbühne darstellen (Abb. 14.1).

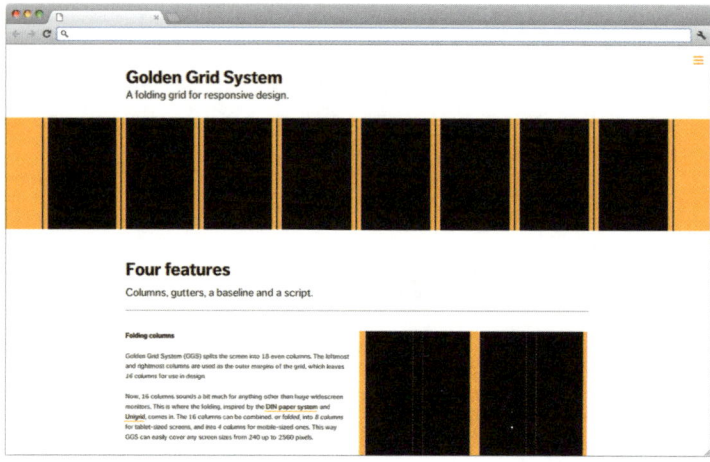

Abb. 14.1 *Das Golden-Grid-System basiert auf 18 Bildschirm füllenden Spalten, von denen die 16 Layoutspalten zu 8 größeren zusammengefasst sind.*[1]

Das System passt wunderbar in den reaktionsfähigen Kontext, weil es zu jeder Zeit auf die Bildschirmgröße reagiert. Das Raster ist komplett elastisch, wobei nur die Spalten selbst, nicht aber die Spaltenabstände auf eine veränderte Bildschirmgröße reagieren. Das ist deshalb so gemacht, damit das Layout auf großen Bildschirmen nicht auseinandergezerrt und auf kleinen nicht gestaucht wirkt. Bei kleineren Geräten wie Tablets fällt es auf 8 kleinere Spalten zurück, für Smartphones auf 4.

----

1   http://goldengridsystem.com/

Goldilocks Approach

Diesem System der Agentur *front* liegt der gegensätzliche Gedanke zugrunde, dass nicht das Gerät für die Dimensionen des Rasters entscheidend ist, sondern die Bedürfnisse des Inhalts. Deshalb ist es auch nur für kleinere Geräte elastisch, ab einer bestimmten Breite wird dann eine fixe Breite für den Layoutcontainer angegeben (Abb. 14.2).

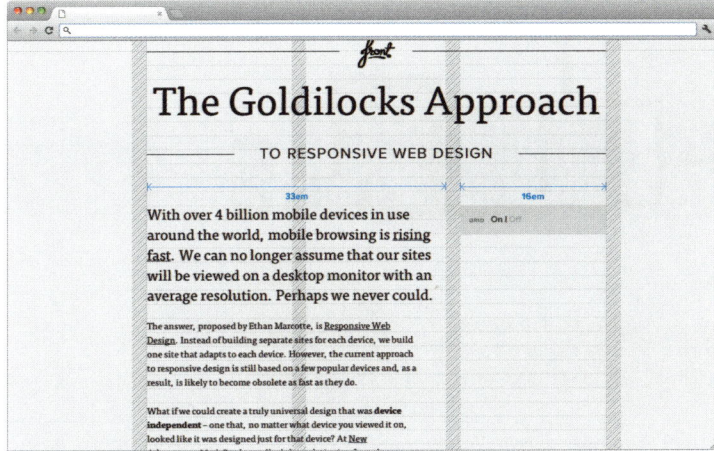

Abb. 14.2 *Unabhängig von der Bildschirmbreite wächst der Layoutcontainer nicht mit, sondern richtet sich bei der optimalen Breite nach dem Inhalt.*[2]

Damit ist das Grid nicht vollständig reaktionsfähig, sondern »nur« anpassungsfähig – ein kleiner, aber feiner Unterschied.

Less Framework 4 und Frameless

In die gleiche Kerbe schlägt das *Less Framework 4*, ebenfalls von Joni Korpi, das für verschiedene Bildschirmgrößen fixe Raster liefert.[3]

Eine Weiterentwicklung davon ist das Frameless-Raster, bei dem ein pragmatischer und leicht umzusetzender Ansatz im Mittelpunkt steht. Und zwar wird dabei ein

---

2 http://goldilocksapproach.com/
3 http://lessframework.com/

beliebiges Raster erstellt, das den gesamten Bildschirm füllt und zentriert platziert ist. Die Spaltenbreiten und Abstände sind fix, je nach Bildschirmbreite werden einfach so viele Spalten zur Gestaltung herangezogen, wie verfügbar oder erforderlich (Abb. 14.3)

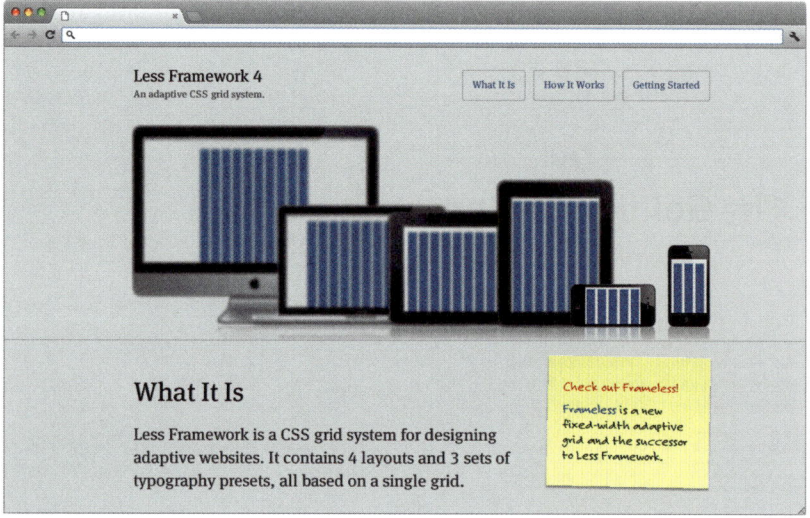

Abb. 14.3 *Bei Frameless steht Pragmatismus im Vordergrund. Die minimale Spaltenanzahl richtet sich nach den Bedürfnissen des Layouts, die maximale nach der Bildschirmgröße.*[4]

Modulares Grid

Andy Clarke stellt in einem 24-Ways-Artikel ein weiteres interessantes Raster vor. Es basiert auf 84 px breiten Spalten und 24 px breiten Spaltenabständen (Abb. 14.4).

Wer auf die Größen von Bannerwerbung achten muss, kann hier fündig werden, denn jeweils 3 Spalten erzeugen eine Breite von 300 px, worauf ein Standard-Werbeblock von 300 x 250 px passt. Andy erklärt in dem Artikel auch anschaulich, wie man mit der richtigen Berechnung der Spaltenbreite die Verbindung zum verwendeten Gerät bewahrt.

---

4 http://framelessgrid.com/

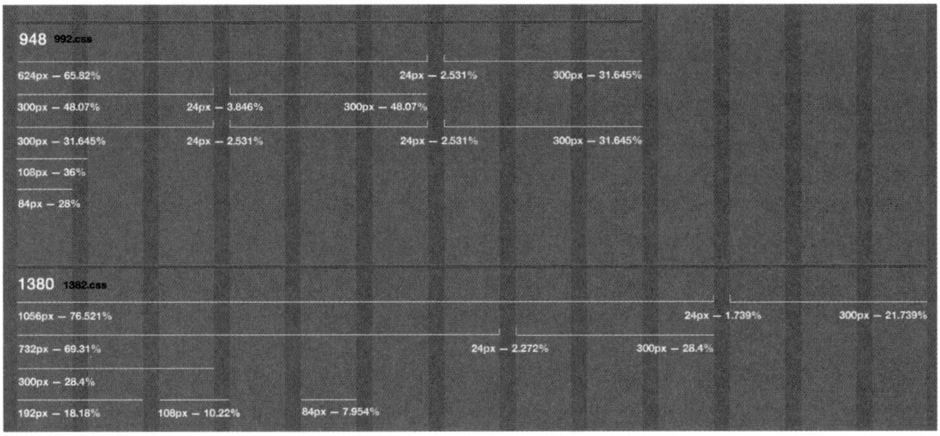

Abb. 14.4 *Modulares Grid mit gerätebezogenen Prozentwerten*[5]

Gridset

Die erwähnten Grids haben alle ihre Vor- und Nachteile und wer sich lieber auf vorgefertigte Lösungen verlässt, ist bei diesen sehr gut aufgehoben.

Wer wie ich lieber auf individuelle Raster je nach Projektanforderung bauen möchte, dem kann neuerdings mit einer sehr vielversprechenden Browser-App weitergeholfen werden, die auf den Namen *Gridset* hört.

Auf einer sehr bedienerfreundlichen Oberfläche (Abb. 14.5) können alle Rastereinstellungen für verschiedene Bildschirmgrößen vorgenommen werden. Neben einem klassischen regelmäßigen Grid können über ein Drop-down-Menü auch unterschiedlich breite Spalten erstellt werden, die bestimmten Verhältnissen wie etwa dem goldenen Schnitt folgen.

---

5 http://24ways.org/2011/theres-no-formula-for-great-designs

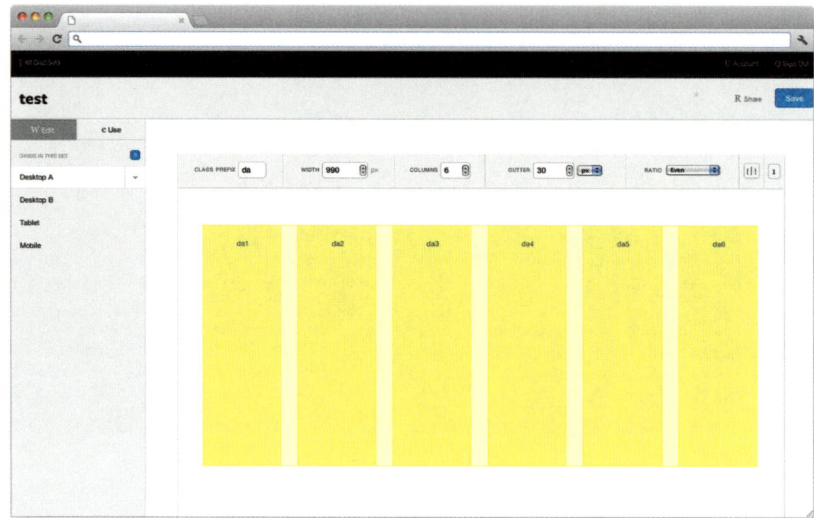

Abb. 14.5 *Oberfläche der Gridset-App*

Alle Raster für die verschiedenen Bildschirmgrößen werden mit einem Klassen-
namen bzw. einem Präfix ausgestattet, mit denen dann im HTML die gewünschten
Einstellungen angegeben werden können. Das Grid wird gespeichert und in der
Seite verlinkt:

```
<link href="http://get.gridsetapp.com/5912/" rel="stylesheet" />
```

Über ein kleines Snippet im Fuß der Seite kann das Raster bei der Entwicklung ein-
oder ausgeblendet werden:

```
<script src="http://get.gridsetapp.com/5912/overlay/"></script>
```

Dazu schreibt man einfach am Ende des URL folgende Anweisung:

```
www.meine-domain.de/testseite.html?gridset=show
```

Beispiel

Nehmen wir ein paar Zeilen Beispiel-Code, die für *Gridset* relevanten Klassen sind
fett markiert:

```
<div class="wrapper">
<h1 class="d2-d3 t2 m-all">Gridset-Test-Box</h1>
<div class="container d1-d2 t-all m-all">
<p>Ein Beispielcontainer für den Gridset-Test.</p>
<p>...</p>
</div>
</div>
```

Ich habe zuvor drei Raster erstellt für Desktop (d-*), Tablet (t-*) und Mobil (m-*).
Im Desktop-Raster habe ich mich für 4 Spalten, bei Tablets für 3 und bei Smartphones für 2 Spalten entschieden. Jetzt kann ich Folgendes definieren: Ich möchte
einen Container div im Desktop über die ersten beiden Spalten legen, indem ich
die Klasse d1-d2 für diesen Container zuweise. Bei kleineren Geräten wie Tablets
und Smartphones soll er sich aber über alle Spalten erstrecken, weshalb ich hierfür
t-all m-all ergänze. Für die Überschrift bin ich ähnlich vorgegangen, t2 bezeichnet dabei die Spalte 2 im Tablet-Kontext.

Das Ergebnis zeigt Abb. 14.6.

Abb. 14.6 *Ein kleines Beispiel der Gridset-Umsetzung*[6]

----

6   http://rwd-buch.de/gridset.html?gridset=show

Die Präfixe sind hier beispielhaft auf Gerätekategorien bezogen, man kann sie aber auch der Reihe nach mit den Buchstaben a, b, c, d, e oder wie auch immer bezeichnen, um sich so von speziellen Gerätedimensionen zu lösen.

Fazit

Gridset ist sehr leicht verständlich, dennoch sehr mächtig und umfangreich in Bezug auf die Möglichkeiten. Das Werkzeug befindet sich noch in der Beta-Phase. So fehlen zurzeit noch Unterstützung für Less, Sass und Co, außerdem sind die erzeugten CSS-Dateien noch sehr groß. Das kommt daher, weil für ein Raster jede mögliche Spaltenkombination erzeugt wird. Sie sollten also nicht zu viele Spalten wählen, was aber in der Regel für ein gutes Raster auch nicht nötig ist. Die App wird nach der Beta-Phase Geld kosten auf Basis eines Abos, die Zeitersparnis bei der Layoutentwicklung macht das sicherlich wieder wett.

Gridpak

Gridpak ist ebenfalls ein Grid-Generator, mit dem sich individuelle Raster für verschiedene Bildschirme erstellen lassen. Er kommt etwas rudimentärer daher als Gridset, funktioniert aber schnell und intuitiv.[7]

Selbst ist der Mann (oder die Frau)

Wer lieber von Grund auf alles nach seinem Gutdünken strickt, wird sich auch bei flexiblen Grids nicht von anderen in die Suppe spucken lassen wollen. Für jene Artgenossen hat das .net magazine ein nettes Tutorial zur Verfügung gestellt[8], nach dem man sein eigenes Grid erstellen kann.

- - - - - - - - - - - - - - - - -

7 http://gridpak.com/
8 http://www.netmagazine.com/tutorials/building-modern-grid-system

14.2 Hilfsmittel zum Testen der Layouts

Bevor es weitergeht, werfen wir noch kurz einen Blick auf ein paar nützliche Tools, die wir für schnelle Layouttests auf verschiedenen Bildschirmbreiten verwenden können. Sie ersetzen natürlich nicht die ausgiebige Testphase in Emulatoren und richtigen Geräten, sondern geben erst mal in der Orientierungsphase ein schnelles Feedback.

Ich arbeite gerne mit *responsivepx*, hier kann man individuell beliebige Bildschirmgrößen simulieren und auch den Scrollbalken ein- oder ausblenden (Abb. 14.7).

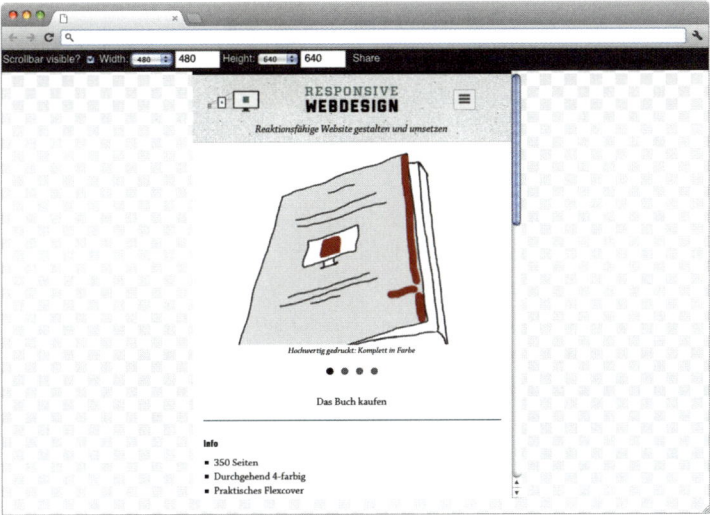

Abb. 14.7 *Testen mit responsivepx*[9]

Nicht ganz so individuell einstellbar, sondern beschränkt auf die Gerätekategorien Desktop, Tablet, Mobil, kommt responsive.is daher. Dafür wirkt es wesentlich »sexier«, weil es per Knopfdruck zwischen den Kategorien wechselt und dabei die Größenänderung schön animiert (Abb. 14.8).

---

9 http://responsivepx.com/

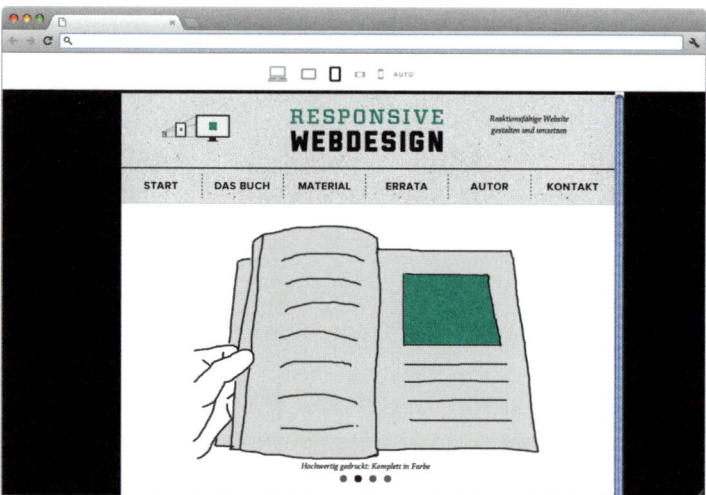

Abb. 14.8 *Ideal für Auftraggeber: schöne »Gerätewechsel« per Knopfdruck*[10]

Dieses Tool ist sehr gut geeignet, um die Website einem Auftraggeber zu präsentie-ren, weil hier sehr schön nachvollzogen werden kann, was passiert.

Eine Alternative dazu hört auf den lustigen Namen *Responsinator*. Hier wird die Größenänderung in eine Grafik des entsprechenden Geräts integriert, um so die Gesamtwirkung auf diesen Geräten besser zu vermitteln (Abb. 14.9).

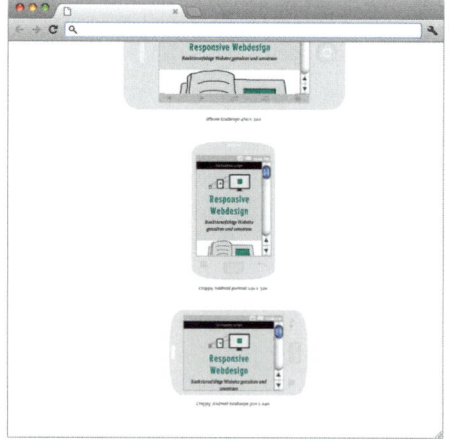

Abb. 14.9 *Der Responsinator zeigt die Website auf verschiedenen Geräten.*

---

10 http://responsive.is/anderssonwise.com

Fazit

Diese Tools sind im Rahmen schneller Layouttests sowie bei der Website-Präsentation für den Auftraggeber sehr nützlich.

14.3 Design-Module

Auch wenn jedes Webdesign anders aussieht, so lässt sich doch eine Gestaltung auf grundlegende Muster herunterbrechen, die einige Gemeinsamkeiten offenbaren. Wir haben bereits in Kapitel 9 (Seite 147) ein paar grundlegende Layoutmuster erläutert, an dieser Stelle gehen wir etwas mehr ins Detail und sehen uns an, wie sich einzelne Bereiche im reaktionsfähigen Kontext verhalten können. Die daraus gewonnenen Erkenntnisse können wir dann in wiederverwendbare Module einfließen lassen, die uns die Arbeit mit flexiblen Websites erleichtern.

Einfacher Zweispalter

Diese Variante ist häufig anzutreffen und auch leicht umzusetzen. Zwei im mobilen Layout gestapelte Inhaltsblöcke werden mit größer werdendem Bildschirm skaliert und bei genügend Platz nebeneinander angeordnet (Abb. 14.10).

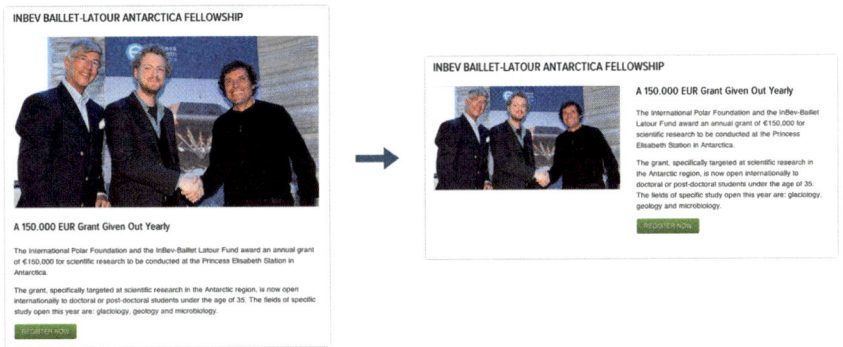

Abb. 14.10 *Einfacher Wechsel von einer auf zwei Spalten*[11]

----

11 http://www.antarcticstation.org/science/

Die Variante kommt mit einem größeren Umbruchpunkt aus. So einfach dieser Ansatz ist, so problematisch kann er aber auch werden. Kurz vor dem Wechsel ist das Bildmotiv am größten, kurz danach am kleinsten. Dadurch kann das Hierarchiegefüge auf der Website durcheinandergeraten.

Eine Lösung für das Problem ist es, die Bilder in der mobilen Ansicht nicht auf die volle Breite zu skalieren, dann bleibt das Verhältnis eher intakt, wie Abb. 14.11 zeigt.

Abb. 14.11 *Das Verhältnis bleibt dank des nicht mit skalierten Bilds intakt.*[12]

Verschachtelter Zweispalter

Eine weitere Möglichkeit ist es, bereits auf kleinen Bildschirmen das Layout zweispaltig zu erstellen, um die Bilder dort nicht zu groß werden zu lassen. Bild und Text bilden einen Block, das Layout wird zweispaltig, sobald ein zweiter Block daneben Platz findet (Abb. 14.12).

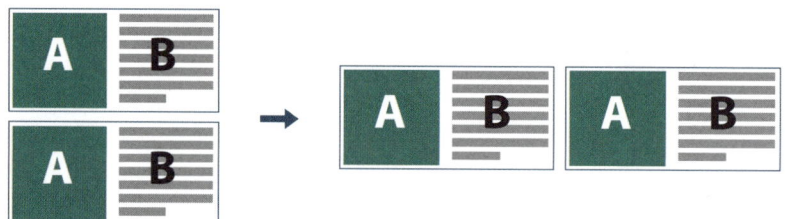

Abb. 14.12 *Verschachtelter Zweispalter mit intaktem Größenverhältnis (Beispiel*[13]*)*

- - - - - - - - - - - - - - - - - -

12 http://davecarter.me/about-me/
13 http://us.illyissimo.com/

Hierzu gibt es eine Variante, bei der der Text beim Umbruchpunkt unter das Bild gesetzt wird. Das ist dann sinnvoll, wenn der Text länger als das Bild ist (Abb. 14.13).

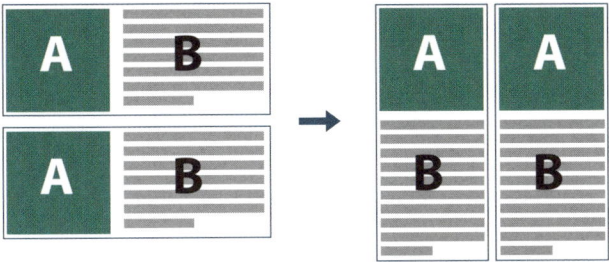

Abb. 14.13 *Diese Variante der Lancaster University wirkt besser bei längerem Text (Beispiel[14]).*

Einfacher Dreispalter

Noch extremer tritt die Größenveränderung auf, wenn aus einer Spalte gleich drei werden, wie das Beispiel von palantir.net zeigt[15] (Abb. 14.14).

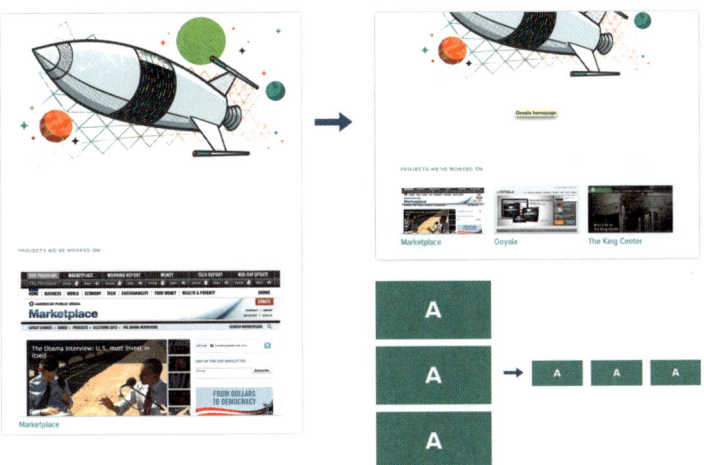

Abb. 14.14 *Das Größenverhältnis zwischen Rakete und Website-Screenshot variiert stark.*

----

14 http://www.lancs.ac.uk/
15 http://www.palantir.net/

Dreispalter mit Zwischenschritt

Etwas abmildern kann man den Effekt, indem man einen weiteren Umbruchpunkt mit Zweispalter als Zwischenschritt einbaut. Bei einer ungeraden Elementanzahl kann man das letzte Element zentrieren (Abb. 14.15).

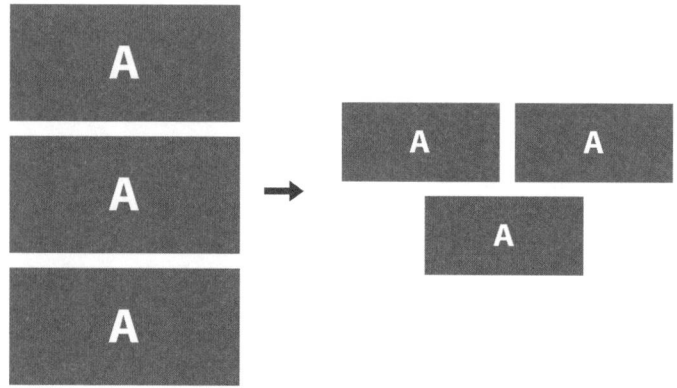

Abb. 14.15 *Ein zusätzlicher Umbruchpunkt mit zwei Spalten sorgt für gemäßigte Größenänderung der Bilder.*

Hat man Bild und dazugehörigen Text, kann man zuerst diese Objektinhalte zweispaltig anordnen und anschließend die Objekte selbst als Dreispalter anordnen (Abb. 14.16).

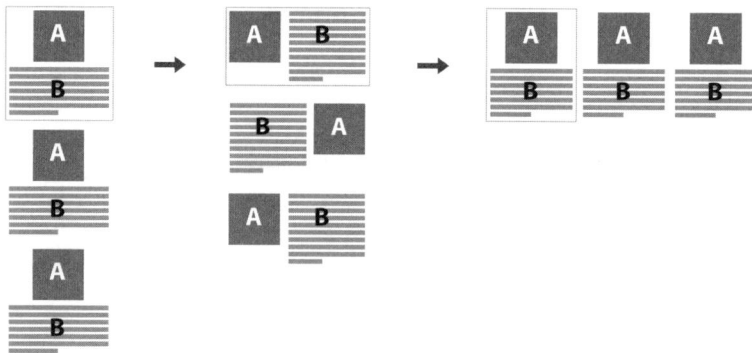

Abb. 14.16 *Die mehrstufigen Umbrüche sorgen für weichere Übergänge.*

Zusätzlich kann die Anordnung von Bild und Text variiert werden, um so das Layout aufzulockern, wie im mittleren Bereich zu sehen. Ein schönes Beispiel dieser Anordnung zeigt *orestis*, auch wenn hier im Smartphone-Layout auf die Anzeige der Bilder verzichtet wurde (Abb. 14.17). Aus meiner Sicht unnötigerweise, denn auch wenn es sich nur um Schmuckbilder handelt, wirkt das Layout in diesem Kontext trist, weil die kontrastreichen Eye-Catcher fehlen.

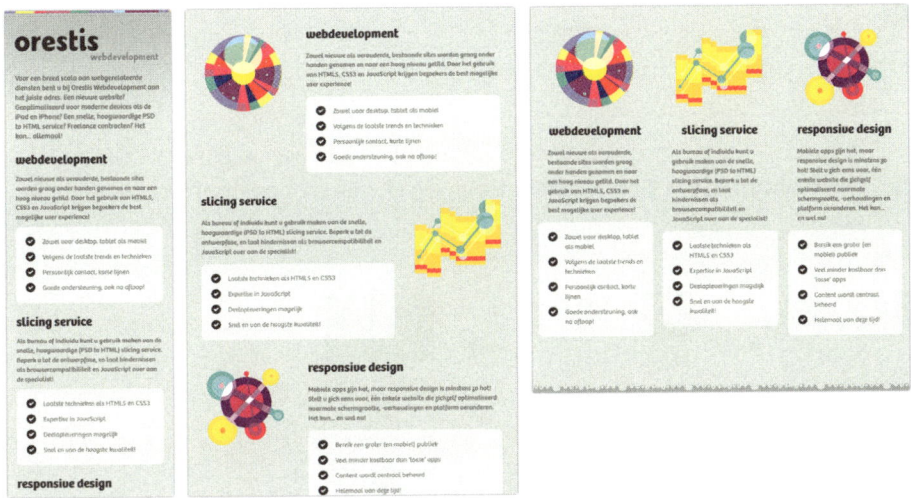

Abb. 14.17 *orestis schafft dank Zwischenschritt einen besseren Übergang.*

Mehrere Zwischenschritte

Das System der Zwischenschritte kann man natürlich auf die Spitze treiben. So erhalten noch mehr Geräte eine für ihren Bildschirm optimierte Darstellung. Allerdings verursacht das auch einiges an Mehrarbeit. Die eigentlich recht einfache Darstellung der Teamseite von *Riot* bringt es mit dieser Methode auf vier Ansichten (Abb. 14.18), die der Seite mehr Komplexität hinzufügen. (Wenn man es genau nimmt, sind es eigentlich nur drei Ansichten, denn eine hätte man sich mit anpassungsfähigen Bildern auch sparen können, um so diesen Übergang fließend zu halten.)

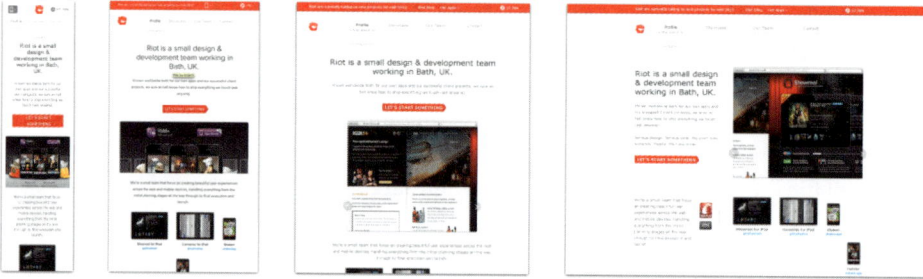

Abb. 14.18 *Einfache Seite – komplexe Umsetzung*

Für eine flexible Umsetzung werden die Inhaltsblöcke in kleine Bereiche eingeteilt, die sich dann je nach Bildschirmgröße wie gewünscht positionieren lassen
(Abb. 14.19).

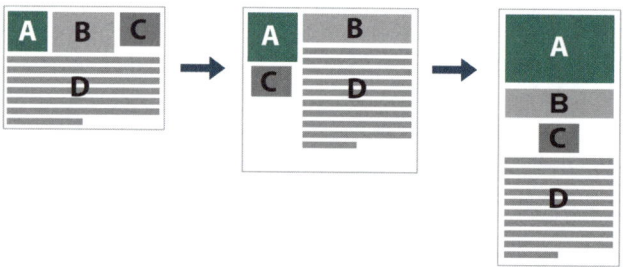

Abb. 14.19 *Schematische Darstellung des Riot-Beispiels*

Wenn – wie hier Block C – Elemente oft hin und her springen, ist die einfachste
Methode, dem umgebenden Container ein `position: relative` zuzuweisen, damit
man dann betreffende Elemente innerhalb des Containers absolut positionieren
kann. Für das Bild wird ein `float: left` ausgewiesen, in der linearen Darstellung auf
großen Bildschirmen werden Floats und Positionierung aufgehoben.

Vorlagen verwenden

Egal, welche Variante man für seine Gestaltung anwendet, oft können die Grundlagen auch auf andere Projekte übertragen werden. Man muss nicht bei jedem Projekt
das Rad neu erfinden, insofern lohnt es sich, wiederverwendbare Codeblöcke als
Vorlage zu speichern.

Andy Clarke legt solche Vorlagen in *320andup* unter dem Namen *Upstarts* an, zu finden im LESS-Ordner des Projekts[16] (Abb. 14.20).

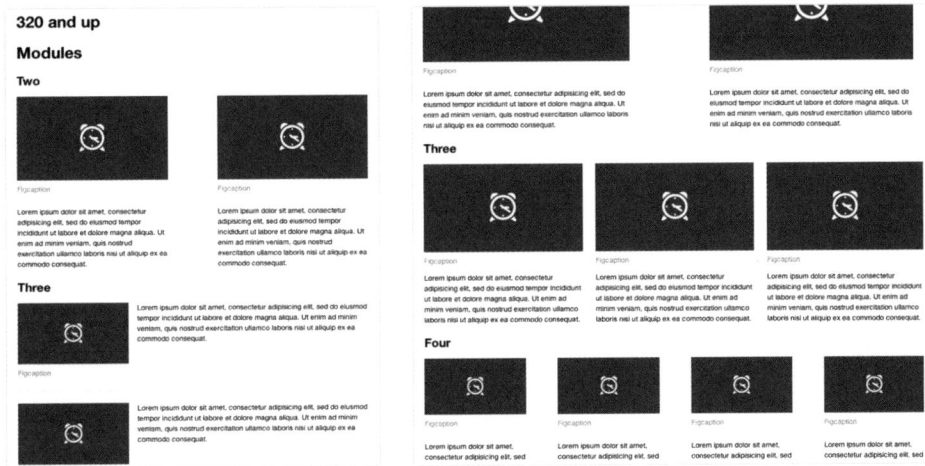

Abb. 14.20 *Upstarts-Modul von Andy Clarke*

Matt Reimer hat ebenfalls eine Reihe von Vorlagen erstellt und online zur Verfügung gestellt, darunter auch die Vorlage zur oben gezeigten *orestis*-Methode (Abb. 14.21).

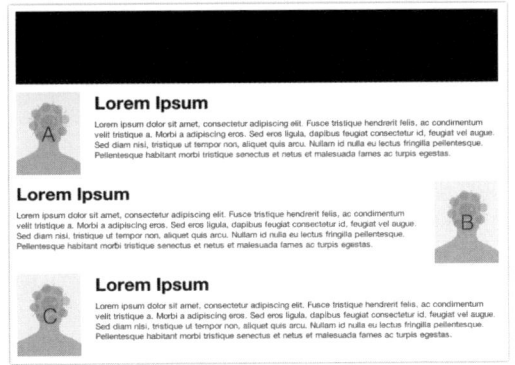

Abb. 14.21 *Vorlage zum Dreispalter mit Zwischenschritt*[17]

---

16 http://stuffandnonsense.co.uk/projects/320andup/
17 http://apps.raisedeyebrow.com/Design_Patterns/

Dan Cederholm hat mit Pears ein Open-Source-WordPress-Theme zur Verfügung gestellt, das ebenso einige Vorlagen enthält (Abb. 14.22). Er möchte aber weniger die Vorlagen präsentieren als vielmehr Webworkern mit Pears die Möglichkeit geben, ihre eigenen Vorlagen zu erstellen und zu pflegen.[18]

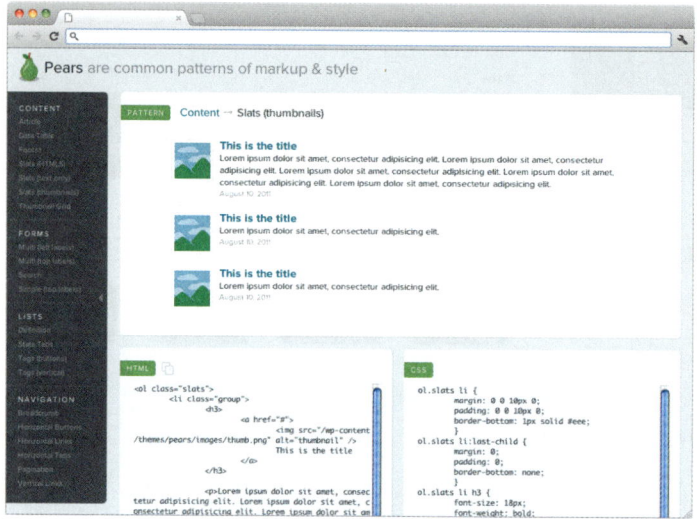

Abb. 14.22 *Pears hilft Webdesignern, Vorlagen zu erstellen und zu pflegen.*[19]

Fazit

Design-Module helfen, das komplexe Gesamtkonstrukt einer reaktionsfähigen Website aufzuschlüsseln und in einzelne Bereiche einzuteilen, die sich dann leichter steuern lassen. Aus ihnen lassen sich Vorlagen generieren, die für kommende Projekte nützlich sind.

---

18 http://simplebits.com/notebook/2012/02/07/pears/
19 http://pea.rs/content/slats-thumbnails

14.4 Hierarchie wahren

Es ist im letzten Abschnitt häufiger angeklungen, dass je nach verwendeter Umbruchmethode die einzelnen Elemente mehr oder weniger stark ihre Größe ändern und somit das Hierarchiegefüge durcheinanderbringen können. Auch wenn es bequem ist, Elemente auf mobilen Geräten einfach an die Bildschirmbreite anzupassen, so dürfen wir nicht vergessen, dass sich dadurch der Fokus und die Bedeutung ändern können. Nur weil es sich um einen kleinen Bildschirm handelt, dürfen wir neben der Funktionalität die Erscheinung und Wirkung der Elemente nicht vernachlässigen.

Nehmen wir ein Beispiel. Die Website *Superyacht Wifi* kommt sehr edel und elegant daher. Auf der Startseite dominiert ein stimmungsvolles Bild, das die Zielgruppe sicher ansprechen dürfte. Die Navigation hält sich dezent zurück (Abb. 14.23). Im mobilen Kontext hingegen nimmt die Navigation den oberen Bildschirmbereich ein, während das zuvor dominante Stimmungsbild stark zusammenschrumpft und zur Randerscheinung wird, eher Schlauchboot statt Superyacht.

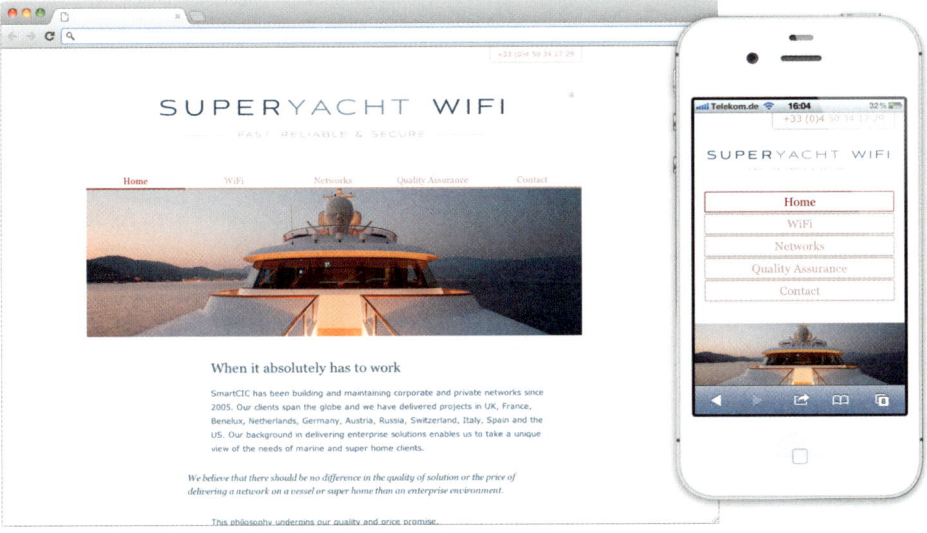

Abb. 14.23 *Umkehrung der Hierarchie von Desktop zu mobil*[20]

---

20 http://superyachtwifi.com/

Bildseitenverhältnis anpassen

Die Lösung ist, das Bild im mobilen Kontext gegen ein höheres Bild mit optimiertem Bildausschnitt auszutauschen und die Navigation erst auf Knopfdruck einzublenden. So kann das Bild auch auf Smartphones glänzen (Abb. 14.24).

Abb. 14.24 *Dank besserem Bildausschnitt und Seitenverhältnis kann das Bild besser wirken.*

Dazu genügt es bereits, das Bild für mobile Darstellung in ein Container-Element zu packen, zum Beispiel figure, das auf overflow:hidden gestellt wird. Beim Bildelement selbst definieren wir die ursprünglichen Dimensionen und setzen die max-width zurück, damit es nicht verkleinert wird. Außerdem definieren wir einen Abstand nach rechts und links in der halben Breite des Bilds, damit es zentriert erscheint:

```
img {
    max-width:none;
    width: 1000px;
    height: 300px;
    margin: 0 -500px;
}
```

Diese Methode ist aber nur zu empfehlen, wenn das ursprüngliche Bild nicht allzu groß ist. Besser ist es, eine der im Kapitel 11 (Seite 195) beschriebenen Methoden zu verwenden. Dadurch kann man nicht nur einen optimalen Bildausschnitt erstellen, sondern man liefert auch keine zu großen Bilder aus.

Ein gelungenes Beispiel für ein gleichwertiges Größenverhältnis zwischen den Bildelementen liefern Riot auf ihrer Startseite (Abb. 14.25).

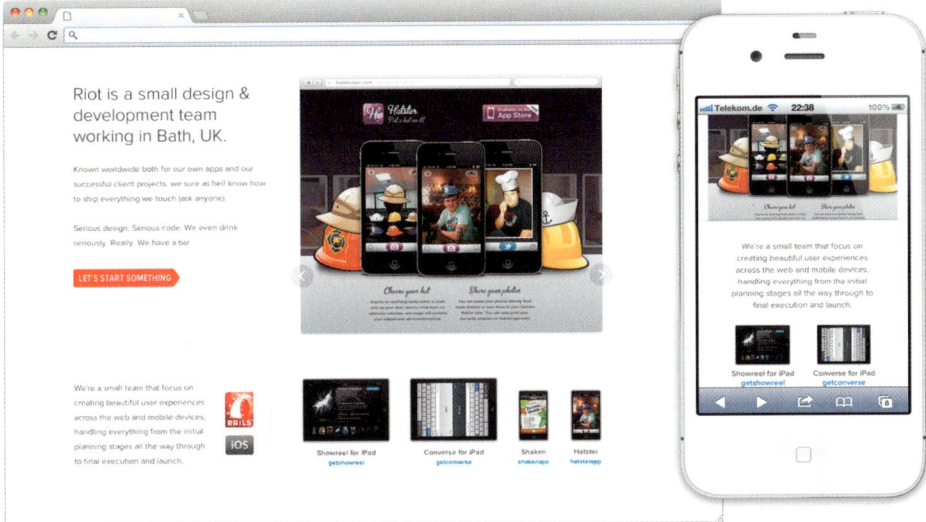

Abb. 14.25 *Die Hierarchie bleibt auf allen Bildschirmgrößen gleich.*[21]

Die Hierarchie bleibt auch bei *Editorial* gewahrt, die ihrem Hauptbildelement auf Desktop und mobilen Geräten genug Platz einräumen, hier mit CSS-Hintergrundbild umgesetzt (Abb. 14.26).

---

21 http://riothq.com/

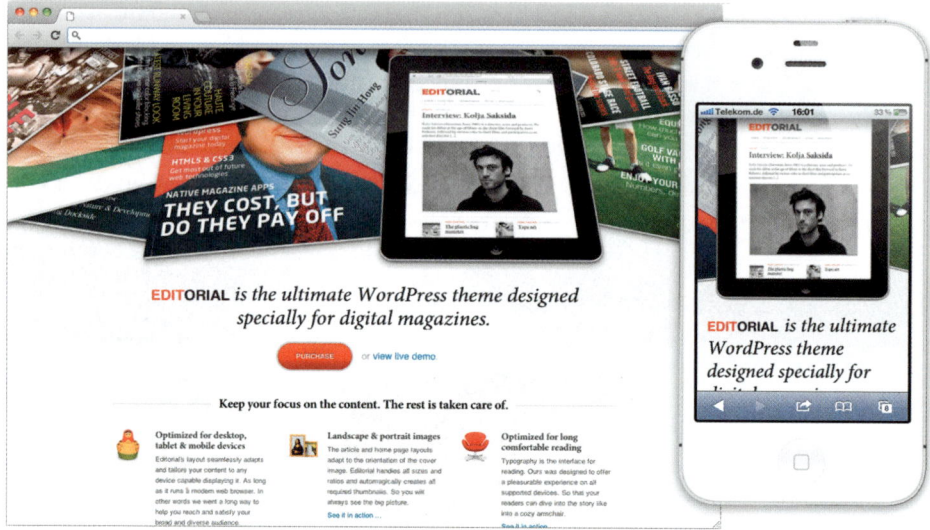

Abb. 14.26 *Auffälliges Bild sowohl auf Desktop als auch Smartphones*[22]

Fazit

Auf Smartphones entscheidet in erster Linie die Höhe eines Bilds darüber, wie auffällig es daher kommt. Das sollten wir bei der Gestaltung und Umsetzung beachten.

Gleichmäßiges Text-Bild-Gefüge

Je nach Layout ist es wünschenswert, wenn der Text neben einem Bild in etwa dessen Höhe einnimmt, um eine homogene Optik zu erzielen. Verändert sich aber die Bildschirmbreite, gerät das Text-Bild-Gefüge aus dem Gleichgewicht, weil der Text anders als das Bild auf den neuen Kontext reagiert. Dieses Problem knöpft sich Mark Hurrell auf Responsive News vor.[23]

---

22 http://editorialtemplate.com/
23 http://blog.responsivenews.co.uk/post/13925578846/fluid-grids-orientation-resolution-independence?493ca6e8

Weitere Gestaltungsmöglichkeiten

Visuelle Hierarchie lässt sich nicht nur über pure Größe erzielen. Auch mit Farben, Formen, Linien und Typografie lassen sich vorrangige und nachrangige Elemente gestalten. Einen interessanten Artikel dazu hat Patrick Cox verfasst.[24]

14.5 Elemente neu anordnen

Eine große Herausforderung im Responsive Webdesign ist es, das Layout für die verschiedenen Bildschirmgrößen auf Basis ein- und derselben HTML-Struktur zu realisieren. War es in einem fixen Kontext schon nicht immer einfach, die Positionierung der Elemente zu bändigen, kommt jetzt erschwerend hinzu, dass Elemente an einem Umbruchpunkt die Größe anpassen, ihre Ausrichtung verändern oder neu angeordnet werden müssen. Aufgrund der beschränkten Möglichkeiten mit CSS-Floats, die wir bisher überwiegend für Layoutzwecke missbraucht haben, kann man da schon mal ins Schwitzen kommen.

Halten wir deshalb einmal Ausschau nach weiteren Möglichkeiten, wie wir aktuell und zukünftig reaktionsfähige Layouts besser steuern können.

Display: table – die Navigation neu ausrichten

Neben der Positionierung von Elementen und Floats gibt es noch eine dritte gut funktionierende Möglichkeit, Layouts in CSS zu kontrollieren, nämlich mittels CSS-Tabellen. Diese Variante hat es nie so richtig zu großem Ruhm gebracht, sei es, weil die Verwendung an das Gestalten mit prähistorischen HTML-Tabellen erinnert oder weil Internet Explorer erst ab der Version 8 die CSS-Tabellen unterstützen.

Dabei bieten CSS-Tabellen eine gute und teilweise bessere Alternative zu Floats. Durch ein einfaches `display:table` in einem Container-Element und ein `display: table-cell` in den Kindelementen können wir das Tabellenverhalten auslösen. Da sie sich wie HTML-Tabellen verhalten, nehmen die Elemente automatisch den benötigten Platz ein oder füllen die gesamte Fläche einer vorgegebenen Breitenangabe, ohne die Angst haben zu müssen – wie bei Floats –, dass ein Element aus Versehen

----

24 http://tympanus.net/codrops/2012/06/11/visual-hierarchy-in-mobile-design/

umbricht, weil es nicht mehr in die Zeile passt. Ebenso können sie beim Erzeugen gleich hoher Spalten helfen, was bei Floats nur über Hacks möglich ist.

Wir nutzen das Tabellenverhalten auf der Begleit-Website zunächst, um die Navigationsliste in eine horizontale Position zu bringen. Dazu weisen wir die unsortierte Liste als Tabelle aus und die Listenpunkte als Zellen.

```
nav.main ul {
    display: table;
    width: 100%;
}
nav.main li {
    display: table-cell;
}
```

Ergänzt um weitere Gestaltungsangaben sieht die Navigation jetzt so aus (Abb. 14.27):

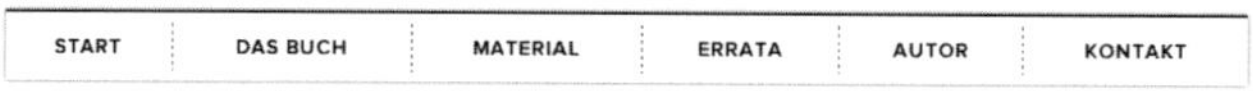

Abb. 14.27 *Horizontale Navigation dank CSS-Tabelle*

Dabei wird die Breite der einzelnen Menüpunkte automatisch errechnet und zwar so, dass die gesamte Breite der CSS-Tabelle ausgefüllt wird. Möchten wir die Breite für alle Listenpunkte gleich setzen, geben wir das an. Die Breite beträgt 1/6 oder in Prozent ausgedrückt:

```
nav.main li {
    display: table-cell;
    width: 16.66666667%;
}
```

Damit sind nun alle Listenpunkte gleich breit (Abb. 14.28).

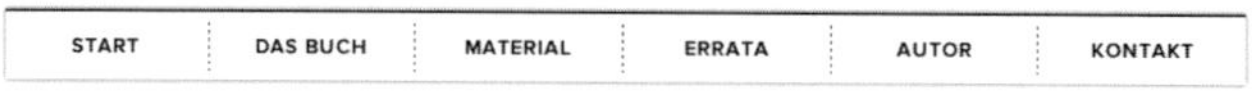

Abb. 14.28 *CSS-Tabelle mit gleich breiten »Zellen«*

So haben wir schnell und einfach eine horizontale Navigation erstellt.

Display: table – die Navigation neu anordnen

Die beste Trumpfkarte aber können CSS-Tabellen im Zusammenhang mit reaktionsfähigen Layouts ausspielen, wenn es darum geht, die Reihenfolge der Darstellung für bestimmte Bildschirmgrößen zu verändern, ohne das HTML anzutasten.

Im Falle der Begleit-Website können wir uns das zunutze machen, wenn wir die Navigation für größere Bildschirme unterhalb des Headers platzieren möchten, wie es das Design vorsieht. Eine absolute Positionierung wäre möglich, bringt aber den Nachteil mit sich, dass sich die Navigation nicht mehr im Dokumentfluss befindet. Wird die Navigation einmal größer als erwartet dargestellt, beispielsweise durch eine größere Schrift, passen sich die nachfolgenden Elemente dann nicht mehr an. Hier kommt die CSS-Tabelle ins Spiel.

Wir haben einen Container `.contentwrap`, der den gesamten Inhaltsbereich inklusive Navigation umschließt. Diesen können wir als Tabelle auszeichnen:

```css
.contentwrap {
    display: table;
}
```

Jetzt gibt es bei Tabellen nicht nur Spalten, Zeilen und Zellen, sondern auch Kopf- und Fußbereiche, die in CSS-Sprache `table-header-group` und `table-footer-group` heißen. Weisen wir jetzt ein Kindelement von `.contentwrap` als Kopfbereich aus, springt es in der Darstellung nach oben, so als ob es ein Tabellenkopf wäre. Anders als ein absolut positioniertes Element bleibt es dabei weiterhin im Dokumentfluss, nachfolgende Elemente orientieren sich also an diesem Element.

Tragen wir diese Anweisung also für das Navigationselement ein:

```css
nav.main {
    display: table-header-group;
}
```

Das funktioniert gut, die Navigation ist an den Anfang des `.contentwrap`-Containers gerückt, so als ob sie im Quelltext dort platziert wäre (Abb. 14.29).

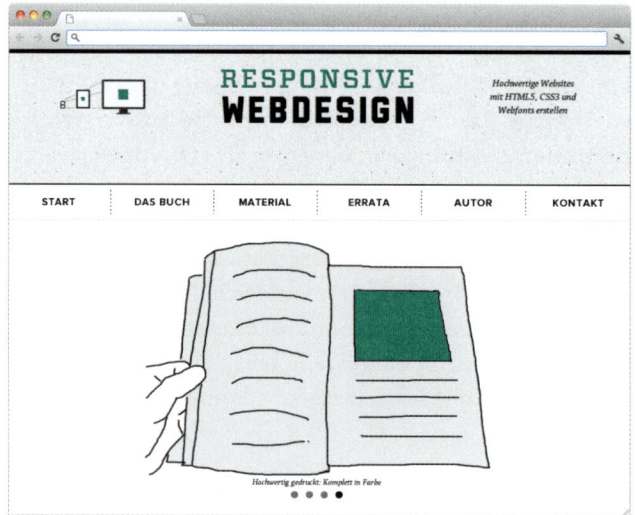

Abb. 14.29 *Die Navigation rückt nach oben.*

Neben den vielseitigen Möglichkeiten von CSS-Tabellen ist ihr großer Vorteil, dass sie in allen relevanten Browsern (IE ab Version 8) funktionieren und somit eine verlässliche Layoutmethode darstellen.

In vielen Bereichen sind CSS-Tabellen gleichwertig oder besser als Floats und stellen somit ein interessantes Werkzeug im Rahmen reaktionsfähiger Websites dar, um Inhalte zu verschieben oder mehrspaltige Layouts zu erzeugen.

> **TIPP:** Wer mehr über die Gestaltung mit CSS-Tabellen erfahren möchte, kann ein interessantes Buch zu diesem Thema von Rachel Andrews und Kevin Yank lesen: *Everything you know about CSS ist wrong!*[25]

AppendAround

`Display:table` ist nur begrenzt geeignet, um Elemente in der Reihenfolge zu verändern. Wer flexibler sein möchte, Elemente ohne große HTML-Eingriffe zu

----

25 http://www.sitepoint.com/books/csswrong1/

verschieben, kann auf ein jQuery-Schnipsel von Scott Jehl namens *AppendAround*[26]
zurückgreifen.

Dazu fügt man in den HTML-Code ein paar leere Auffang-Container in die HTML-
Datei ein, an den Stellen, wohin man je nach Kontext sein Element verschieben
möchte. Ebenso ist das verschiebbare Element, nehmen wir als Beispiel die
Navigation, von einem Container umschlossen:

```html
<header>
</header>
<div class="position1" data-set="positions"></div>
<div class="main">
</div>
<div class="position2" data-set="positions">
<aside>
</aside>
<div class="ad">
</div>
<div class="position3" data-set="positions">
    <nav class="wechselelement">
          …
    </nav>
</div>
<footer>
   …
</footer>
```

Die Auffang-Container erhalten ein data-Attribut gleichen Wertes sowie eine Klasse
mit unterschiedlichen Namen. Am Fuß der Datei wird dann noch das JavaScript
eingebunden und aufgerufen, mit dem Klassennamen des zu wechselnden
Elements:

```html
<script src="http://ajax.googleapis.com/ajax/libs/jquery/1/jquery.min.js">
</script>
    <script src="js/appendAround.js"></script>
```

----

26 https://github.com/filamentgroup/AppendAround

```
<script>
  /* Call appendAround */
  $( ".wechselelement" ).appendAround();
</script>
```

Im CSS muss noch ergänzt werden, wann welcher Container eingeblendet wird:

```
.position1,
.position2 {
    display: none;
}
.position3 {
    display: block;
}
@media only screen and (min-width: 30em) {
    .position1,
    .position3 {
            display: none;
    }
    .position2 {
            display: block;
    }
}
@media only screen and (min-width: 50em) {
    .position2,
    .position3 {
            display: none;
    }
    .position1 {
            display: block;
    }
}
```

Und schon funktioniert das Script (Abb. 14.30).

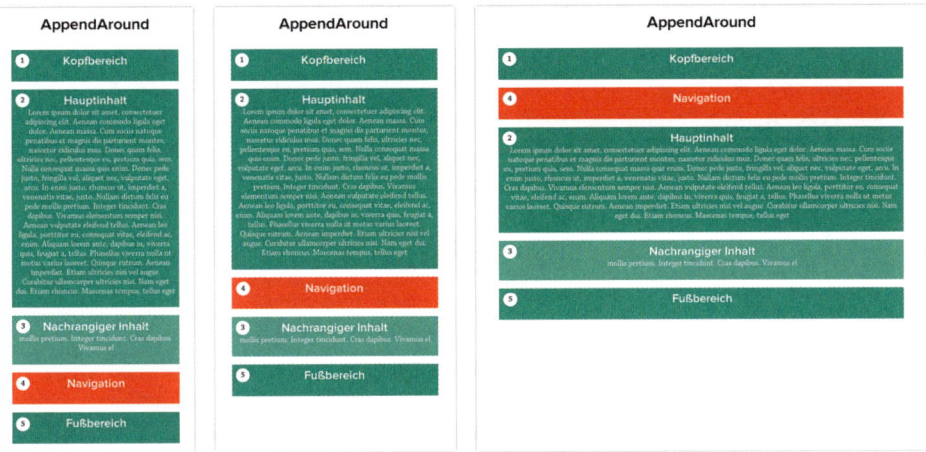

Abb. 14.30 *Je nach Bildschirmbreite nimmt die Navigation eine andere Position ein.*[27]

Fazit

AppendAround ist sehr einfach und schnell implementiert. Es ist dann sehr nützlich, wenn beispielsweise Elemente in einer Seitenleiste, die auf größeren Bildschirmen im oberen Bereich auffällig sichtbar sind, auf kleineren Bildschirm zu weit nach unten rutschen würden.

Flex Layout – schönes neues CSS

Eine vielversprechende Möglichkeit, in Zukunft Layouts zu steuern, ist die Erweiterung der CSS-Eigenschaft `display` um den Wert `flex`. Dadurch ergeben sich, wie der Name schon sagt, sehr flexible Layoutmöglichkeiten für Inhaltsblöcke: Kindelemente eine Flex-Containers können ihre Darstellungsreihenfolge ändern, können horizontal oder vertikal angeordnet werden und sind in der Lage, ihre Größe flexibel anzupassen. Entweder, indem sie wachsen, um den zur Verfügung stehenden Platz auszufüllen oder, indem sie schrumpfen, um nicht über den Rand des Elternelements hinauszugehen.

----

27 http://rwd-buch.de/appendaround.html

Das alles hört sich super an, doch leider wird schon seit geraumer Zeit an der passenden Syntax gearbeitet und das Vokabular der verwendeten Eigenschaften hat sich immer wieder geändert. Ursprünglich hieß die Eigenschaft `display: box`, die auch bereits mit einigen weiteren Box-Eigenschaften in Webkit, Firefox und neuesten IE-Versionen implementiert waren. Dann hieß es `display: flexbox` und nach weiteren Änderungen an Syntax und Funktion der Eigenschaften müssen die Browser jetzt für `display:flex` wieder nacharbeiten. Stand Juli 2012 ist aber nur die neueste Entwicklerversion von Chrome (Canary) in der Lage, die neue Schreibweise samt Funktionalität zu interpretieren.

Wollen wir hoffen, dass das Tohuwabohu um `display: flex` bald ein Ende hat und die anderen Browser schnell mit der aktuellen Implementierung nachziehen. Denn die Eigenschaft ist im Rahmen reaktionsfähiger Websites einfach zu gut, um die Einbindung auf die lange Bank zu schieben.

Greifen wir noch einmal das Beispiel mit der Navigation von vorhin auf (siehe Seite 292), um die Funktionsweise zu verdeutlichen (hier wird nur das Webkit-Präfix verwendet, um den Code übersichtlich zu halten). Ab einer Breite von 30 em soll die Navigation nach oben rutschen. Das wird mit der `Flex`-Eigenschaft realisiert, die wir für den umschließenden Container definieren, ergänzt mit dem Wert `column` für eine vertikale Ausrichtung:

```
@media (min-width: 30em) {
    .container {
        display: -webkit-flex;
        -webkit-flex-direction: column;
    }
}
```

Als Nächstes können wir dann eine Sortierung der Kindelemente vornehmen, was mit der Eigenschaft `order` funktioniert. Der Standardwert der Elemente ist dabei Null, wir können also durch eine kleinere Zahl – auch negative Werte sind erlaubt – ein Element nach oben holen oder durch eine größere Zahl nach unten verschieben. Wir möchten die Navigation nach oben setzen, aber noch unterhalb des Headers belassen, so dass wir für beide Elemente einen Wert angeben müssen:

```
header {
    -webkit-order: -2;
}
```

```
nav {
    -webkit-order: -1;
}
```

Der Header hat die kleinste Zahl und steht damit oben, es folgen die Navigation mit der nächst größeren und anschließend die weiteren Elemente mit der größten Zahl, dem Standardwert Null.

Flex Layout kann natürlich noch mehr. Wir können zum Beispiel die Blöcke div.main und aside nebeneinanderstellen ab einer bestimmten Breite. Dazu ergänzen wir einen Container für diese beiden Elemente und definieren ihn als Flex Layout:

```
@media (min-width: 50em) {
    .content {
        display: -webkit-flex;
    }
}
```

Dadurch werden die Kindelemente automatisch zu einem Flex-Objekt und ordnen sich nebeneinander an. Für den Hauptinhalt .main definieren wir mit jetzt noch mit flex: auto, dass er in der Breite flexibel sein soll, die Seitenspalte bekommt dagegen einen festen Wert:

```
    .main {
        -webkit-flex: auto;
    }
    aside {
        width: 12em;
    }
}
```

Schon haben wir ein einfaches Layout erstellt. Die Länge aller Spalten passt sich automatisch dem höchsten Element an, ganz ohne Hacks, die bei Floats nötig sind (Abb. 14.31).

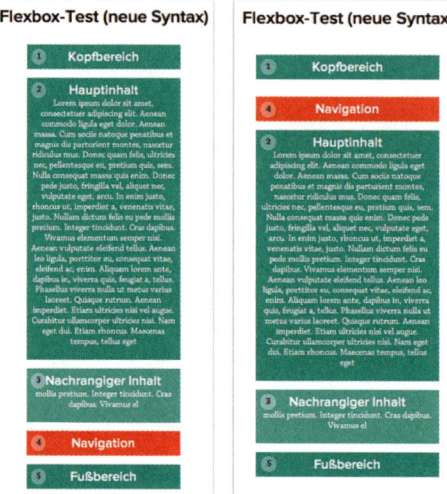

Abb. 14.31 *Zahlreiche Gestaltungsmöglichkeiten dank Flex Layout*

Fazit

Flex Layout wird eine mächtige Sache. Neben den gerade gezeigten einfachen Beispielen wird es möglich sein, komplexe Layouts zu erstellen, die es erlauben, sich von der durch den HTML-Code vorgegebenen Reihenfolge zu lösen und so den Anforderungen im reaktionsfähigen Kontext gerecht zu werden. Ich hoffe, die Browser treiben die Entwicklung voran, damit wir bald davon profitieren können.

> **TIPP:** Einen weiteren Beitrag, Layouts mit CSS zu verbessern, liefert Adobe mit den sogenannten *CSS Regions*. Die Idee ist inspiriert von den vielfältigen Möglichkeiten im Printbereich, zum Beispiel Text von einer Spalte in die andere fließen zu lassen. Weitere Information dazu finden Sie bei Adobe[28], eine deutschsprachige Einführung bietet Heiko Steigert[29]. Chris Coyier zeigt an einem Beispiel, wie man damit die Positionierung von Werbeblöcken optimieren kann.[30]

- - - - - - - - - - - - - - - - - -

28 http://html.adobe.com/webstandards/cssregions/
29 http://webstandard.kulando.de/post/2011/12/02/css-regions-tag-2-im-css3-advenstkalender-2011
30 http://css-tricks.com/content-folding/

14.6 Seitenverhältnis flexibler Elemente steuern

Wo wir gerade beim Thema Flexibilität sind, möchte ich diesen Tipp in Zusammenhang mit Elementdimensionen nicht vorenthalten. Bei der Umsetzung reaktionsfähiger Layouts kommt es häufiger vor – wie schon vorher bei fixen Layouts –, dass Elemente als Container für ein Hintergrundbild dienen und ansonsten keine Inhalte enthalten. Im fixen Layout kann man einfach die Dimensionen des Hintergrundbilds als Container-Breite und -Höhe definieren und schon erstrahlt das Hintergrundbild in voller Pracht.

```
.bg-container {
    width: 600px;
    height: 300px;
}
```

Heutzutage haben fixe Werte aber ausgedient und so wird die Breite eines Elements durch die äußeren Umstände bestimmt und üblicherweise in Prozent angegeben. Definieren wir jetzt eine Breite von 100%, bringt es aber nichts, etwa eine Höhe von 50% anzugeben, um oben stehende Abmessungen zu erhalten.

Stattdessen hilft aber eine andere Methode. Wir setzen die Höhe auf 0 und ergänzen einen Innenabstand nach unten, dessen Wert sich nun auf die Breite des Containers bezieht:

```
.bg-container {
    width: 100%;
    height: 0;
    padding-bottom: 50%;
}
```

Das Beispiel kann hier getestet werden[31]. Damit könnten wir jetzt ein Hintergrundbild einbinden, dessen `background-size` auf `100%` gestellt wird und so den Container ausfüllt.

----

31 http://rwd-buch.de/div-ratio.html

14.7 **Inhalte beschneiden**

In Kapitel 6 haben wir Möglichkeiten angesprochen, Inhalte auf kleineren Bildschirmen zu beschneiden, um so mehr Überblick und Platz zu schaffen. Eine
Methode werden wir jetzt umsetzen. Die Buchbeschreibung auf der Startseite ist
mir auf kleinen Bildschirmen zu lang, weshalb ich sie hier kürzer darstellen möchte.
Das bewerkstellige ich mit einer Kombination aus CSS und JavaScript.

Als Erstes ergänzen wir im HTML unterhalb des zu verkürzenden Absatzes einen
»Mehr anzeigen«-Button in Form eines einfachen div sowie die Klasse abgeschnitten im umschließenden Container:

```
<section class="beschreibung abgeschnitten">
<p>Dieser Absatz soll verkürzt dargestellt werden</p>
<div class="readmore-link">Mehr zeigen</div>
</section>
```

Dieser wird standardmäßig ausgeblendet:

```
.readmore-link {
    display: none;
}
```

Der Button ist nur für kleine Bildschirme relevant, soll also nur bis zu einer
bestimmten Breite eingeblendet werden:

```
@media (max-width: 30em) {
    .readmore-link {
            color: #0A5F82;
            cursor: pointer;
            display: block;
            margin-top: .5em;
            position: relative;
            text-decoration: underline;
    }
}
```

Ebenso ergänzen wir innerhalb der Mediaquery, dass unterhalb dieser Breite die
Absatzhöhe verkleinert wird:

```
@media (max-width: 30em) {

    ...

    .js .abgeschnitten p {
            height: 5.5em;
            overflow: hidden;
    }
}
```

Den Selektor .js (die Klasse wird per *Modernizr* im HTML generiert) stellen wir voran, damit die Höhenbeschneidung des Absatzes nur erfolgt, wenn JavaScript aktiviert ist.

Anschließend machen wir durch einen Verlauf am unteren Ende des Textes deutlich, dass dieser eigentlich noch weitergeht. Der Verlauf wird dabei als Hintergrund in den Button eingefügt, der durch einen negativen Abstand nach oben den Text leicht überlagert:

```
.abgeschnitten .readmore-link {
    background: linear-gradient(to bottom, rgba(255,255,255,0.01)
0%,rgba(255,255,255,1) 40%); /* Browser-Präfixe ergänzen! */
    margin-top: -2em;
    padding: 1.5em 0 0;}
```

Der Klassenselektor .abgeschnitten wird vorangestellt, damit diese Anweisung nur aktiv wird, wenn der Text verkürzt ist.

Zum Schluss verpassen wir dem Button mit jQuery eine Funktion, die per Klick den Button-Text ändert und die abgeschnitten-Klasse im HTML ein- und ausschaltet:

```
<script>
    $('.readmore-link').click(function () {
      if ($(this).html() === "Mehr zeigen") {
        $(this).html("Weniger zeigen");
      } else {
        $(this).html("Mehr zeigen");
      }
      $(this).parent().toggleClass("abgeschnitten");
    });
</script>
```

Somit haben wir eine einfache Möglichkeit geschaffen, Inhalte zu beschneiden und auf Bedarf einzublenden (Abb. 14.32).

Abb. 14.32 *Beschreibungstext mit Button zum Ein- und Ausklappen*

14.8   Problemfall: sperrige Inhalte

Wir haben nun viele Dinge besprochen, wie wir Elemente verändern, verschieben und neu anordnen, damit sie im reaktionsfähigen Kontext bestehen können. Leider gibt es in diesem Zusammenhang aber auch ein paar Problemkinder, die so gar nicht in die neue flexible Welt hineinpassen wollen. Namentlich sind das Tabellen, Infografiken und Werbung, denen wir uns im Folgenden widmen möchten.

Reaktionsfähige Tabellen

Datentabellen sind recht sperrig, wenn es darum geht, sie im mobilen Kontext darzustellen. Jede Tabelle, die mehr als zwei oder drei Spalten enthält, kann kaum auf den kleinen Displays von Smartphones vernünftig angezeigt werden. Hinzu kommt, dass sich Tabellen auch recht widerspenstig verhalten, wenn es um die Gestaltung mit CSS geht.

Mit der Zeit haben sich einige Leute etwas einfallen lassen, um dem Problem Herr zu werden.

Lösung 1: Tabelle transponieren

Was in Excel mit zwei Mausklicks geht, braucht mit CSS schon etwas länger. Chris Coyier hat sich dennoch erfolgreich daran versucht. Folgende Schritte sind notwendig:

Zum einen muss für den mobilen Bereich die Standarddarstellung der Tabelle aufgehoben werden:

```
table, thead, tbody, th, td, tr {
    display: block;
}
```

Dann wird der Tabellenkopf ausgeblendet (nicht mit `display:none`, damit er weiterhin für Screenreader zugänglich ist):

```
thead tr {
    position: absolute;
    top: -9999px;
    left: -9999px;
}
```

Die Tabellenzellen erhalten folgende Anweisung, damit sie sich wie Zeilen verhalten:

```
tr { border: 1px solid #ccc; }
td {
    border: none;
    border-bottom: 1px solid #eee;
    position: relative;
    padding-left: 50%;
}
```

Anschließend wird mit der Pseudo-Klasse `:before` eine virtuelle Zelle erstellt:

```
td:before {
    position: absolute;
    top: 6px;
    left: 6px;
```

```
        width: 45%;
        padding-right: 10px;
        white-space: nowrap;
}
```

Diese erhält dann als Inhalt den ursprünglichen Tabellenkopf:

```
td:nth-of-type(1):before { content: "First Name"; }
td:nth-of-type(2):before { content: "Last Name"; }
td:nth-of-type(3):before { content: "Job Title"; }
td:nth-of-type(4):before { content: "Favorite Color"; }
…
```

Damit wäre es geschafft und die Tabelle ist transponiert (Abb. 14.33). Auf diese Weise können die Inhalte besser auf mobilen Geräten dargestellt werden.

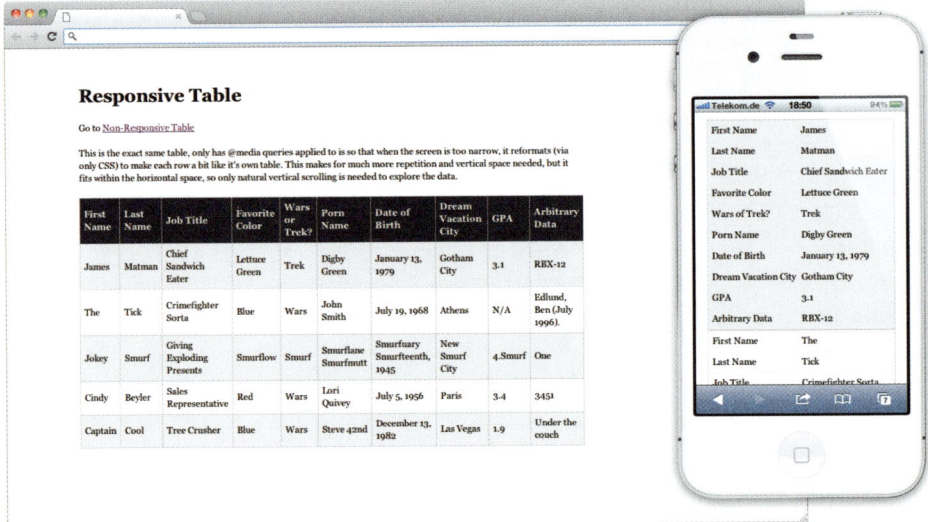

Abb. 14.33 *Die transponierte Tabelle passt sich besser an kleinere Bildschirme an.*[32]

----

32 http://css-tricks.com/examples/ResponsiveTables/responsive.php

Den vollständigen Artikel zu dieser Lösung finden Sie bei css-tricks.com.[33]

Die Lösung hat allerdings zwei Nachteile. Zum einen sind die Daten nicht mehr so leicht vergleichbar, die Übersichtlichkeit leidet. Zum anderen müssen die Bezeichnungen der Tabellenköpfe auch ins CSS übertragen werden. Man könnte alternativ die Bezeichnung auch in ein data-Attribut schreiben

```
<th data-thead="First Name">First Name</th>
```

und dann per CSS auslesen:

```
td:before { content: "attr(data-label)" }
```

Beide Methoden verlangen aber HTML/CSS-Kenntnisse, die nicht jeder Autor besitzt, der im Rahmen eines CMS Tabellen einpflegt.

Sehen wir uns deshalb eine weitere Lösung an.

Lösung 2: Spalten ausblenden

Diese Lösung stammt von der Filament-Group und basiert auf der Idee, unwichtige Spalten im mobilen Kontext auszublenden, und zwar so viele, bis der verbliebene Inhalt ins Darstellungsfenster passt. Weil dadurch aber Inhalte verloren gehen – was wir unbedingt vermeiden sollten – wird ein Drop-down-Button eingeblendet, über den man die ausgeblendeten Spalten auf Wunsch wieder einblenden kann (Abb. 14.34).

Der Vorteil dieser Lösung ist, dass keine zusätzlichen HTML- oder CSS-Kenntnisse auf Autorenseite vorhanden sein müssen. Die Tabelle wirkt zudem übersichtlich und die Daten sind vergleichbar, wenn auch teilweise erst nach Hinzufügen weiterer Spalten.

----

33 http://css-tricks.com/responsive-data-tables/

Darin liegt auch der Nachteil dieser Methode, denn wer die gesamte Tabelle im mobilen Kontext betrachten möchte, muss öfter klicken.

Eine ausführliche Anleitung zur Implementierung dieser Lösung bietet die Filament-Group[34]. Marco Pegoraro hat ein jQuery-Plug-in erstellt, das die Button-Funktion für Tabellen nachrüstet[35]. Eine Demo dazu gibt es auch.[36]

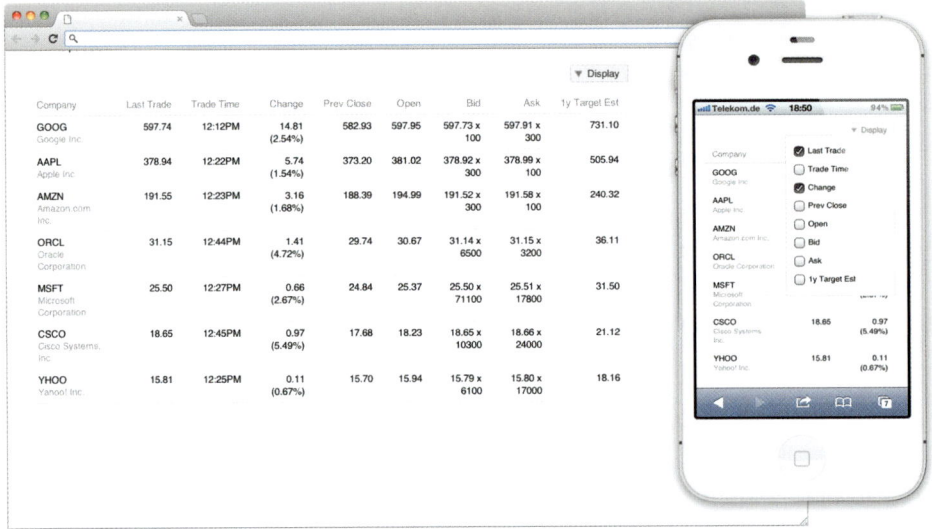

Abb. 14.34 *Die reduzierte Tabelle kann mittels Dropdown wieder erweitert werden.*[37]

Lösung 3: Spalten scrollbar

Die aus meiner Sicht smarteste Lösung bieten die Entwickler von Zurb (Abb. 14.35). Mit etwas JavaScript wird die Tabelle aufgesplittet, so dass links die erste Spalte stehen bleibt, während der gesamte rechte Bereich horizontal scrollbar ist. So sind alle Spalten zugänglich, ohne viel klicken zu müssen. Ist der Inhalt des linken, fixen Bereichs größer als der Container, kann ebenfalls gescrollt werden.

----

34 http://filamentgroup.com/lab/responsive_design_approach_for_complex_multicolumn_data_tables/
35 https://github.com/thepeg/MediaTable
36 http://consulenza-web.com/jquery/MediaTable/
37 http://filamentgroup.com/examples/rwd-table-patterns/

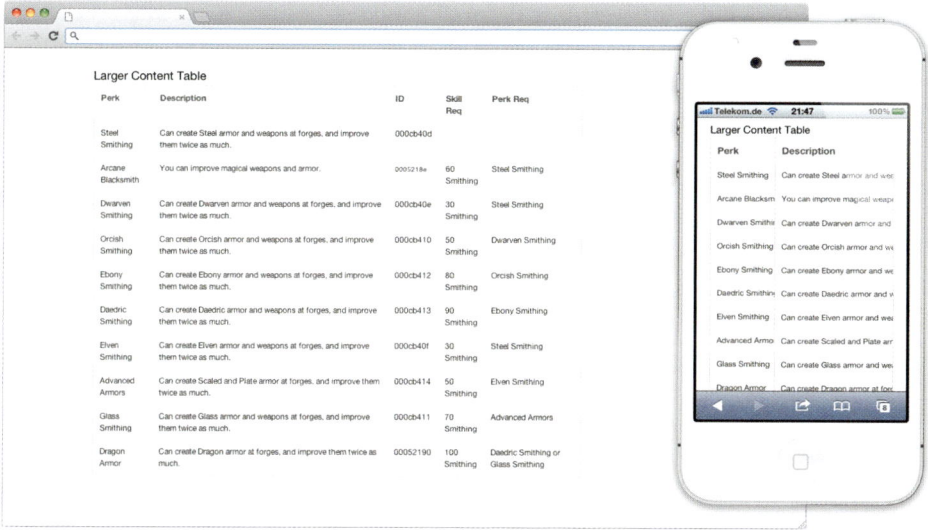

Abb. 14.35 *Elegante Lösung, die die Tabelle horizontal scrollbar macht, während die erste Spalte stehen bleibt*[38]

Nachteil bei dieser Methode ist das fehlende Scroll-Verhalten von Android 2.3 und Opera Mini, was aufgrund deren weiten Verbreitung ein Ausschlusskriterium für diese Variante sein kann.

Weitere Informationen und die benötigten Dateien gibt es bei *Zurb*.[39]

Fazit

Mittlerweile gibt es einige Lösungen, die alle ihre Vor- und Nachteile aufweisen. Je nach Aufbau und Komplexität einer Tabelle kann die ein oder andere Variante mal die bessere Option sein. Wer bei den hier vorgestellten Optionen noch keinen Favoriten ausgemacht hat, findet weitere Vorschläge in einem Artikel von Chris Coyier[40] sowie ein paar Testbeispiele bei Simon Elvery[41]. Ein Beispiel für eine anpassungs-

----

38 http://www.zurb.com/playground/playground/responsive-tables/index.html
39 http://www.zurb.com/playground/responsive-tables
40 http://css-tricks.com/responsive-data-table-roundup/
41 http://elvery.net/demo/responsive-tables/

fähige JavaScript-Tabelle liefert Eric Eggert[42], ein Live-Beispiel einer mittels CSS transponierten Tabelle die Website captainlook.de aus meiner Feder (Abb. 14.36).

Abb. 14.36 *Für kleine Bildschirme mit CSS transponierte Tabelle*[43]

Infografiken und Schaubilder

Ähnlich wie Tabellen verhalten sich auch größere Infografiken und Schaubilder. Vor allem, wenn sie im Querformat daher kommen, werden sie so klein skaliert, dass meistens nicht mehr erkennbar ist, was sie eigentlich darstellen sollen (Abb. 14.37).

Das Problem können wir ähnlich lösen wie die letztgenannte Variante bei den Tabellen. Wir fügen ins HTML ein umschließendes Element ein, zum Beispiel `figure`, und weisen diesem Element eine Breite von 100% und ein `overflow:auto` zu. Dem Bild selbst geben wir seine ursprüngliche Größe von 100% und überschreiben die Maximalbreite mit `max-width:none`.

----

42 http://lab.yatil.de/wsm11/demo.html
43 http://captainlook.de

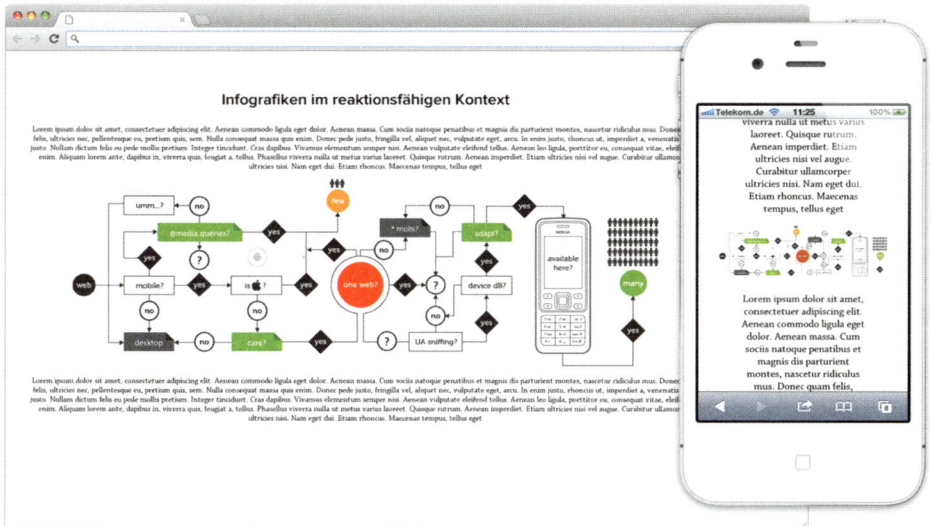

Abb. 14.37 *Die Grafik wird im mobilen Kontext zu klein skaliert, so dass nichts mehr erkennbar ist.*

Damit ist jetzt nur noch ein Ausschnitt der Grafik sichtbar, der Rest wird durch horizontales Scrollen eingeblendet, dafür kann man aber alle Details erkennen (Abb. 14.38).

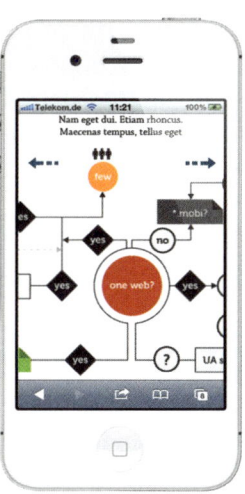

Abb. 14.38 *Die Lösung lässt die Grafik in voller Größe erscheinen und macht sie horizontal scrollbar.*

Eine Alternative dazu ist es, je nach Bildschirmgröße eine angepasste Grafik in einem anderen Format zu erstellen. Das ist aber sehr zeitaufwändig und je nach Schaubild auch nicht immer möglich. Ein Beispiel dazu haben mir Stephanie und Bryan Rieger[44] zur Verfügung gestellt (Abb. 14.39).

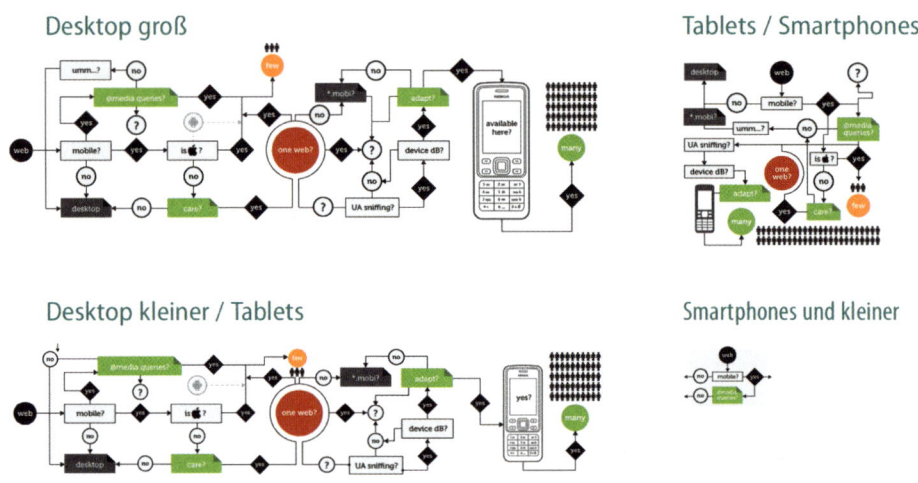

Abb. 14.39 *Angepasste Schaubildformate je nach Bildschirmkategorie*

Bannerwerbung

Klassische Bannerwerbung ist eine große Spaßbremse, wenn es um reaktionsfähiges Webdesign geht. Sie basiert auf festen Pixelwerten, ihre Inhalte sind unflexibel und nicht anpassungsfähig. Die gängigen Abmessungen der Bannerwerbung sind größtenteils jenseits der Bildschirmgrößen mobiler Geräte und scheiden somit für diesen Kontext aus. Ihre Positionen auf einer Website sind festgelegt, eine Neupositionierung auf kleineren Geräten im Geschäftsmodell ist nicht vorgesehen. Sie sind häufig mit Flash erstellt und erreichen somit einen großen Teil mobiler Nutzer erst gar nicht. Oft verlangsamt ihr Einbau die Ladezeit der Webseite. Kurzum – Responsive Webdesign und Bannerwerbung passen (noch) nicht zusammen.

Jetzt ist es aber so, dass eine nicht unerhebliche Zahl von Websites durch Bannerwerbung unterstützt wird. Dadurch, dass sich der Datenverkehr hin zur mobilen Nutzung verlagert und in diesem Bereich in den nächsten Jahren noch stark steigen

----

44 http://yiibu.com/

wird, bleibt Website-Betreibern, aber auch Werbe-Anbietern, keine Wahl, als sich dem Thema anzunehmen. Folgende Aufgaben stehen an:

1. Das Geschäftsmodell muss überarbeitet werden. Statt Werbung in einer bestimmten Form an einem bestimmten Ort zu verkaufen, sollte stattdessen für eine Anzeige jeweils ein Platzhalter für Smartphone-Layouts, Tablets und Desktop-Ansicht reserviert werden können.
2. Die Anzeigen müssen sich technisch den Standards anpassen (HTML/CSS/JS statt Flash) und flexibel werden. *The Deck* und *Fusion Ads* zeigen, wie es geht (Abb. 14.40).
3. Zielseiten müssen optimiert werden. Wer im mobilen Kontext auf eine Anzeige klickt, sollte auch zu einer mobil angepassten Zielseite geleitet werden.
4. Es muss mehr Kommunikation stattfinden zwischen Werbeanbietern, Website-Betreibern und Webworkern, um Schwierigkeiten zu besprechen und Lösungswege zu erarbeiten.

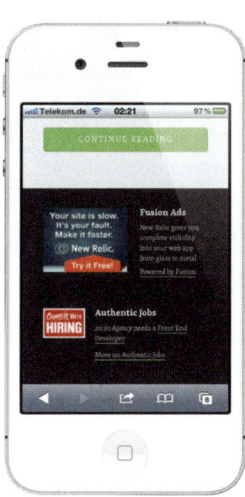

Abb. 14.40 *Anpassungsfähige Werbung dank HTML/CSS*

Was können wir als Webworker tun?

1. Wir können den Finger in die Wunde legen und auf das Problem aufmerksam machen.
2. Es gibt ein paar Bannergrößen, die auch auf mobilen Geräten funktionieren, zum Beispiel 300 x 250 px auf Smartphones oder 728 x 90 auf Tablets, wenn auch bei manchen Geräten möglicherweise etwas verkleinert.

3. Um die Bannerwerbung besser in die Website zu integrieren, können wir ausgehend von einer bestimmten Breite ein Grid ableiten.

4. AppendAround (siehe oben) kann genutzt werden, um die Position von Werbebannern je nach Kontext zu beeinflussen. So ähnlich ist es zum Beispiel bei *Bosten Globe*[45] umgesetzt.

5. Kreativ sein. Chris Coyier hat auf css-tricks.com für einen Werbepartner einen Frosch rein mit CSS erstellt (passend zum Website-Thema »CSS-Tricks«), der bei verschiedenen Fenstergrößen Gesichtsausdruck und Farbe ändert. Ein netter Effekt, der nicht zu aufdringlich ist, dennoch bei der Zielgruppe der Webworker ins Auge sticht. (Abb. 14.41)

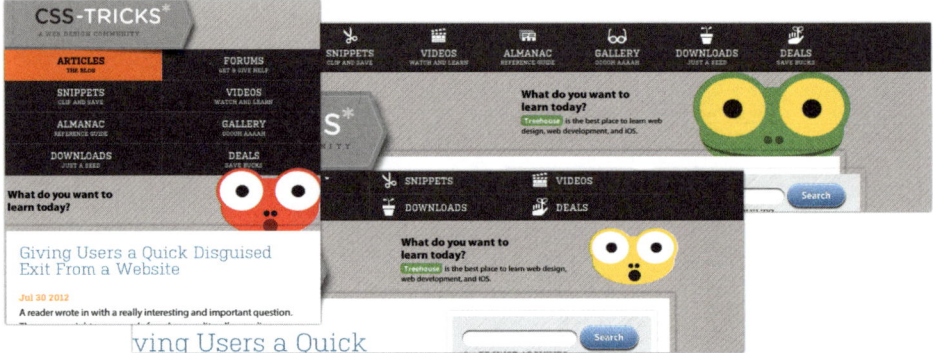

Abb. 14.41 *Kreative Bannerwerbung, die sich der Bildschirmgröße anpasst.*

> **TIPP:** Weitere Einblicke aus der Sicht eines Werbeanbieters bietet ein ausführlicher Artikel im .net Magazine[46], aus der Sicht eines Webdesigners liefert Mark Boulton einige Informationen.[47]

- - - - - - - - - - - - - - - - - -

45 http://bostonglobe.com/
46 http://www.netmagazine.com/features/state-responsive-advertising-publishers-perspective
47 http://www.markboulton.co.uk/journal/comments/responsive-advertising

15

Performance

In den bisherigen Kapiteln ist ein wichtiger Parameter der Webentwicklung indirekt angesprochen worden, hier möchten wir ihm ein ganzes Kapitel widmen. Es geht um das Thema Performance: Neben all den wichtigen gestalterischen und technischen Raffinessen dürfen wir nicht außer Acht lassen, dass unser Werk möglichst schnell zum Nutzer gelangen und sich dort auch möglichst flüssig anfühlen sollte.

Denn mittlerweile dürfte sich herumgesprochen haben, dass neben der Bedienbarkeit und der Gestaltung vor allem die (Reaktions-)Geschwindigkeit einer Website ausschlaggebend für ihren Erfolg ist.

Usability-Guru Jakob Nielsen stellte schon Anfang 1997 die These auf, die Ladegeschwindigkeit einer Seite müsse das am höchsten priorisierte Designkriterium sein. Dabei charakterisierte er verschiedene Ladezeiten folgendermaßen:

- Ladezeiten bis zu einer Sekunde werden als recht unmittelbar empfunden.
- Ladezeiten zwischen einer und zehn Sekunden sind zwar spürbar, aber andererseits für den Benutzer noch einigermaßen tolerierbar.
- Ladezeiten über zehn Sekunden führen dazu, dass der Benutzer eine aufgenommene Fährte nicht mehr zu Ende verfolgt oder er den Faden verliert oder gar seinen Seitenbesuch frustriert abbricht.
- Je kürzer Ladezeiten sind, desto mehr fühlt sich der Benutzer als zufriedener Steuermann und nicht als ausgelieferter Passagier einer Seite.

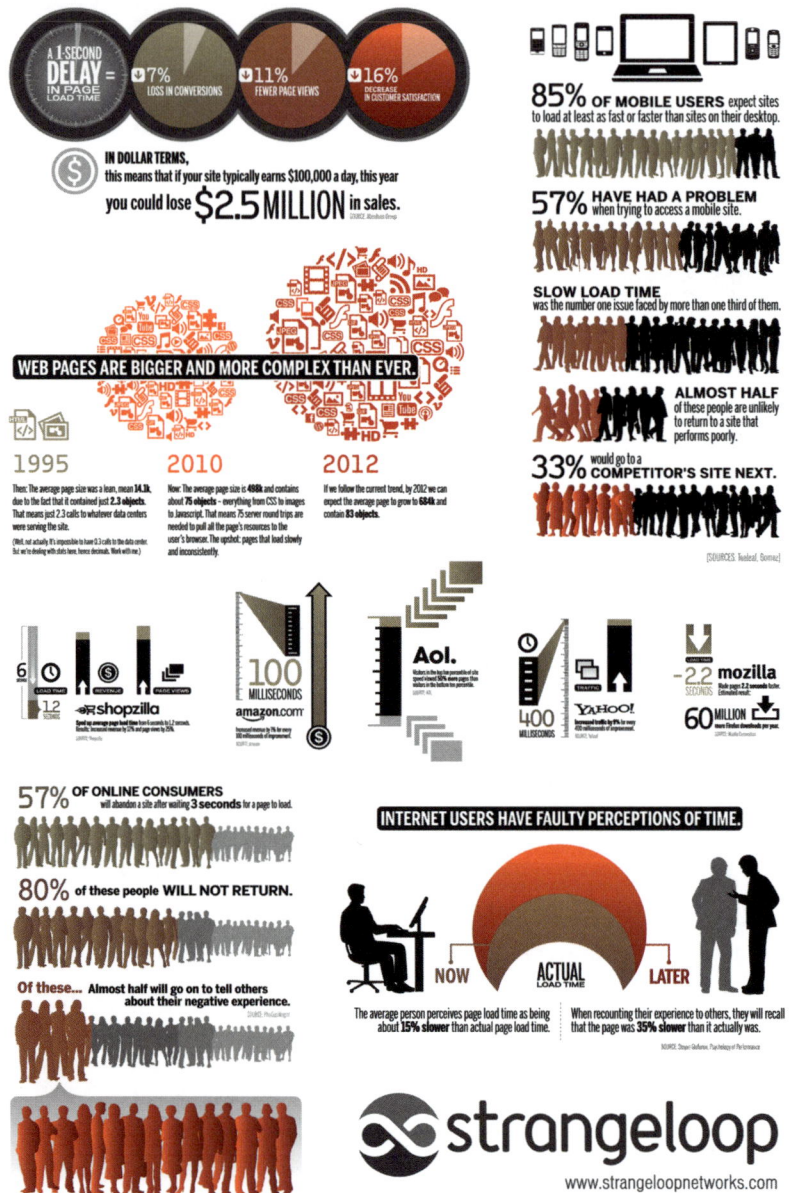

Abb. 15.1 Anschauliches Web-Performance-Poster von Strangeloop

Neuere Studien, zum Beispiel der Firma *Strangeloop*[1], sehen die Erwartungshaltung der Nutzer heute sogar noch deutlich verschärft[2]. In einem anschaulichen Poster haben sie einige Daten rund um das Thema zusammengetragen (Abb. 15.1)

Und andere haben herausgefunden, dass auch mobile Nutzer eine dem Desktop-Bereich ähnliche Ladezeit begrüßen. So erwarten laut der Studie »What Users Want from Mobile« 60% der Nutzer, dass eine mobile Website höchstens 3 Sekunden Ladezeit benötigen sollte.[3]

Und nicht zuletzt zeigen die Experimente diverser großer Websites, dass selbst geringfügige Änderungen der Geschwindigkeit deutliche Auswirkungen haben können. Ein Wert, der in diesem Zusammenhang gerne ins Feld geführt wird, ist die Erfahrung, dass bei Amazon 100 ms mehr Seitenladezeit einen Rückgang der Verkäufe um 1% zur Folge haben (nachzulesen bei: King, Andrew 2008: Website Optimization: Speed, Search Engine & Conversion Rate Secrets).[4]

In der Ladezeit einer Website liegt also ein wesentlicher Schlüssel zum Erfolg der Website und zum Verbessern des Nutzererlebnisses, weshalb wir ihr in unseren Projekten die nötige Aufmerksamkeit widmen sollten.

---

1 http://www.strangeloopnetworks.com/web-performance-optimization-hub

2 http://www.strangeloopnetworks.com/assets/images/visualizing_web_performance_poster.jpg

3 http://e-commercefacts.com/research/2011/07/what-usrs-want-from-mobil/19986_
   WhatMobileUsersWant_Wp.pdf

4 http://blog.namics.com/2012/06/durch-hohe-performance-der-e-commerce-plattform-zu-mehr-umsatz.
   html

15.1 Gründe für langsame Websites

Während 1995 eine Seite im Durchschnitt ein Volumen von 14,1 KB verteilt auf 2,3 Elemente hatte, so bringt eine Durchschnittsseite im Jahr 2012 ganze 83 Elemente à 684 KB auf die Waage (Abb. 15.2).

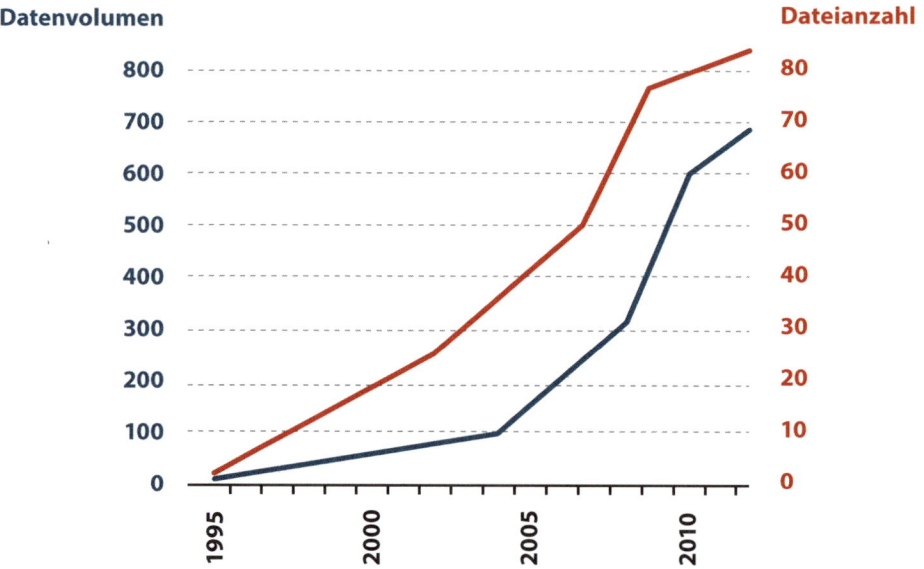

Abb. 15.2 *Datenmenge und Anzahl sind zwischenzeitlich exponentiell angestiegen.*

Gestiegene Datenmenge

Zu Zeiten von Jakob Nielsens These waren die meisten Menschen noch über ein 56K-Modem auf der Datenautobahn unterwegs. Wenige schafften via ISDN 64K und mit der doppelt so teuren Kanalbündelung waren sogar schwindelerregende 128K möglich. Für Webdesigner bedeutete das ganz selbstverständlich, Dateigrößen argwöhnisch im Auge zu behalten. Da wurde an der Kompression für die JPG-Dateien gedreht, dass nur ein paar Kilobyte an Bilddaten übrig blieben. Das Ziel: Jede Website sollte so klein wie möglich sein, um ja bei den mageren Verbindungen noch halbwegs flüssig benutzbar zu sein.

Mit der allgemeinen Verfügbarkeit von Breitbandverbindung scheint diese Tugend vielen Webdesignern allerdings abhanden gekommen zu sein. Was macht es schon, wenn Bilder etwas größer sind als unbedingt nötig, wenn die breite Masse der Nutzer via Breitband unterwegs ist?

Die weite Verbreitung von Smartphones und erschwinglichen Daten-Flatrates bestraft jedoch ironischerweise diese allzu laxe Einstellung zum Thema sorgfältiger Seitenaufbau. Und allen modernen Entwicklungen des mobilen Surfens zum Trotz werden so alte Werte wieder aktuell. Möchte man in einer ländlichen Umgebung über sein Smartphone eine Seite laden, fühlt man sich hinsichtlich der Ladezeit um die genannten 15 Jahre zurückversetzt und flucht im Stillen über Webentwickler, die sich nicht um Ladezeiten von JavaScript, CSS und Bildern gekümmert haben.

Anzahl eingebundener Dateien

Nicht nur die Datenmenge hat stark zugelegt, auch die Anzahl der eingebundenen Ressourcen ist überproportional angestiegen: Viele Websites laden mittlerweile Dutzende JavaScript-Dateien, ein halbes Dutzend CSS-Dateien, unzählige Bilder und dann noch iFrames mit Werbung oder Social-Media-Buttons.

Dabei hat die Anzahl der Dateien einen noch größeren Einfluss auf den Ladeprozess einer Seite als die Datenmenge. Warum das so ist, sehen wir uns im Folgenden an.

15.2 Den Ladevorgang entschlüsseln

Das HTTP-Wasserfall-Diagramm

Um zu verstehen, warum die Dateianzahl ein Problem werden kann, hilft es, wenn wir den Ladevorgang einer Seite visualisieren, und zwar in Form eines HTTP-Wasserfall-Diagramms. Ein solches Diagramm können wir uns für jede Website im Browser ansehen.

Im Firefox benötigen wir dazu die Erweiterung Firebug, die Sie von der Website *http://getfirebug.com/* aus installieren. Einmal installiert, lässt sich Firebug innerhalb des Browserfensters mit einem Tastendruck auf F12 oder aber über das Menü *Extras > Firebug > Firebug öffnen* aufrufen. Von den vielen in dem Firebug-Fenster enthaltenen Werkzeugen interessiert uns jetzt der Reiter »Netzwerk«.

In Google Chrome sind die benötigten Werkzeuge bereits an Bord. Öffnen Sie die eingebauten Entwicklertools über *Google Chrome anpassen (Schraubenschlüssel) > Tools > Entwicklertools* oder über die Tastenkombinationen *Strg + Umschalt + I* (Windows/Linux) bzw. *cmd + alt + I* (Mac). In den Entwicklertools verbirgt sich das gesuchte Diagramm hinter dem Menüpunkt *Network*.

Für die übrigen Browser gibt es entsprechend den *Webinspector* im Safari, *http-Watch* für Internet Explorer sowie *Dragonfly* in Opera.

Wir starten also unser bevorzugtes Entwickler-Tool und gehen auf den Netzwerk-Reiter, laden anschließend die Seite neu und sehen, wie sich das Diagramm wasserfallartig aufbaut (Abb. 15.3).

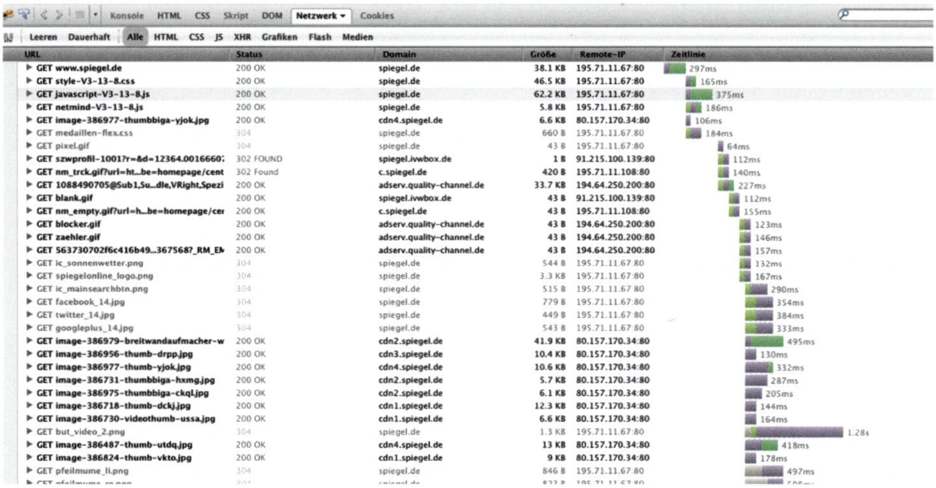
Konsole HTML CSS Skript DOM Netzwerk Cookies
Leeren Dauerhaft Alle HTML CSS JS XHR Grafiken Flash Medien
URL Status Domain Größe Remote-IP Zeitlinie
GET www.spiegel.de 200 OK spiegel.de 38.1 KB 195.71.11.67:80 297ms
GET style-V3-13-8.css 200 OK spiegel.de 46.5 KB 195.71.11.67:80 165ms
GET javascript-V3-13-8.js 200 OK spiegel.de 62.2 KB 195.71.11.67:80 375ms
GET netmind-V3-13-8.js 200 OK spiegel.de 5.8 KB 195.71.11.67:80 186ms
GET image-386977-thumbbiga-yjok.jpg 200 OK cdn4.spiegel.de 6.6 KB 80.157.170.34:80 106ms
GET medaillen-flex.css 304 spiegel.de 660 B 195.71.11.67:80 184ms
GET pixel.gif 304 spiegel.de 43 B 195.71.11.67:80 64ms
GET szwprofil-1001?r=&d=12364.0016660: 302 FOUND spiegel.ivwbox.de 1 B 91.215.100.139:80 112ms
GET nm_trck.gif?url=ht...be=homepage/cent 302 Found c.spiegel.de 420 B 195.71.11.108:80 140ms
GET 1088490705@Sub1,Su...dle,VRight,Spezi 200 OK adserv.quality-channel.de 33.7 KB 194.64.250.200:80 227ms
GET blank.gif 200 OK spiegel.ivwbox.de 43 B 91.215.100.139:80 112ms
GET nm_empty.gif?url=h...be=homepage/ce 200 OK c.spiegel.de 43 B 195.71.11.108:80 155ms
GET blocker.gif 200 OK adserv.quality-channel.de 43 B 194.64.250.200:80 123ms
GET zaehler.gif 200 OK adserv.quality-channel.de 43 B 194.64.250.200:80 146ms
GET 563730702f6c416b49...367568?_RM_E 200 OK adserv.quality-channel.de 43 B 194.64.250.200:80 157ms
GET ic_sonnenwetter.png 304 spiegel.de 544 B 195.71.11.67:80 132ms
GET spiegelonline_logo.png 304 spiegel.de 3.3 KB 195.71.11.67:80 167ms
GET ic_mainsearchbtn.png 304 spiegel.de 515 B 195.71.11.67:80 290ms
GET facebook_14.jpg 304 spiegel.de 779 B 195.71.11.67:80 354ms
GET twitter_14.jpg 304 spiegel.de 449 B 195.71.11.67:80 384ms
GET googleplus_14.jpg 304 spiegel.de 543 B 195.71.11.67:80 333ms
GET image-386979-breitwandaufmacher-w 200 OK cdn2.spiegel.de 41.9 KB 80.157.170.34:80 495ms
GET image-386956-thumb-drpp.jpg 200 OK cdn3.spiegel.de 10.4 KB 80.157.170.34:80 130ms
GET image-386977-thumb-yjok.jpg 200 OK cdn4.spiegel.de 10.6 KB 80.157.170.34:80 332ms
GET image-386731-thumbbiga-hxmg.jpg 200 OK cdn2.spiegel.de 5.7 KB 80.157.170.34:80 287ms
GET image-386975-thumbbiga-ckql.jpg 200 OK cdn2.spiegel.de 6.1 KB 80.157.170.34:80 205ms
GET image-386718-thumb-dckj.jpg 200 OK cdn1.spiegel.de 12.3 KB 80.157.170.34:80 144ms
GET image-386730-videothumb-ussa.jpg 200 OK cdn1.spiegel.de 6.6 KB 80.157.170.34:80 164ms
GET but_video_2.png 304 spiegel.de 1.3 KB 195.71.11.67:80 1.28s
GET image-386487-thumb-utdq.jpg 200 OK cdn4.spiegel.de 13 KB 80.157.170.34:80 418ms
GET image-386824-thumb-vkto.jpg 200 OK cdn1.spiegel.de 9 KB 80.157.170.34:80 178ms
GET pfeilmume_li.png 304 spiegel.de 846 B 195.71.11.67:80 497ms

Abb. 15.3 *Ein HTTP-Wasserfall-Diagramm von www.spiegel.de im Firebug*

In der vertikalen Achse werden von oben nach unten alle am Seitenaufbau beteiligten Dateien in der Reihenfolge aufgelistet, in der sie beim Laden angefordert werden. Die horizontale Achse ist die Zeitachse, die von 0 Sekunden bis zu dem Moment reicht, in dem die Seite und alle darin eingebundenen Dateien vollständig geladen sind. Wann innerhalb des Zeitstrahls eine Datei geladen wird und wie lange der einzelne Ladevorgang für diese Datei dauert, das wird durch einen horizontalen farbig segmentierten Balken in der Zeile des jeweiligen Dateinamens dargestellt.

Darüber hinaus finden sich in der Zeitleiste zwei vertikale Linien, eine blaue und eine rote (Abb. 15.4).

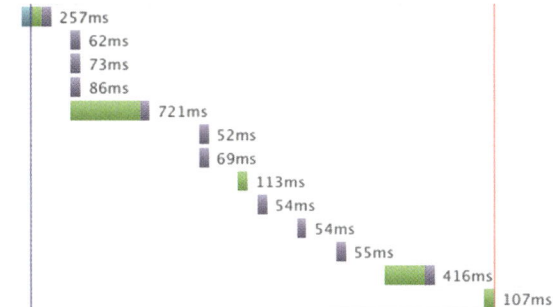

Abb. 15.4 *Die blaue und die rote Linie geben den Ladezustand der Seite an.*

Die blaue Linie gibt das Event *DOMContentLoaded* an, das ausgelöst wird, sobald die Website geparst ist. Das heißt, vor diesem Zeitpunkt können wir nichts mit der Seite anfangen, wichtig ist also zu versuchen, den Zeitraum bis zur blauen Linie möglichst kurz zu halten, damit schnell Inhalte sichtbar werden. Die rote Linie gibt dann das Event *onload*, das vollständige Laden der Seite samt aller externen Ressourcen, an. Ab diesem Zeitpunkt stellt der Browser die Anzeige des zirkulierenden Lade-Icons ein.

Beschränkung paralleler Aufrufe

Wir blicken nun also auf das Wasserfall-Diagramm und fragen uns, warum das Wasser kaskadenartig nach unten plätschert und nicht absolut senkrecht in die Tiefe rauscht. Letzteres würde bedeuten, dass die einzelnen Balken nicht versetzt, sondern linksbündig untereinander angeordnet wären und somit alle Dateien parallel geladen würden. Warum aber ist das nicht so?

In der Spezifikation des HTTP-1.1 Protokolls, das wir für die Übertragung von Webseiten nutzen, wurde 1999 verankert, dass ein Endanwender-System nicht mehr als zwei Verbindungen zu ein und demselben Server gleichzeitig aufrechterhalten sollte.

Sinn dieser Vorgabe war es zu verhindern, dass ein Webserver durch übermäßig viele parallele Anfragen seine Kapazitäten übersteigt und in die Knie geht.

Seinerzeit war das aufgrund leistungsschwacher Rechner und gleichzeitig kleiner HTML-Dateien mit wenigen eingebundenen Daten durchaus im Rahmen.

Aber selbst heute, wo unsere Websites um ein Vielfaches größer sind als damals, können die Server immer noch nicht mehr als sechs Anfragen parallel verarbeiten.

Der Datei-Overhead

Zur Beschränkung der parallelen Verarbeitung kommt erschwerend hinzu, dass jede abzuarbeitende Datei einen Verwaltungsaufwand erzeugt, im Fachjargon einen Overhead.

Dabei läuft für jede vom Server angefragte Datei, also für jeden HTTP-Request, ein bestimmter Prozess aus mehreren Schritten ab, die auch im Wasserfall-Diagramm ersichtlich sind, wenn man mit der Maus über die farbig segmentierten Balken in der Zeitleiste fährt (Abb. 15.5).

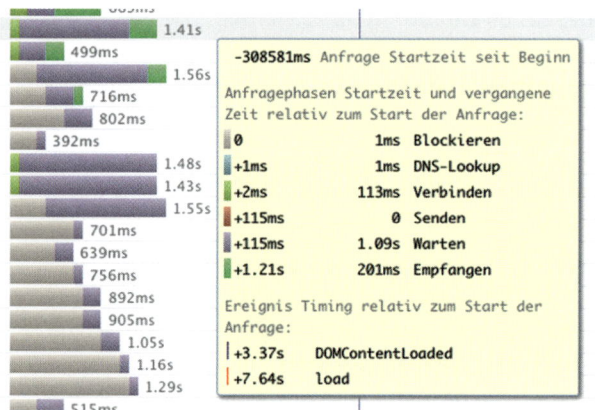

Abb. 15.5 *Den Overhead im Firebug deutlich machen*

Dieses Ping-Pong zwischen Server und Client lässt sich nicht unterbinden. Hätte man kein HTTP-Verbindungslimit, dann könnte der Browser alle Dateien im gleichen Augenblick anfordern und der Overhead würde nur einmalig Zeit kosten. Aber »hätte, hätte« liegt im Bette und so müssen wir uns damit abfinden, dass der Seitenaufbau durchsetzt ist mit dem Overhead der einzelnen Abfragen (Abb. 15.6).

Abb. 15.6 *Beim parallelen Abruf von Dateien (links) würde der rot markierte Overhead nur einmalig Zeit kosten. Tatsächlich aber läuft der Abruf nacheinander ab, so dass der Overhead jedes Mal erneut Zeit kostet.*

Latenzen

Jeder Overhead erzeugt wie gesagt ein Daten-Ping-Pong zwischen Server und Client. Die dabei ausgetauschten Informationen brauchen natürlich eine gewisse Reisezeit durch unser Datennetz, die man auf eine Strecke bezogen Latenz nennt. Hin- und Rückweg zusammen bezeichnet man als Round Trip Time (RTT), also Rundlauf-Zeit. Alle Teilvorgänge beim Abruf von Dateien sind von diesen Latenzen betroffen, wie die Zeitangaben im Firebug zeigen (siehe Abb. 15.5).

Die DNS-Abfrage kommt mit Latenzen daher. Bis anschließend die TCP-Verbindung mit dem Zielserver steht, vergeht Zeit, ebenso wie Dateianfrage und Rückantwort einmal hin und wieder zurück müssen.

Latenzen verkürzen sich erstaunlicherweise nicht, wenn unsere Leitung "schneller" wird. Denn Reisezeit ist unverrückbar durch die physikalische Leitfähigkeit der verwendeten Kupfer- oder Glasfaserkabel, respektive die Verbreitungsgeschwindigkeit von Funkwellen fest vorgegeben. Schneller erscheint uns ein Breitbandanschluss nur deshalb, weil er gegenüber "langsameren" Leitungen mehr Datenpakete gleichzeitig auf die Reise schicken kann. Daher kommt der Wortbestandteil breit in Bandbreite oder Breitband.

Am besten lässt sich das mit einer Lastwagenkolonne versinnbildlichen: Mit einem riesengroßen LKW-Fuhrpark lassen sich sehr viele Güter von Hamburg nach München transportieren, aber der Zeitpunkt, bis die ersten LKW in München eintreffen, ändert sich gegenüber einem kleinen Fuhrpark nicht. Es ist also ratsam, jede Fahrt gut zu planen, um nicht immer Zeit beim Hin- und Herfahren zu verlieren.

Die Latenz hängt vielmehr von der Distanz zum Ziel ab. Die Strecke Hamburg–München–Hamburg kommt auf eine Round Trip Time von rund 33 Millisekunden für ihre knapp 2.000 Kilometer.

Außerdem wird die Laufzeit auch noch durch die zugrunde liegenden Netzwerk-systeme und zwischenliegenden Schaltstellen beeinflusst. Eine Übertragung über Funk ist zum Beispiel immer langsamer als eine Übertragung per Kabel:

Tab. 15.1 *Von der Leitungstechnik erzeugte Round-Trip-Verzögerungen*

Leitungstechnik	Round Trip Time (= Latenz x 2)
Kabelnetzwerk	1 ms
Drahtlosnetzwerk	10 ms
Fernsehkabel	10 ms
DSL	40 ms
ISDN	200 ms
UMTS	350 ms
GPRS/EDGE	850 ms

Mobilfunknutzer werden demnach bei jedem Dateiabruf gegenüber dem Festnetz-bereich doppelt bestraft: Zum einen ist die Bandbreite geringer als im Festnetz, zum anderen erzeugt die Mobilfunktechnik auch noch eine riesige Zusatzlatenz, die bei jeder Dateiabfrage spürbar wird.

Zusammenfassung

Wir haben zugegeben etwas ausgeholt, um den Ladevorgang zu erklären. Mit dem Wissen um parallele Verbindungslimits, Dateien-Overheads und Latenzen im Hinterkopf lässt sich aber leichter nachvollziehen, warum eine Website im mobilen Kontext so viel länger braucht, um zu laden, und dass die Anzahl eingebundener Dateien ein großer Faktor ist, der diese Ladezeit beeinflusst. Deshalb sehen wir uns nun ein paar Bereiche an, die wir dahingehend optimieren können.

15.3 Bequeme Gewohnheiten der Entwickler

Zwei sehr häufig anzutreffende, aber leicht zu behebende Verursacher sehr vieler HTTP-Requests sind die an unserer Webseite beteiligten Stylesheets und Java-Scripts. Oftmals zählt man pro Seitenaufruf nicht nur ein oder zwei involvierte Dateien, sondern einige mehr.

Dass wir in diese Falle tappen, ist gut nachvollziehbar: Beim CSS werden Anweisungen gerne modularisiert und bestimmte Gestaltungs- oder Funktionsblöcke auf mehrere Dateien verteilt, damit die Anweisungen leicht zu finden und zu pflegen sind:

```
@import url("css/reset.css");
@import url("css/page.css");
@import url("css/navi.css");
@import url("css/content.css");
@import url("css/forms.css");
@import url("css/lightbox.css");
```

Pflegeleicht ist diese Methode auch, wenn wir externe Stylesheets von Plug-ins oder ein Reset-Stylesheet wie das von Eric Meyer nutzen und wir es auf diese Weise bei zukünftigen Updates einfach gegen die neueste Version austauschen können, sofern wir die Dateien nicht bearbeitet haben.

In noch viel stärkerem Maß wird diese Methodik bei JavaScript angewendet. In der Regel nutzt jede Webpräsenz eines der üblichen Frameworks à la jQuery & Co. Belässt man die Dateien unverändert, kann man jederzeit eines der vielen Updates einspielen.

Oder man bindet Einzelteile direkt vom Anbieterserver ein – mit entsprechender Frischegarantie:

```
<script src="//ajax.googleapis.com/ajax/libs/jquery/1.7/jquery.js"></script>
```

Darüber hinaus gibt es zahlreiche Plug-ins für die gängigen Frameworks. Bei jQuery sind es aktuell allein im offiziellen Plug-in-Verzeichnis knapp 5.000 Stück, die natürlich ebenso dazu verleiten, einfach angehängt zu werden. Deren Anleitungen empfehlen samt und sonders ein simples Einhängen der Plug-in-Dateien in das

HTML, was zugegebenermaßen einerseits zwar die einfachste Methode ist, andererseits den Dateizähler immer weiter in die Höhe schnellen lässt, ungefähr so:

```
<script src="js/jquery.min.js"></script>
<script src="js/jquery-ui.min.js"></script>
<script src="js/jquery.fancybox.js"></script>
```

Und dann gibt es da noch einige Polyfills und Scripte, die an der ein oder anderen Stellen wichtig sind, wie *Modernizr*, *Selectivizr* und Co.

Nicht zu vergessen jene größeren Pakete, die ihre eigenen Stylesheets mitbringen, die für die reibungslose Darstellung wichtig sind. Dabei kann es sich um einfache *jQuery*-Plug-ins wie Imageslider oder Lightboxen handeln oder um komplexere Pakete wie *jQuery UI*, das *Dojo Toolkit* oder *Sencha Touch*.

Zu guter Letzt gibt es reihenweise im CSS eingebundene Hintergrundbilder, die natürlich ebenso HTTP-Anfragen verursachen.

Diesen Wildwuchs gilt es jedenfalls einzudämmen, um die Performancekurve wieder nach oben zeigen zu lassen.

15.4 Dateien zusammenführen

JavaScript

Die Anzahl an JavaScripts zu reduzieren, ist zunächst einmal eine einfache Sache. Nehmen wir an, Sie hätten das weiter oben gezeigte Beispielkonstrukt in Ihrer HTML-Datei eingebunden:

```
<script src="js/jquery.min.js"></script>
<script src="js/jquery-ui.min.js"></script>
<script src="js/jquery.fancybox.js"></script>
```

Dann könnten Sie jetzt einfach hingehen und eine neue, leere JavaScript-Datei erstellen, um nacheinander die Inhalte der drei Dateien jquery.min.js, jquery-ui.min.js und jquery.fancybox.js in diese hineinzukopieren, in genau der Reihenfolge.

Die gleiche Reihenfolge ist deshalb wichtig, weil es sehr gut sein kann, dass ein weiter unten im Quelltext eingebundenes JavaScript auf Dinge aufbaut, die ein vorangegangenes JavaScript bereitstellt. Zum Beispiel nutzen die beiden jQuery-Plug-ins *jQueryUI* (jquery-ui.min.js) und *Fancybox* (jquery.fancybox.js) *jQuery* und damit die Funktionen von jquery.min.js als Basis. Es gibt sogar *jQuery*-Plug-ins, die sowohl *jQuery* als auch *jQueryUI* benötigen. Bei denen muss sichergestellt sein, dass beides vorher eingebunden wurde. Andernfalls gibt es einen JavaScript-Fehler und das war's dann mit den tollen Effekten.

Wieder zurück zum Zusammenführen: Zum Schluss tauschen Sie die drei bisherigen script-Verweise gegen einen einzelnen Verweis auf die neue Datei aus:

```
<script src="js/scripte.js"></script>
```

Und schon haben Sie auf simple Art und Weise zwei Dateiaufrufe gespart.

Sollten Sie keine Lust haben, das Ganze manuell zusammenzukopieren oder sollte es so sein, dass sich die Dateien inhaltlich permanent verändern und Sie daher ständig mit Herumkopieren beschäftigt wären, dann können Sie das Zusammenfügen auch auf ein Script abwälzen, das Sie stattdessen als »JavaScript« einbinden. Mit PHP geht das ganz einfach. Im HTML verweisen wir statt auf eine JavaScript-Datei auf eine von uns neu zu erstellende PHP-Datei:

```
<script src="js/scripte.php"></script>
```

Diese scripte.php müsste dann folgendermaßen aussehen:

```php
<?php
header("Content-type: text/javascript");
echo file_get_contents("jquery.min.js")."\r\n";
echo file_get_contents("jquery-ui.min.js")."\r\n";
echo file_get_contents("jquery.fancybox.js")."\r\n";
?>
```

Als Erstes müssen wir die Inhalte der Datei via header-Befehl als JavaScript ausweisen, weil sie ja eigentlich in eine PHP-Datei eingebettet sind. Im Anschluss teilen wir mit, dass die einzelnen Dateien eingelesen (file_get_contents) und ausgeben werden (echo). Außerdem sollen die Dateien jeweils mit einer neuen Zeile beginnen, was wir mit ."\r\n" am Ende erreichen.

Die Dateipfade zu unseren Dateien kommen in den file_get_contents ohne vorangestellte Pfadangaben aus, da wir unser Bespiel-PHP-Script in dasselbe Verzeichnis ablegen wie unsere JavaScript-Dateien.

JavaScripts von fremden Servern

Bei Scripts von fremden Servern wird es wieder etwas schwieriger. Selbst wenn Ihr Webhosting-Anbieter es zulassen würde, dass Sie per file_get_contents ein Script von einem anderen Server einlesen: Der Fernzugriff würde das PHP-Script so stark ausbremsen, dass der Vorteil des Zusammenfassens dahin wäre.

Die beste Lösung wäre zu prüfen, ob es das von Ferne eingebundene Script nicht auch zum Herunterladen und lokal Einbinden gibt. Das ist bei allen JavaScript-Frameworks und Ihren Plug-ins der Fall. So können Sie *jQuery* entweder von Googles Servern einbinden:

```
<script src="http://ajax.googleapis.com/ajax/libs/jquery/1.5/jquery.js"></script>
```

Oder Sie laden es herunter[5] und legen es auf der eigenen Maschine ab.

Was ist aber mit JavaScripts von Werbeanbietern, Trackingdiensten oder von sozialen Netzwerken? Da haben wir leider Pech, denn diese Anbieter verlangen von uns, dass wir die Scripts von deren Server einbinden. In diesem Fall bleibt nur zu entscheiden, ob die extern eingebundene Funktion oder der Dienst wirklich wichtig sind. Wenn ja – Augen zu und durch. Falls nein – dann weg damit!

CSS-Dateien

So ähnlich, wie Sie JavaScript-Dateien zusammenfassen, können Sie das bei Stylesheets auch tun. Wenn Sie mehrere in Ihrem HTML referenziert haben, wie in unserem modularisierten Beispiel von vorhin

```
<link rel="stylesheet" href="css/reset.css" />
<link rel="stylesheet" href="css/page.css" />
```

----

5 http://code.jquery.com/jquery-1.5.1.js

```
<link rel="stylesheet" href="css/navi.css" />
<link rel="stylesheet" href="css/content.css" />
…
```

oder innerhalb einer CSS-Datei weitere CSS-Dateien eingebunden haben

```
@import url("reset.css");
@import url("page.css");
@import url("navi.css");
…
```

dann erstellen Sie stattdessen eine neue leere Datei, in die Sie die Inhalte der
Stylesheet-Dateien in der korrekten Reihenfolge hineinkopieren. Wieder können Sie,
wenn Sie möchten, zu einem Automatismus via PHP greifen, ganz wie wir ihn vom
JavaScript-Zusammenfassen schon kennen. Sie erstellen zunächst wieder einen
Verweis auf eine PHP-Datei:

```
<script src="css/stylesheets.php"></script>
```

Diese neu zu erstellenden stylesheets.php müsste analog zu vorhin folgendermaßen
aussehen:

```
<?php
header("Content-type: text/css");
echo file_get_contents("reset.css")."\r\n";
echo file_get_contents("page.css")."\r\n";
echo file_get_contents("navi.css")."\r\n";
echo file_get_contents("content.css")."\r\n";
echo file_get_contents("forms.css")."\r\n";
echo file_get_contents("lightbox.css")."\r\n";
?>
```

Kleinere Fallstricke lauern noch innerhalb der Stylesheets, die Sie beim Zusammenfügen beachten müssen. Zum einen sollten Sie prüfen, ob in den Stylesheets @
charset-Anweisungen stehen. Diese können gleich zu Beginn eines Stylesheets eingebunden werden, um den Browser über den im Stylesheet verwendeten Zeichen-
satz zu informieren:

```
@charset "UTF-8"
```

Diese Anweisung ist eigentlich optional und sie kommt in der Praxis auch eher selten vor. Wenn sie aber vorkommt, dann muss sie als allererstes in einer Datei stehen. Es darf kein einziges Zeichen davor stehen, nicht einmal ein Leerzeichen oder ein Kommentar. Relevant wird das, sobald wir mehrere Stylesheets zusammenkleben, die solch eine Zeichensatzkennung mit sich herumführen. Ab dem zweiten Stylesheet würden deren `@charset`-Deklarationen irgendwo mitten in der neu erzeugten Datei landen und das führt beim Safari zu Problemen. Um das zu verhindern, ist es das Beste, alle Zeichensatzdeklarationen einfach aus den Stylesheets rauszuwerfen.

Außerdem sollte nach dem Zusammenfügen keine `@import`-Anweisung mehr vorhanden sein, weil diese im Safari zu Problemen führt.

Zu guter Letzt sollten Sie darauf achten, dass alle Pfade, die aus den Stylesheets heraus auf Bilder oder Schriftdateien zeigen, weiterhin stimmen, falls die PHP-Datei zum Zusammenfügen in einem anderen Verzeichnis liegt.

> **TIPP:** CSS-Präprozessoren wie LESS[6] oder SASS[7] bieten ebenso die Möglichkeit, einzelne Dateien anzulegen, die dann vor dem Kompilieren zusammengefügt werden. Ein Grund mehr, sich mit ihnen näher auseinanderzusetzen.

Wenn Sie verschiedene Stylesheets für einzelne Umbruchpunkte im HTML referenziert haben

```
<link rel="stylesheet" media="screen and (min-width: 30em)" href="screen-min600.css" />
<link rel="stylesheet" media="screen and (min-width: 60em)" href="screen-min800.css" />
```

verhindert die Media-Anweisung leider nicht, dass stets alle Dateien geladen werden, auch wenn bestimmte Dateien laut der hinterlegten `min-width`-Angabe gar nicht für das gerade verwendete Gerät relevant sind. Durch das Zusammenfassen in einer Datei sparen wir uns zumindest ein paar HTTP-Requests:

----

6 http://lesscss.org/
7 http://sass-lang.com/

```
@media only screen and (max-width: 20em) {
    …
}
@media only screen and (max-width: 40em) {
    …
}
@media only screen and (min-width: 59em) {
    …
}
@media print {
    /* Anweisungen für den Druck */
}
```

Eine andere Möglichkeit, das Laden aller Datei doch zu verhindern, bietet Scott Jehl mit einem kleinen JavaScript-Tool namens *eCSSential*[8], das die Verlinkung der CSS-Dateien übernimmt und damit eine gewisse Kontrolle über den Ladevorgang zulässt.

Dazu fügt man einfach ein paar Zeilen JavaScript in den HTML-Head ein, worin die benötigten CSS-Dateien angegeben werden:

```
<head>
…
<script>
<!--den Code aus eCSSential.min.js hier inline hinzufügen --> eCSSential({
"all": "css/all.css",
"(min-width: 20em)": "css/min-20em.css",
"(min-width: 37.5em)": "css/min-37.5em.css",
"(min-width: 50em)": "css/min-50em.css",
"(min-width: 62.5em)": "css/min-62.5em.css"
});
</script>
</head>
```

Das JavaScript liest die Bildschirmbreite aus und gibt anschließend nur das CSS zum Laden frei, das für das jeweilige Gerät benötigt wird. So spart man sich vor allem auf mobilen Geräten das Laden einiger Kilobyte CSS, die für diese Geräte

---

8 https://github.com/filamentgroup/eCSSential

unwichtig sind. Das Script geht auch auf lediglich verkleinerte Browser-Fenster ein und verschiebt das Laden der CSS-Anweisungen für größere Fensterbreiten nach hinten, um so die Seite schneller darzustellen.

Da jetzt die CSS-Anweisungen über JavaScript eingebunden werden, ist es sinnvoll für nicht JavaScript-fähige Browser, die HTML-Einbindung im noscript-Bereich zu ergänzen, es sei denn, man möchte für solche Browser gänzlich auf CSS verzichten:

```
<head>
...
<script>
<!-- eCSSential-Code -->
</script>
<noscript>
<link rel="stylesheet" href="css/all.css">
<link rel="stylesheet" href="css/min-37.5em.css">
<link rel="stylesheet" href="css/min-50em.css">
</noscript>
</head>
```

> **TIPP:** Die Funktionsweise von eCSSential kann anhand von mitgelieferten Demos überprüft werden[9]. Hier hilft wieder ein Blick in den *Firebug* oder *Inspector*, wo die Ladevorgänge nachvollzogen werden können.

In der Default-Einstellung löst eCSSential allerdings nicht das Problem mehrfacher HTTP-Anfragen für jedes einzelne Stylesheet, das eingebunden wird. Doch auch hierfür gibt es eine Lösung, die allerdings nicht ohne serverseitige Hilfe eines Tools namens QuickConcat[10] auskommt. Mit dessen Hilfe ist es möglich, einzelne Dateien vor der Ausgabe an den Client zu einer Datei zusammenzufassen. Näheres zur Vorgehensweise und Einbindung bietet die Beschreibung von eCSSential unter dem Abschnitt »file concatenation«.[11]

----

9   https://github.com/filamentgroup/eCSSential#check-out-the-demos
10 https://github.com/filamentgroup/quickconcat
11 https://github.com/filamentgroup/eCSSential#optimizing-further-with-file-concatenation

Nachteile?

Laut Scott Jehl gibt es keine Nachteile des Scripts. Ilya Grigorik von Google hat allerdings große Bedenken, ob die Ladevorgänge des Browsers von Client-seitigen Scripten beeinflusst werden sollen[12]. Solange es aber hilft, sehe ich darin kein großes Problem.

> **Southstreet**
>
> eCSSential ist Teil eines größeren Pakets namens Southstreet aus der Feder der *Filament Group*, die für das erste große Responsive Redesign überhaupt, die Website des *Boston Globe*[13], verantwortlich zeichnete. Southstreet enthält einige weitere nützliche Tools, die es lohnt einmal näher zu begutachten.[14]

15.5 JavaScripts und Stylesheets minifizieren

Obwohl die Reduktion der Anzahl der Dateien Priorität hat, ist es darüber hinaus wünschenswert, auch das zu übertragende Dateivolumen zu reduzieren, gerade dann, wenn wir es mit mobilen Nutzern in schlecht erschlossenen Gebieten zu tun haben. Eine mögliche Maßnahme besteht im Minifizieren von JavaScript und CSS.

Minifizieren ist eine Wortkreation aus dem englischsprachigen Raum (*to minify*), die ein Vorgehen beschreibt, bei dem man versucht, den Inhalt einer Datei so kompakt und zeichensparend wie möglich zu gestalten. Dabei werden all die Bestandteile aus den Dateien entfernt, die nicht zwingend für das korrekte Funktionieren notwendig sind. Eine der allerersten Maßnahmen beim Minifizieren ist das Herauslöschen von Kommentaren. Kommentare sind sehr wichtig während der Entwicklung. Den Besucher und dessen Browser interessieren die Kommentare nicht, also kann man sich die Übertragung sparen. Des Weiteren werden alle überflüssigen Einrückungen, Semikolons und Zeilenumbrüche entfernt. Zu guter Letzt durchsuchen die Minifizierer noch alle Anweisungen in der Hoffnung, dass man sie noch kürzer deklarie-

---

12 http://www.igvita.com/2012/06/14/debunking-responsive-css-performance-myths/?utm_source=html5weekly&utm_medium=email

13 http://bostonglobe.com

14 https://github.com/filamentgroup/Southstreet

ren kann. Denn sowohl JavaScript als auch CSS bieten Kurzformen zu bestimmten langatmigen Schreibweisen, z.B. ist in JavaScript

```
if(a == 1){
    var x = 'eins';
} else {
    var x = 'null';
}
```

identisch mit folgendem Statement:

```
var x = (a == 1) ? 'eins' : 'null';
```

In CSS gibt es allerlei Kurzschreibweisen für zusammengehörige Eigenschaften, z.B. der font-Eigenschaften. Der Codeblock

```
.klasse {
    font-style: normal;
    font-variant: normal;
    font-weight: bold;
    font-size: 1em;
    line-height: 1.7;
    font-family: Arial, Helvetica, sans-serif;
}
```

ist identisch mit

```
einem .klasse {font: bold 1em/1.7 Arial, Helvetica, sans-serif;}
```

Minifizier-Software

Obwohl Sie sich zumindest einen Teil dieser Kurzformen beim Schreiben von Java-Script und CSS antrainieren können, so ist es dennoch nicht wahrscheinlich, dass Sie jeden möglichen Winkelzug kennen oder mitmachen werden. Schließlich sind Lesbarkeit und Wartungsfreundlichkeit auch wichtig, stehen aber dem Ziel der Minifizierung entgegen. Praktikabler ist es da, spezielle Minifizier-Software zu verwenden.

Sind Sie Mac-User, kann ich Ihnen da *Codekit* ans Herz legen[15], das die Minifizierung übernimmt und darüber hinaus weitere nützliche Features für CSS-Präprozessoren bereithält. Ein tolles Tool, das bei den Webkrauts näher beschrieben wird.[16]

Mit Tools wie beispielsweise *minify*[17] lassen sich sowohl JavaScript- als auch CSS-Dateien komprimieren und gleichzeitig so zusammenfassen, dass sowohl Dateigröße als auch -anzahl reduziert werden.

Für Windows-Nutzer gibt es ein solches Tool bislang nicht, stattdessen kann man Yahoos *YUI Compressor* online ausprobieren, der CSS und JavaScript verkleinern kann.[18]

Wer die Kommandozeile nicht scheut, kann auch eine lokale Installation betreiben, die zum Arbeiten sinnvoller ist. Eine Installationsanleitung finden Sie unter *http://rwd-buch.de/material*.

15.6 Reihenfolge im HTML-Code

JavaScript- und Stylesheet-Dateien spielen für den Aufbau einer jeden Seite so eine wichtige Rolle, dass die Browser sich während des Ladeprozesses dieser Dateitypen auch ganz besonders verhalten.

Weil der Browser sich doppelte Arbeit bei der Darstellung sparen will, zeigt er die Inhalte eines HTML-Dokuments so lange nicht an, bis er alle Stylesheets komplett heruntergeladen hat. Also ist es wichtig, dass die Stylesheets so weit am Anfang des HTML stehen, wie nur möglich, damit der Browser sie schnell abarbeiten und anschließend die Inhalte darstellen kann. Andernfalls starrt Ihr Besucher lange auf einen weißen Bildschirm.

JavaScript-Dateien hingegen blockieren den weiteren Seitenaufbau am Ort ihrer Einbindung, bis sie komplett heruntergeladen und ausgeführt sind. Der Grund für das besondere Verhalten bei JavaScript liegt darin, dass es in der Lage ist, das HTML der Seite zu manipulieren. Dabei können ganz neue Elemente erzeugt wer-

----

15 http://incident57.com/codekit/index.php
16 http://www.webkrauts.de/2011/12/16/codekit-der-alleskoenner-unter-den-tools-fuer-frontendentwickler/
17 https://github.com/mrclay/minify
18 http://refresh-sf.com/yui/

den, die wiederum Einfluss auf das darauffolgende HTML nehmen könnten. Weil ein Weiterzeichnen unter diesen Umständen zu spekulativ wäre, stoppt der Browser den Aufbau eben so lange, bis geklärt ist, was das JavaScript macht. Für uns bedeutet das, so viel JavaScript wie möglich in den Fußbereich des HTML zu verlegen, wo es ungestört laden kann, während der Rest der Seite bereits aufgebaut ist. Der Besucher sieht so schneller die Inhalte, wenn auch noch nicht jedes Script aktiv ist.

Die magische Formel lautet also:
CSS nach oben + JavaScript nach unten = schneller Seitenaufbau.

15.7 Bilder optimieren

Den Löwenanteil der Datenmenge einer Website nehmen meistens Bilddateien ein, 60% und mehr, um genauer zu sein[19]. So gibt es Beispiele, bei denen ein einzelnes Bild auch gerne mal mehrere hundert Kilobyte groß ist, wenn etwa das Bild den gesamten Bildschirm ausfüllen soll, um den Hintergrund zu schmücken (Abb. 15.7).

Bei schlechten Datenverbindungen führen große Bilddaten allerdings häufig zu Benutzerfrust. Zwar sind Bilder anders als zum Beispiel JavaScript während des Seitenaufbaus nicht blockierende Elemente und verhindern somit nicht die Darstellung der übrigen Seitenelemente, ist aber das Bild selbst ein wichtiger Informationsträger, wartet man dennoch lange auf die vollständige Darstellung. Man sollte in jedem Fall abwägen, ob der gewünschte Effekt die längere Wartezeit wert ist.

In Kapitel 11 über anpassungsfähige Bilder (Seite 195) haben wir bereits anhand verschiedener Methoden beschrieben, wie sich je nach Kontext verschiedene Bildgrößen aufrufen lassen, um nicht in die Situation zu geraten, mit einem mobilen Browser erst ein unnötig groß dimensioniertes Bild herunterladen und dieses dann via CSS herunterskalieren zu müssen. Diese Techniken sind für eine optimierte Ladezeit extrem wichtig, können jedoch immer nur der zweite Schritt sein. Im ersten Schritt geht es darum, die Dateigröße der Bilder selbst zu verringern.

----

19 http://www.igvita.com/slides/2012/html5devconf/#32

Abb. 15.7 *Die Website luladesigns.com nutzt formatfüllende Bilder, die die Ladezeit der Website maßgeblich beeinflussen.*

Das richtige Dateiformat

Bereits in der Wahl des richtigen Dateiformats steckt Einsparungspotenzial. Hier noch mal die Klassiker, die je nach Art des Bildmotivs zum Einsatz kommen:

- GIFs und 8-Bit-PNG (mit 1-Bit-Transparenz) eignen sich für symbolhafte, farbarme Motive und für Motive mit harten 1-Bit-Transparenzen.
- JPEG eignet sich für Vielfarbiges und Fotografien.
- 24-Bit-PNGs (mit 8-Bit-Transparenz) eignen sich für Motive mit weichen Transparenzen.

So weit, so bekannt. Weniger herum gesprochen hat sich, dass noch eine dritte Art PNGs von den Browsern verarbeitet werden kann: 8-Bit-PNGs mit 8-Bit-Transparenz, also PNGs, bei denen die Farbtiefe wie bei den klassischen 8-Bit-PNGs auf 256 Farben begrenzt ist, die aber dennoch weiche Transparenzen beherrschen. Und damit eignet es sich recht gut als platzsparender Ersatz für die 24-Bit-PNGs (Abb. 15.8).

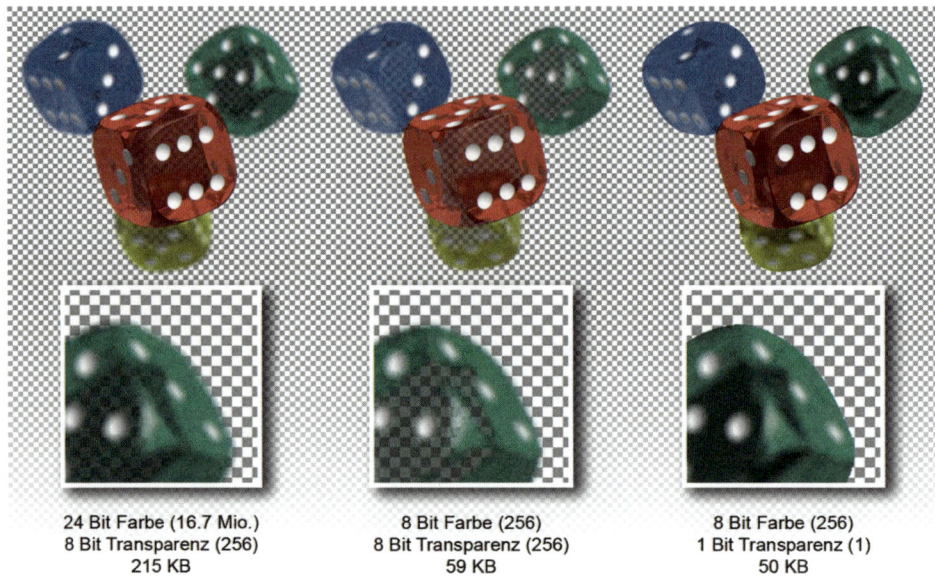

24 Bit Farbe (16.7 Mio.) 8 Bit Farbe (256) 8 Bit Farbe (256)
8 Bit Transparenz (256) 8 Bit Transparenz (256) 1 Bit Transparenz (1)
215 KB 59 KB 50 KB

Abb. 15.8 *PNG 24/8-Bit und 8/8-Bit und 8/1-Bit im Vergleich*

Wie können wir sie erstellen? Photoshop kennt dieses Format leider nicht – seit Jahren ein Ärgernis! Dafür kann Adobes Fireworks es exportieren. Daneben gibt es weitere Konvertierungswerkzeuge. Für den Mac zum Beispiel das Programm *ImageAlpha*, das diese Aufgabe übernimmt[20]. Für die Windows-Freunde ist mir derzeit kein vollwertiges Programm bekannt, Abhilfe schafft aber das Online-Tool *TinyPng*[21], bei dem man mittels »Drag and Drop« Bilder auf den Konverter ziehen kann. Puristen können auch auf die Kommandozeile ausweichen.[22]

Bilddaten eindampfen

Vor einigen Jahren noch war es gang und gäbe, in Bildeditoren wie Photoshop bei verlustbehafteten Kompressionsarten wie JPEG zu versuchen, einen bestmöglichen Kompromiss zwischen Qualität und Dateigröße zu erzielen. Im Breitbandzeitalter scheinen viele sich nicht mal mehr die Mühe zu machen, überhaupt zu prüfen, ab

20 http://pngmini.com/
21 http://tinypng.org/
22 http://pngquant.org/

wann die Qualität sichtbar leidet. Hier ließen sich, gerade bei größeren Bildern schon viele Kilobyte an Dateigröße sparen, wenn man den Punkt der gerade noch tolerierbaren Qualitätsmängel sucht.

JPEG ist auch nicht gleich JPEG. Sind die Bilddaten nicht speziell über den Bildeditor fürs Web optimiert worden, können sie einige im Webkontext meist nutzlose Metadaten enthalten, die die Dateigröße aufblähen. Ebenso enthalten PNGs häufig überflüssige Daten, die entfernt werden können.

Standard-Bildeditoren quetschen bei der Optimierung fürs Web in der Regel nicht alles aus den Bildern raus, weshalb wir hier mit weiteren Tools nachhelfen sollten.

Für Mac-User existiert zum Optimieren dieser Dinge das Werkzeug *ImageOptim*, das es kostenlos zum Download gibt[23]. Linux-User hingegen greifen auf *Trimage*[24] zurück. Und Windows-User wenden sich vertrauensvoll an *RIOT*, das *Radical Image Optimization Tool*[25] (Abb. 15.9).

Abb. 15.9 *Das Radical Image Optimization Tool im Einsatz*

- - - - - - - - - - - - - - - - -

23 http://imageoptim.pornel.net/
24 http://trimage.org/
25 http://luci.criosweb.ro/riot/

In meinen Tests hat mich vor allem *JEPGmini*[26] beeindruckt, das ohne sichtbare Qualitätsverluste die Dateigröße der Bilder noch mal deutlich reduzieren konnte. Das Bild der *Lula-Designs*-Startseite aus Abb. 15.7 weiter oben konnte so von 608 KB auf 507 KB um fast 20% verkleinert werden. Rechnet man das auf alle Bilder dieser Website hoch, erkennt man das Potenzial.

> **TIPP:** *JPEGmini* ist ebenso als Mac-App im Appstore verfügbar, als kostenlose lite-Version mit maximal 20 Bildern pro Tag oder der Vollversion ohne Beschränkung.[27]

Bei größeren JPEGs lohnt es sich übrigens immer, in den *Progressive*-Modus zu schalten (bei Photoshop zu finden im Dialog »Für Web speichern«). Dadurch wird nicht nur die Bildsilhouette schneller sichtbar, auch die Datei wird dadurch kleiner. Und bei sehr großen Hintergrundbildern könnte es sich lohnen, wenn Sie vor dem Komprimieren einen leichten Weichzeichner darüber laufen lassen. Schon den positiven Effekt eines Weichzeichners mit Radius 0,5 Pixel werden Sie am Kompressionsergebnis deutlich spüren!

Bei Retina-Displays, wo wir es generell mit großen Bilddaten zu tun haben, kann die Qualitätsstufe bei JPEGs stark nach unten gesetzt werden (20–30%). Auch wenn auf normalen Bildschirmen einzelne Artefakte zu sehen sind, werden diese auf den hochauflösenden Displays eher nicht zu erkennen sein.

Solange wir aber noch nicht verlässlich die Übertragungsgeschwindigkeit überprüfen und mit entsprechenden Bilddaten darauf reagieren können, ist der Verzicht auf High-Res-Bildern im mobilen Kontext nicht die schlechteste Idee im Sinne der Performance. So ist zum Beispiel die für Retina optimierte Startseite von apple.com viermal so groß wie die Standardwebsite[28]. Da hält sich die Freude über knackscharfe Bilder bei den meisten wahrscheinlich in Grenzen.

----

26 http://www.jpegmini.com/
27 http://www.jpegmini.com/mac
28 http://blog.cloudfour.com/how-apple-com-will-serve-retina-images-to-new-ipads/

Für die Hartgesottenen

Auch SVGs lassen sich nachträglich noch ganz gut optimieren, nämlich indem der Detailgrad der Formen unmerklich reduziert und Metadaten sowie Füllmaterial aus dem SVG-Quelltext entfernt werden. Das alles leistet das Kommandozeilen/ Terminal-basierte Werkzeug *Scour*, das Sie auf dieser Seite herunterladen können: *http://www.codedread.com/scour/*

Scour benötigt zudem ein installiertes Python, welches Sie hier bekommen: *http://python.org/download/*

Sind beide Pakete installiert, optimieren Sie Ihr SVG folgendermaßen:

```
python scour.py -i bild.svg -o bild-opt.svg
```

Hier müssen Sie natürlich die genauen Pfade zur Datei *scour.py* sowie zu den Quell- und Zielbildern an die Gegebenheiten Ihres Arbeitsrechners anpassen.

Zusammenfassung

Das Kämpfen um einzelne Kilobyte mag archaisch anmuten. Aber nicht nur die Smartphone-Benutzer auf dem Lande werden es Ihnen danken. Spätestens, wenn wir uns vierfache Bildgrößen aufgrund der neuen Retina-Displays vor Augen führen, wird deutlich, welche Datenmengen sich mit wenigen Handgriffen einsparen lassen und wie wichtig und aktuell gute Bildkompression ist.

15.8 CSS-Sprites

Bisher haben wir uns damit beschäftigt, wie wir die Größe von Bilddaten reduzieren. Nicht geändert hat sich dadurch allerdings die Dateianzahl: Es sind nun weniger Bytes, die sich auf exakt dieselbe Menge Dateien verteilen. Erinnern wir uns an den Overhead jeder einzelnen Datei beim Aufruf, stellt sich die Frage, ob sich nicht doch noch ein Trick findet, die Dateianzahl zu reduzieren, ohne auf Bilder zu verzichten.

Eine altbekannte Methode, die HTTP-Anfragen einzugrenzen und damit Ladezeit zu sparen, sind die sogenannten CSS-Sprites (Abb. 15.10). Hierbei stecken Sie alle Einzelgrafiken zusammen in eine große Bilddatei und verwenden anschließend statt der Originaldateien Bildausschnitte daraus, per CSS und background-position.

Abb. 15.10 *Beispiel eines Icon-Sprites*

Der Hauptnachteil bei den Sprites: Sie rechnen sich einen Wolf an all den background-position-Koordinaten. Weiterhin ist es ein Problem, dass Sie alle Werte von A bis Z neu anpassen müssen, wenn Sie sich eines Tages entscheiden, große Teile aus dem Sprite herauszunehmen oder die Abstände zwischen den Bildern zu erhöhen, weil der Kunde die Knöpfe statt in 16 x 16 Pixeln vielleicht doch lieber in der Größe 24 x 24 Pixel haben möchte.

Unterstützung erhalten Sie in solch einer Situation von nützlichen Tools wie dem *CSS Sprite Generator*[29]: Zippen Sie zunächst alle Bilder, die im Sprite landen sollen, und wählen Sie dieses ZIP anschließend im obersten Feld »Source Files« aus. Bei »Sprite Output Options« wählen Sie aus, ob der *CSS Sprite Generator* die Bilder vertikal oder horizontal aneinanderhängen soll (beide Richtungen gleichzeitig kann er nicht) und wie viel Freiraum/Puffer zwischen den Bildern bleiben soll. Wenn Sie nun ganz unten »Create Sprite Image & CSS« klicken, dann bekommen Sie nicht nur das zusammengefügte Sprite zurückgeliefert, sondern auch eine CSS-Positionierungsvorlage dazu.

Sollten Sie schon ein fertiges Sprite vorliegen haben, nicht aber das dazugehörige CSS, dann könnte *Spritecow* interessant für Sie sein, um die passenden CSS-Dimensionen und -Koordinaten eines jeden einzelnen Icons aus dem fertigen Sprite zu extrahieren[30] (Abb. 15.11).

----

29 http://spritegen.website-performance.org/
30 http://www.spritecow.com/

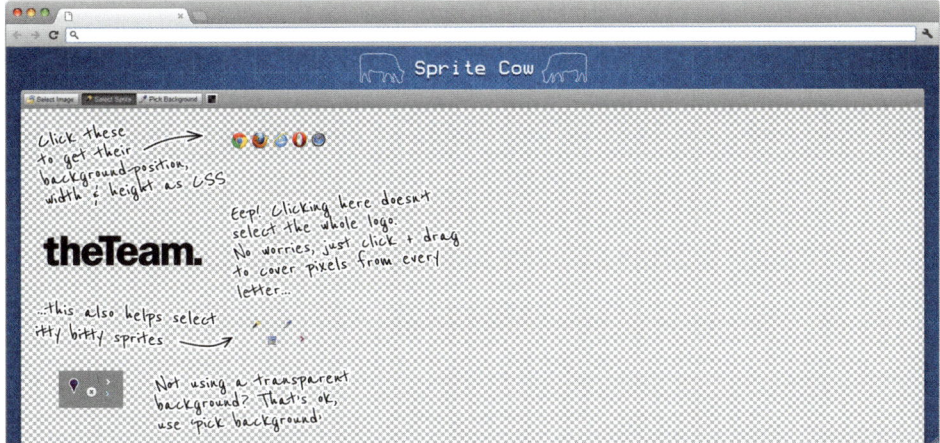

Abb. 15.11 *Das Tool Spritecow*

Am komfortabelsten ist es jedoch, wenn Sie sich während der Entwicklungsphase gar nicht groß um das Thema Sprites kümmern müssen, sondern Ihren normalen CSS-Code ganz zum Schluss einfach in ein Sprite überführen.

Ein Werkzeug, das Sie dabei unterstützt, ist *Spriteme*[31]. Hierbei reicht es aus, wenn Sie sich darauf beschränken, jedem Element ein individuelles Hintergrundbild im Stylesheet zuzuweisen. Wenn Ihre Seite soweit steht und Sie kurz vor der Online-stellung stehen, überführen Sie Ihre Bilder und Stylesheets in eine Sprite-basierte Fassung. Dazu müssen Sie zunächst das auf der *Spriteme*-Seite befindliche *Book-marklet* in Ihre Lesezeichenleiste ziehen.

15.9 Data URIs

CSS-Sprites sind schon eine ziemlich gute Idee, *Data URIs sind aber noch besser.* Anders als ein URL (*Uniform Resource Locator*) steuert ein URI (*Uniform Resource Identifier*) nicht zwangsweise einen Ort oder eine Adresse an, sondern kann auch über eine bestimmte Zeichenfolge und entsprechende Kodierung direkt in andere Dateien eingebunden werden.

---

31 http://spriteme.org/

Statt also im CSS auf ein Bild mit einer URL zu verweisen

```css
.bg-img {
background: url("pfad/zum/bild.jpg");
}
```

können wir mittels data URI das Bild direkt einbinden:

```css
.bg-img {
background: url("data:image/png;base64,iVBORw0KGgoAAAANSUhEUgAAA…");
}
```

Abgefahrenes Voodoo! Der Data URI wird mit dem Protokoll data eingeleitet, gefolgt vom Dateityp image/png und der verwendeten Kodierung base64, bevor letztendlich das Bild in eine kryptische Zeichenfolge übersetzt wird, die hier verkürzt dargestellt wurde.

Alle aktuellen Browser verstehen Data URIs. Sogar der IE 8 akzeptiert sie, allerdings nur bis zu einer Dateigröße von maximal 24 KB. Erst der IE 9 kennt wie die anderen Browser keine Limits mehr.

Da die per Data URI eingefügten Bilder nach wie vor Einzelbilder sind, ergeben sich im Handling gegenüber Sprites einige Vorteile: Sie müssen nicht mit komplizierten background-position-Verrenkungen arbeiten und beim Austausch einzelner Bilder nicht das gesamte Sprite-Gefüge berücksichtigen. Darüber fallen bei dieser Methode gar keine HTTP-Requests für Bilder an, also noch mal einer gegenüber den Sprites gespart.

Jetzt fragen Sie sich wahrscheinlich: Wie zum Henker soll ich die Codierung bewerkstelligen? Kein Problem, dafür gibt es nette Tools. Zum Beispiel hat Ian Hickson ein Werkzeug bereitgestellt, das einzelne Bilder umwandelt[32], außerdem gibt es einen praktischen Service namens spritebaker[33] von Dirk Weber, mit dem man komplette CSS-Dateien umwandeln kann. Dirk nennt auf der Info-Seite auch einige Dinge, die man im Umgang mit *Data URIs* beachten sollte:

- - - - - - - - - - - - - - - - - -

32 http://software.hixie.ch/utilities/cgi/data/data
33 http://www.spritebaker.com/

- Die CSS-Dateien werden größer, weil sich jetzt die Bildinformationen darin befinden. Deshalb ist es wichtig, sicherzustellen, dass *gzip* zur Kompression der Dateien auf dem Server aktiviert ist (siehe unten).

- Dasselbe Bild sollte nicht mehr als einmal referenziert werden, da es sonst mehrmals umgewandelt wird und so unnötig hohe Datenmengen erzeugt. Das gilt natürlich vor allem beim Einsatz von CSS-Sprites. Also entweder CSS-Sprites oder *Data URIs* verwenden.

- Testen und überprüfen, ob es funktioniert und wirklich Ladezeit spart.

HINWEIS: Im HTML machen *Data URIs* keinen Sinn. Sie reduzieren zwar die Anzahl der HTTP-Requests, erhöhen aber auf der anderen Seite die Zeichenmenge im HTML, das dann wiederum länger braucht, um dargestellt zu werden. Richtige Bilder hingegen werden einfach nachgeladen und behindern den Seitenaufbau nicht. Hinzu kommt, dass HTML-Dokumente üblicherweise von Browsern nicht großartig zwischengespeichert werden. Damit werden aber auch die dicken Data URIs darin nicht zwischengespeichert und bei jedem Aufruf der Seite aufs Neue abgerufen, was alles andere als effektiv ist. Beschränken wir uns also auf den Einsatz im CSS.

TIPP: Wer mehr über Data URI erfahren möchte, findet nützliche Informationen bei Nicholas Zakas.[34]

---

34 http://www.nczonline.net/blog/2010/07/06/data-uris-make-css-sprites-obsolete/

15.10   GZIP: komprimierte Übertragung

Der Hauptnachteil von Data URIs ist, dass die Codierung das Datenvolumen wieder aufbläht, und zwar um ein Drittel. Sprich: Wir sparen zwar reichlich HTTP-Requests, aber dafür steigt auch das Übertragungsvolumen wieder. Es gibt aber eine Lösung für dieses Problem, eine komprimierte Datenübertragung. Dabei wird der Inhalt einer Datei vor dem Absenden vom Server mit dem GZIP-Verfahren gepackt und auf Seiten des Browsers wieder entpackt.

Das GZIP-Verfahren schrumpft das Volumen einer mit *Data URI* versehenen Stylesheet-Datei fast zurück auf die Größe, die die Ressourcen als separate Dateien zusammengenommen vorher hatten. Die komprimierte Datenübertragung aktivieren Sie auf einem handelsüblichen Apache-Server, indem Sie im Stammverzeichnis eine *.htaccess*-Datei ablegen, die Sie mit folgenden Zeilen versehen:

```
AddOutputFilterByType DEFLATE text/html text/plain text/css application/json
AddOutputFilterByType DEFLATE application/javascript
AddOutputFilterByType DEFLATE text/xml application/xml text/x-component
AddOutputFilterByType DEFLATE application/xhtml+xml application/rss+xml
AddOutputFilterByType DEFLATE application/atom+xml
AddOutputFilterByType DEFLATE image/x-icon image/svg+xml
AddOutputFilterByType DEFLATE application/vnd.ms-fontobject
AddOutputFilterByType DEFLATE application/x-font-ttf font/opentype
```

Wenn sich im Stammverzeichnis schon eine *.htaccess*-Datei befinden sollte, dann ergänzen Sie diese um die entsprechenden Zeilen, sofern sie nicht sowieso schon drinstehen, und zwar am besten am Ende.

Vielleicht fällt Ihnen auf, dass wir mit obigen Zeilen nicht nur die Kompression für Stylesheet-Dateien aktivieren (`text/css`), sondern für alle möglichen Dateien, die aus normalem ASCII-Text bestehen und sich dadurch besonders gut komprimieren lassen: HTML-, TXT-, CSS-, JSON-, JavaScript-, XML- sowie SVG-Dateien, aber auch gut komprimierbare Schriftendateien (Ausnahme: WOFF-Dateien). Warum also nicht gleich aus dem Vollen schöpfen.

Ob Ihre Dateien anschließend tatsächlich komprimiert ausgeliefert werden, können Sie mit Hilfe der *Firebug*-Erweiterung *YSlow* in der Sektion *Components* überprüfen (Abb. 15.12).

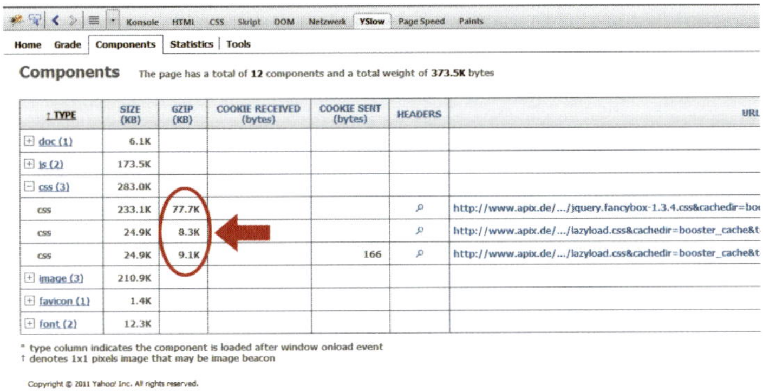

Abb. 15.12 *Auf ein Drittel geschrumpfte CSS-Dateien dank GZIP*

15.11 Caching: Dateien mit längeren Verfallsdaten ausstatten

Nachdem die Entwicklung abgeschlossen und Ihre Seite einige Zeit online ist, verändern sich JavaScript und auch CSS-Dateien in der Regel nicht mehr. Gleiches gilt für die Bilder. Warum diese also ständig und unnötig neu laden? Stattdessen sollten wir den Browsern mitteilen, dass sie sie für einen längeren Zeitraum ohne Neuladen zwischenspeichern sollen. Das spart nicht nur Ladezeit, sondern auch der Webserver hat ein laueres Leben und der Webseiten-Traffic sinkt obendrein noch. Bewerkstelligen lässt sich das, indem wir das Browser-Caching-Verhalten vom Server aus steuern.

Unter Apache können wir das Browsercaching durch einen Eintrag in eine/die .htaccess-Datei in unserem Basisverzeichnis erzwingen:

```
<IfModule mod_expires.c>
    ExpiresActive On
    ExpiresDefault "access plus 1 minutes"
    ExpiresByType text/html "access plus 1 minutes"
    ExpiresByType text/css "access plus 1 months"
    ExpiresByType text/javascript "access plus 1 months"
    ExpiresByType text/plain "access plus 1 months"
    ExpiresByType application/javascript "access plus 1 months"
```

```
        ExpiresByType application/x-javascript "access plus 1 months"
        ExpiresByType application/x-shockwave-flash "access plus 1 months"
        ExpiresByType image/gif "access plus 1 years"
        ExpiresByType image/jpeg "access plus 1 years"
        ExpiresByType image/jpg "access plus 1 years"
        ExpiresByType image/png "access plus 1 years"
        ExpiresByType image/x-icon "access plus 1 years"
</IfModule>
```

Das Ganze setzt ein aktiviertes Apache-Modul *Expires* voraus, was es bei den meisten Hostern aber gibt. Ausprobieren. Ist es nicht aktiviert, passiert einfach nichts.

In unserem konkreten Beispiel verfallen CSS und JavaScript nach einem Monat, Bilder sogar erst nach einem Jahr. Erst dann schaut der Browser nach etwas Neuem. Das Resultat dieser Optimierung können Sie ebenfalls in der *Firebug*-Erweiterung *YSlow* in der Sektion *Stats* überprüfen (Abb. 15.13).

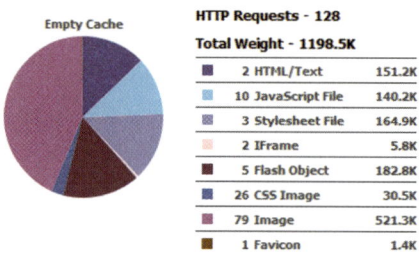 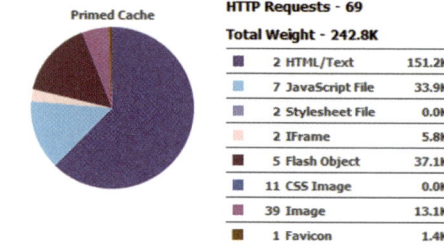

Abb. 15.13 *YSlow-Caching-Ergebnisse*

Wer übrigens gerne beides hätte, sprich: hohe Vorhaltezeiten im Browser, solange die Dateien sich nicht ändern, aber ein garantiertes Neuladen bei Änderungen an diesen Dateien, der muss mit Versions- oder Datumsparametern hinter den verlinkten Dateien arbeiten:

```
<link rel="stylesheet" type="text/css" href="styles.css?v=1.0" />
```

Beim nächsten Update der Datei ändert man den Link auf:

```
<link rel="stylesheet" type="text/css" href="styles.css?v=1.1" />
```

Das zwingt den Browser dazu, die Datei neu zu laden. Wer das automatisiert haben mag und PHP verwendet, der kann mit so einem Verfahren arbeiten:

```
echo '<link rel="stylesheet" type="text/css" href="styles.css?timestamp='.
filemtime('styles.css').'" />';
```

So müssen Sie sich um nichts mehr kümmern.

15.12   Lazy Loading

Eine spezielle Möglichkeit, den Seitenaufbau zu beschleunigen, bietet das sogenannte *Lazy Loading*. Dabei verzichtet man bei bestimmten Komponenten bewusst darauf, sie mit dem ersten Hauptladevorgang zu laden. Stattdessen lädt man sie *lazy*, also träge nach, sobald der Hauptladevorgang vorüber ist und der dadurch entstandene Aktivitätensturm sich gelegt hat. Dafür bieten sich solche Komponenten an,

- die am Anfang ohne Scrollen sowieso noch nicht sichtbar sind,
- die nicht zum Kern der Website gehören, z.B. Social-Media-Buttons,
- deren kurzfristige Nicht-Funktionalität vom User nicht bemerkt wird
- oder die erst bei bestimmten optionalen Aktionen des Benutzers benötigt werden.

Sinn und Zweck der Übung ist es zum einen, dem Browser beim Seitenstart den Rücken frei zu halten, auf dass der sich aufs Wesentliche konzentrieren und somit mehr Tempo an den Tag legen kann. Zum anderen werden Traffic und Rechenzeit gespart, wenn immer nur genau so viele Daten geladen werden, wie gerade erforderlich sind.

Ein gutes Beispiel für Komponenten, die man erst bei Bedarf nachlädt, sind die auf einer Seite enthaltenen Bilder. Von den zahlreichen Bildern einer längeren News- oder Blog-Seite sieht der Benutzer unmittelbar nur die obersten, die sich innerhalb seines Sichtfensters befinden. So bietet es sich also an, das Laden dieser Bilder an die aktuelle Scrollposition zu koppeln.

Schützenhilfe zur Umsetzung dieser Funktion gibt uns dabei das Lazy Load Plugin for jQuery, zu beziehen von der Seite *http://www.appelsiini.net/projects/lazyload*.

Da man Browser nicht vom Vorladen aller Bilder einer Seite abhalten kann, muss man zunächst dafür sorgen, dass er nur ein kleines Ersatzbild für alle img-Elemente sieht und lädt. Idealerweise ist das ein 1 x 1 px großes transparentes PNG, das man im src-Attribut aller Bildelemente referenziert. Den Verweis zu den eigentlichen Bildern verlagert man in ein neues Attribut namens data-original, für nicht Java-Script-fähige Browser ergänzen wir im noscript einen Fallback:

```
<img class="lazy" src="img/1x1.png" data-original="img/example.jpg" alt="xy">
<noscript><img src="img/example.jpg" alt="</noscript>
```

Im CSS blenden wir dann zunächst das eigentliche Bild aus:

```
.lazy {
    display:none;
}
```

Nun binden wir das Lazy Load Plugin-Script am Fuß der Seite hinter jQuery ein und starten es im Anschluss:

```
<script src="js/jquery.lazyload.js"></script>
<script>
    $('img.lazy').show().lazyload();
</script>
```

Fertig! Die so bearbeiteten Bilder werden erst geladen, wenn sie in den sichtbaren Bereich kommen. So wird der Seitenaufbau beschleunigt.

> **TIPP:** Das Konzept des *Lazy Loading* kann natürlich noch auf andere Bereiche ausgedehnt werden. Die schlauen Leute der *Filament Group* haben sich Gedanken dazu im Rahmen von Responsive Webdesign gemacht. Inhalte, die auf kleineren Geräten erst mal ausgeblendet sind, brauchen auch nicht geladen zu werden. Wie die Technik funktioniert, wird in einem ausführlichen Beitrag erläutert.[35]

---

35 http://filamentgroup.com/lab/ajax_includes_modular_content/

15.13 Social-Media-Buttons

Sie treten so inflationär auf wie die Schmeißfliegen im Sommer und vermitteln jedem Website-Betreiber das gute Gefühl im Social-Media-Tümpel kräftig mitzumischen. Deshalb werden sie leider auch völlig unbedacht und was das Zeug hält eingebunden, ohne dass mal geprüft wird, was diese Buttons im Einzelnen anrichten. Da können schon mal durch vermeintlich einfache Twitter-, Facebook-Like- und Google+-Buttons 19! HTTP-Requests ausgelöst werden. Zudem werden über die Buttons externe Inhalte angefordert und mehrere 100 Kb Daten ausgetauscht[36]. Nicht schlecht für drei kleine harmlos wirkende Knöpfe, aber nicht gut für die Performance vor allem auf mobilen Geräten.

Auch wenn es sich vielleicht so anhört, sehe ich die Sache mit den Social-Media-Buttons nicht ganz so negativ wie Oliver Reichenstein, der deren Daseinsberechtigung gänzlich in Frage stellt[37]. Schließlich muss jeder selbst herausfinden und entscheiden, ob die Buttons für die jeweilige Website sinnvoll sind oder nicht. Dennoch sollten wir uns in Anbetracht der oben genannten Zahlen um eine bessere Einbindung kümmern.

Im *ZURBlog*, aus dem auch die erwähnten Zahlen stammen, wird vorgeschlagen, zumindest im mobilen Kontext auf die Einbindung der Buttons zu verzichten und stattdessen einfache Textlinks oder Buttons zu nehmen, die auf die Aktionsseiten der jeweiligen Anbieter verlinken[38]:

```
<a href="http://www.facebook.com/sharer.php?u=URL&t=TITLE">Text oder Icon</a>
<a href="http://twitter.com/home?status=STATUS" title="Click to share this post on Twitter">Text oder Icon</a>
<a href="https://m.google.com/app/plus/x/?v=compose&content=CONTENT">Text oder Icon</a>
```

Die einfachen Links sind natürlich nicht ganz so mächtig wie die Google+- und Facebook-Buttons, erfüllen aber ihren grundsätzlichen Zweck, ohne den ganzen Overhead.

----

36 http://www.zurb.com/article/883/small-painful-buttons-why-social-media-bu
37 http://informationarchitects.net/blog/sweep-the-sleaze/
38 http://www.zurb.com/article/883/small-painful-buttons-why-social-media-bu

Eine weitere Lösung, die aus dem Ruf nach mehr Datenschutz entstanden ist, bietet Heise. Weil gerade der Facebook-Button ganz ohne zutun des Nutzers Daten »nach Hause« übermittelt, ist man hier auf die Idee gekommen, die Buttons zunächst nur als Bild zu hinterlegen und erst durch einen bewussten Klick »scharf zu stellen«. Das hat auch Ladezeit-technisch den Vorteil, dass die komplexeren Daten des eigentlichen Buttons erst auf Anfrage des Nutzers geladen und somit bewusst in Kauf genommen werden. Insgesamt eine sinnvolle Sache. Weitere Details liefern der Heise-Artikel[39] sowie die sehr ausführliche Anleitung zur Nutzung des jQuery-Plugins für die Buttons.[40]

15.14   Optimierung innerhalb von CSS

In den letzten Jahren hat CSS sich zu einer Sprache weiterentwickelt, die nicht nur das Layout, sondern zunehmend auch das Verhalten einzelner Elemente einer Website steuern kann, durch Übergänge, Transformationen und Animationen. Während Flash und JavaScript dabei auf Hardwarebeschleunigung zurückgreifen und damit den Hauptprozessor entlasten, funktioniert das bei CSS noch nicht so reibungslos. Gerade im mobilen Kontext, wo die Prozessoren sowieso eher schwach auf der Brust sind, ist also mit solchen CSS-Spielereien (um es einmal böse zu formulieren) Vorsicht geboten.

Ebenso kann übermäßiger Einsatz moderner CSS3-Anweisungen wie Schatten oder Verläufe dafür sorgen, dass der Prozessor in die Knie geht. Auch bei bester Verbindung kann dann der Seitenaufbau bei mobilen Geräten zur Geduldsprobe werden, ganz zu schweigen von der Batteriekapazität, die natürlich ebenso leidet und nach kurzer Zeit einen verwunderten Nutzer mit leerem Akku zurücklässt.

TIPP: Genauere Performance-Infos nicht nur zu CSS liefert Estelle Weyl in einer interessanten Slideshow.[41]

---

39 http://www.heise.de/ct/artikel/2-Klicks-fuer-mehr-Datenschutz-1333879.html
40 http://www.heise.de/extras/socialshareprivacy/
41 http://estelle.github.com/mobileperf/#slide37

Wir sollten also immer ein Auge darauf haben, inwiefern unsere CSS-Anweisungen den Seitenaufbau verkomplizieren und den Prozessor belasten. Weitere Informationen dazu und wie man CSS-Performance testen kann, beleuchtet ein Artikel bei *boagworld*.[42]

15.15 Webfonts

Bei heutigen Websites werden häufig Webfonts eingebunden, die natürlich die Gestaltung aufwerten, aber gleichzeitig auch die Ladezeiten einer Website durch Dateigröße und zusätzliche Requests negativ beeinflussen. Bei Desktop-Rechnern oder der Nutzung mobiler Geräte über WLAN fällt das nicht so stark ins Gewicht, wir müssen aber bedenken, dass es auch zahlreiche Nutzerfälle gibt, bei denen nur ein schwächeres Netz zur Verfügung steht. Dann verlängert sich natürlich die Ladezeit und das Nutzererlebnis leidet. In solchen Fällen müssen wir uns überlegen, ob wir Webfonts nicht besser als »nice to have«-Feature betrachten und eventuell in mobilen Kontexten darauf verzichten.

Folgende Faktoren sollten wir bei der Entscheidungsfindung berücksichtigen:

- Wie groß sind die einzelnen Schriftdateien?
- Wie viele Schriftdateien werden eingebunden?
- Wie wichtig sind die Schriften für die Wirkung/Aussage der Website?
- Welchen Stellenwert nimmt die Schrift im Vergleich zu anderen Gestaltungselementen der Website ein?
- Sind schnelle Ladezeiten oder ein passendes Schriftbild wichtiger?

Die Dateigrößen eingebundener Schriften können stark variieren, neben verschiedenen Größen einzelner Schnitte hängen sie auch davon ab, wie viele Schriftdateien eingebunden werden. Geht man von den vier Standard-Schriftschnitten Regular, Bold, Italic und BoldItalic aus, die bei einer durchschnittlichen Website zum Einsatz kommen können, kommt man bei einer Größe von ca. 30 bis 70 KB pro Schnitt auf eine Gesamtgröße von 120 bis 280 KB. Manchmal kommt noch eine zweite Schrift für Überschriften oder besondere Auszeichnungen hinzu, womit wir schon jenseits der 300 KB landen können. In einem solchen Fall ist es eine Option, für Fließtexte

---

42 http://boagworld.com/dev/why-you-should-care-about-css-page-performance/

auf einen Standard-Font zurückzugreifen und zum Beispiel nur die Überschriften mit einem Webfont aufzuwerten.

> **TIPP:** Wenn Sie nicht über einen Webfont-Service die Schriften beziehen, sondern die Einbindungen der Schriftdateien selbst in der Hand haben, dann sollten Sie Referenzierungen der Schriftdateien, zum Beispiel
>
> ```
> @font-face {
>     font-family: "Tolle Schrift";
>     src: url("tolle-schrift.eot"); /* IE9 im Kompatibilitätsmodus */
>     src: url("tolle-schrift.eot#iefix") format("embedded-opentype"),
> /* IE6-IE8 */
>     url("tolle-schrift.woff") format("woff"), /* Moderne Browser */
>     url("tolle-schrift.ttf") format("truetype"), /* Safari bis 5.1,
> Android, iOS */
>     url("tolle-schrift.svg#svgFontName") format("svg"); /* Ältere iOS
> */
> }
> ```
>
> inline ins HTML einfügen statt in eine separate CSS-Datei. Denn so wird ein unnötiger Zwischenschritt beim Laden der Schriften übergangen.

15.16 YSlow

Weitere Informationen und gute Performance-Testmöglichkeiten bietet das Browser-Plug-in YSlow, das Websites analysiert und einige Verbesserungsvorschläge bereithält: *http://developer.yahoo.com/yslow/*. Anhand einer Punkteliste kann man so seine Website bezüglich Performance bewerten und entsprechende Maßnahmen zur Verbesserung einleiten.

15.17 **Fazit**

Puh! Das war eine Menge Holz! Sich um die Performance einer Website richtig zu kümmern, umfasst viele Bereiche und bedeutet viel Arbeit und Testen. Weil aber die Ladezeit ein wichtiger Faktor des Nutzererlebnisses ist und gerade auf mobilen Geräten schlechte Datenverbindungen eher Alltag als Ausnahme sind, sollten wir uns dieser Sache entsprechend annehmen. Die Nutzer werden es Ihnen danken!

Fassen wir noch einmal kurz die wichtigsten Schritte zusammen:

1. Anzahl der HTTP-Requests verringern
2. Dateigrößen und Bildgrößen verringern
3. Reihenfolgen von CSS/JS im Quelltext beachten
4. Weitere Optimierungen wie GZIP, Caching

Kleinere Dinge wie Lazy Loading, keine (oder nur wenige) Retina-Bilder, Webfonts, Social-Media-Buttons im mobilen Kontext, rechenintensives CSS usw.

Wer Zeit und Lust hat, kann das Thema Performance ganz schon ausreizen. Wie bei allen anderen Themen im Webdesign kommt es aber auch hier auf einen guten Kompromiss zwischen zeitlichem Aufwand und dem zu erwartenden Ergebnis an. Letztendlich ist jede Optimierung, sei sie auch noch so klein, schon mal ein Schritt in die richtige Richtung.

Ran ans Werk!

Sie haben es geschafft, die letzten Zeilen liegen vor Ihnen. Ich hoffe, Sie haben im Laufe des Buchs einiges über die zahlreichen gestalterischen und technischen Aspekte reaktionsfähiger Websites gelernt und können bei Ihrem nächsten Projekt die neuen Möglichkeiten anwenden. Das Thema Responsive Webdesign ist noch recht neu und dennoch schon sehr umfangreich, insofern können die ganzen Informationen, die rund um dieses Thema in diesem Buch und im Internet zu finden sind, erst mal erschlagend wirken.

Ein letzter Tipp meinerseits: Lassen Sie sich nicht davon entmutigen, einzusteigen und irgendwo anzufangen. Es ist egal, wenn erst mal nur kleine Schritte umgesetzt werden. Jede Funktion, die hilft, eine Seite flexibler zu machen, wird den Nutzern dort draußen mit ihren zahlreichen verschiedenen Geräten zugute kommen.

Frei nach dem Motto

Gemacht ist besser als perfekt!

wünsche ich Ihnen viel Erfolg bei Ihren kommenden Projekten!

PS.: Bei Fragen oder Anregungen zögern Sie nicht, das Kontaktformular unter rwd-buch.de/kontakt anzusteuern. Ich freue mich auf Ihren Beitrag!

Index